佐々木利廣・加藤高明
東 俊之・澤田好宏 著

組織間コラボレーション
協働が社会的価値を生み出す

Interorganizational
Collaboration
Creating social values
through partnerships

by Toshihiro Sasaki, Komei Kato,
Toshiyuki Azuma, and Yoshihiro Sawada

ナカニシヤ出版

はじめに

　本書は、企業が、消費者、NPO、行政、大学など、さまざまなステイクホルダーとのあいだに新しい関係を創造することで、社会的価値を生み出し、場合によっては社会システムの変革にまでつながった事例について分析している。この新しい関係を、本書では一括して組織間コラボレーションと呼んでいる。協働という言葉が日常的に使われるようになり、社会のさまざまなレベルで協働の事例が増えてきている。そして、企業のマネジャーはもとより、行政職員、NPO担当者、大学アドミニストレーターなども、協働について大きな関心をもつようになり、協働をいかに進めるかというテーマが研修プログラムに組み込まれることも多い。

　協働を、たんに仲良し関係に終わらせるのではなく、新しい価値の創造や、既存の社会システムの変革にまでつなげていくには、膨大なエネルギーが必要である。地道で時間のかかる多くのステージを経ることも多い。本書では、こうした長い協働の過程を可能なかぎり詳細に記述することで、協働の過程で何が生じているのか、誰がリーダーシップをとっているのか、何が協働を推進させているのか、協働の結果何が変わり何が生まれたのか、などを明らかにしようとした。対象にした事例は、カップ麺、タオル、ランチボックスなどの新製品開発のケースもあれば、新しいマーケティング手法提案のケースもある。コミュニティFMやコーポレートブランドの創造に関わるケースもある。また、個別企業だけではなく、地域全体のブランド創造や、地域活性化・産業振興に関係するケースも扱っている。はじめに各章の概要について簡単に触れておきたい。

　第1章では、コラボレーションや組織間コラボレーションについての先行研究をふまえたうえで、組織間コラボレーションについての理論的考察を行なっている。それをもとに、多様な事例を記述考察するための分析枠組みを提示しようとした。そして、第2章から第8章までが、組織間コラボレーションの具

体的な事例の分析である。

　第2章では、新しい時代の消費者参加型新製品開発の事例として、エースコックの「夢のカップめん開発プロジェクト」を分析している。これまでにも、Webを利用した消費者参加による新製品開発が数多く試みられてきたが、mixiをもとに、まったくゼロから商品アイデアを募集し、商品化を行なったのは、このプロジェクトがはじめてである。mixi内公認コミュニティの新規トピックをもとに、製品化の過程を可能なかぎり詳細に再現しようとした。最後に、Webによる消費者参加型製品開発モデルを提示している。

　第3章では、異業種企業間の協働によるクロス・マーチャンダイジングのケースを扱っている。キリンビバレッジ（清涼飲料水メーカー）、キリンビール（ビールメーカー）、ミツカン（調味料メーカー）という異業種3社の協働販促企画が、どのようにして生まれ、より大きな動きとして発展していったかを、各社担当者の行動を軸に記述している。さらに、この協働販促企画の成功の背後には、広域量販チェーン企業の協力が不可欠であったことにも言及している。このケースは、新しい商品価値の創造は、マーケティングだけでなく、マーチャンダイジングによっても可能であることを明らかにしている。

　第4章も、第3章と同様に、異業種企業間の協働の事例を扱っている。2008年に創業90周年を迎えた象印マホービンが、全国のカフェや日本茶販売店などと協働しながら、マイボトルキャンペーン、マイボトルで「どこでもカフェ」キャンペーン、「ロックDEお茶」「シャカシャカ抹茶」キャンペーンなどを試みてきたケースを扱っている。そして、一連のキャンペーン活動が、たんなるセールスプロモーションを超えて、企業のコーポレートブランド運動にまで昇華していく過程を分析している。

　第5章は、今治のタオルメーカー田中産業と、視覚障害者の社会参加を支援するNPO法人ダイアログ・イン・ザ・ダーク（DID）が協働することで、柔らかさや風合いやふき心地にこだわるタオル（DIDタオル）を共同開発したケースを扱っている。このケースは、企業のNPOに対する社会貢献活動という範囲を超えて、NPOの専門性を活かす共同開発につながっているという意味で、非常に興味深い事例である。さらに、障害者にとってマイナスになる部分を除くというバリアフリーデザインの視点から、障害者のもつスキルや能力

はじめに

を活かすというバリアバリューデザイン（赤池学）の視点を提示したという意味でも、新しい価値創造につながったケースといえる。

　第6章も、企業とNPOの協働事例を扱っている。すなわち、地元ガス企業である桐生ガスと、NPO法人桐生地域情報ネットワーク（KAIN）の協働による、コミュニティ放送局（FM桐生）設立と運営の事例を取り上げている。地域の抱える問題を解決するために、地域住民が主体となり、ビジネスを通じてコミュニティの再生や活性化しようとする、コミュニティ・ビジネスが、ここ数年全国でさかんに行なわれている。コミュニティFM局の開設もそのひとつである。しかし、多くのコミュニティFM局が、資金、運営マネジメント、コンテンツ提供などの課題を抱え、苦戦していることも事実である。FM桐生もその例外ではないが、協働パートナーであるNPO法人桐生地域情報ネットワークの事業型NPOとしての活動は、コミュニティ放送局のひとつの方向性を示している。

　第7章は、大学発ベンチャーとして高機能ジェル素材事業を立ち上げている(株)GEL-Designが、ウェブシティさっぽろなどを運営しているメディア・ポータル型NPOのシビックメディア、札幌市経済局などと協働しながら、「Gel-COOま」という保冷剤付きランチボックスを商品化し、入園者の長期低下傾向にあった札幌円山動物園を支援しながら、札幌スタイルという地域ブランドをもとに産業振興に関わっているケースを扱っている。このケースは、企業と行政機関とNPOという3者間のトライセクター協働の事例であり、今後増大するであろう3つのアクター間の協働を考えるときの有益なヒントが隠されている。

　第8章は、これまでとはやや視点が違うが、大学と地域の連携協働による都市再生について論じている。ここ数年、大学が地域と協働することで地域貢献を果たすための大学戦略や、地域と共生する大学への動きが加速している。本章では、地域商店街と大学が自然発生的に協働をはじめ、行政の支援なしで協議会を立ち上げ、各種のユニークなイベントや取り組みをもとに商店街活性化を成功させている、名古屋市昭和区桜山商店街を取り上げている。

　第9章では、第2章から第8章までの協働ケースをもとに、組織間コラボレーションを検討するうえでのキーワードが、「危機感」「拡張性」「楽しさ」「触

媒」「組織変革」の5つの要因であると結論づけた。そして、組織間協働のライフサイクルを、計画段階→実行段階→再行動段階に分け、それぞれの段階において成功するために必要な要因が何かを検討している。

　以上、各章の概要を簡単に説明したが、本書からも、全国各地でさまざまなかたちで協働が生まれ、この協働ムーブメントが急速に広がりつつある現実を理解していただけると思う。実際にわれわれがインタビュー調査や現地調査でお世話になった方々からも、本書では扱いきれなかった数多くの事例をお聞きしてきた。こうした事例を積み重ねることで、組織間コラボレーションの理論と分析を体系的に行なうという作業は、今後の課題としたい。その意味で、本書はその一里塚といえる。

　本書が生まれた経緯について、簡単に説明しておきたい。「協働志向型製品イノベーションの現状と課題」というテーマが、2008年度組織学会リサーチワークショップとして採択されたことが契機になり、組織間関係、WEBマーケティング、組織変革、マーケティングという、専門分野の異なった研究者4名で研究会が組織された。研究会での議論のなかで、さまざまな分野で協働が重視されている現状を再確認しながら、その協働の過程をなるべく時系列的に整理し、協働過程のなかで何が起こっているかを明らかにするための調査が行なわれた。共同研究者のうちの2名（加藤高明・東俊之）は、わたしのゼミ出身である。また澤田好宏氏は、ケメ子の歌の作詞の一部に携わった関西の第1次フォークシンガーでもある。京都産業大学大学院マネジメント研究科博士前期課程を修了後、現在も経営学部やキャリア形成支援科目担当者として本学に積極的に関わっている。その意味では、本書は異なる専門をもつ4人のコラボの成果といえる。また、ゼミ生2人との共著出版は長年の念願のひとつでもあり、本務校が愛知と金沢と離れているなかで、日程調整などに協力いただいたことにも感謝したい。なお、本書の一部のインタビュー調査やインタビューデータの分析にあたり、科学研究費補助金基盤 (c)(2)(19530368)の助成を受けた。

　本書出版に際して、忙しいスケジュールを調整し、われわれの長時間にわたるインタビュー調査に快くご協力いただき、さらに貴重な資料などをご提供い

はじめに

ただいた各企業、NPO、行政の担当者に厚く御礼申し上げます。インタビュー調査やフィールド調査のおりにご提供いただいたデータや情報を、どれだけ活用できたか心もとないかぎりではあるが、今後、読者からの建設的なご批判をいただくなかで、よりいっそう充実した研究へとつなげていきたい。また、氏とは出版に際しては、ナカニシヤ出版の酒井敏行氏にたいへんお世話になった。氏とは『はじめて経営学を学ぶ』に続いて2冊目の著書であるが、今後とも経営学関係の書籍出版という路線が軌道に乗ることを期待したい。

2009年7月13日

著者を代表して
佐々木利廣

目　次

はじめに　i

第1章　組織間コラボレーションの可能性 …………佐々木利廣　1
第1節　組織内コラボレーションと組織間コラボレーション　1
第2節　組織間コラボレーションの進化　6
第3節　組織間コラボレーションのケースと考察　12

第2章　Webによる消費者参加型製品開発 ………加藤高明　18
第1節　消費者による情報発信と製品開発　18
第2節　エースコック「夢のカップめん開発プロジェクト」　22
第3節　有機的結合・相互補完による新たなモデル　45

第3章　クロス・マーチャンダイジングによる新しい価値創造の提案 ………澤田好宏　50
第1節　クロス・マーチャンダイジング　51
第2節　キリングループ（キリンビバレッジ・キリンビール）とミツカンの協働販促　54
第3節　クロス・マーチャンダイジングの新潮流　73

第4章　コラボレーションによるコーポレートブランドの新価値創造 ………澤田好宏　80
第1節　象印マホービン株式会社の歴史　81
第2節　象印のコラボレーションの過程　83
第3節　象印のブランド経営　93

第5章　企業とNPOの協働によるDIDタオルの開発 ………佐々木利廣　101
第1節　今治タオルと今治タオルプロジェクト　101

vii

第2節　ダイアログ・イン・ザ・ダークの活動　106
第3節　ダイアログ・イン・ザ・ダーク・タオルの開発　110
第4節　企業とNPOによるバリアバリュー商品の開発　118

第6章　NPOと企業の協働によるコミュニティ放送局設立
………………………………………………………東　俊之　124

第1節　コミュニティ・ビジネスとコミュニティFM　125
第2節　コミュニティ放送局──FM桐生　129
第3節　ミッション共有と信頼醸成からはじまるコラボレーション　139

第7章　クロスセクター協働による地域ブランドの向上
………………………………………………………佐々木利廣　147

第1節　クロスセクター協働への注目　147
第2節　協働アクターの歴史と行動　149
第3節　「GEL-COOま」商品化までのプロセスと効果　158
第4節　クロスセクター協働の分析　163
第5節　組織間協働化モデルから見た「GEL-COOま」成功の要因　167

第8章　共創をめざす地域と大学のコラボレーション
………………………………………………………加藤高明　175

第1節　大学の地域貢献活動参画の高まり　175
第2節　多様化する地域と大学のコラボレーション　180
第3節　事例研究：「名古屋市昭和区桜山商店街活性化活動」　185
第4節　地域と大学のコラボレーションの今後の方向性　191

第9章　組織間コラボレーションの課題と展望　………東　俊之　195

第1節　コラボレーション論の先行研究　196
第2節　組織間コラボレーションの新しい視座　197
第3節　コラボレーションの課題と展望　205

おわりに　209
索　引　211

第1章
組織間コラボレーションの可能性

佐々木利廣

第1節　組織内コラボレーションと組織間コラボレーション

1. コラボレーションの時代

　最近、さまざまな分野でコラボレーションの必要性が叫ばれるようになった。ビジネスの分野にかぎらず、福祉、環境、地域経営など、ビジネス以外の分野でもコラボレーションの重要性が強調されている。さらに、ここ数年、全国の地方自治体で、NPOやボランティア団体との協働を通じて、協働社会の実現に向けたパートナーシステムを構築しようという動きがさかんになってきている。パートナーシップ、アライアンス、ネットワークなどとともに、共同、協同、協働などの言葉が、コラボレーションと互換的に使用されることも多い。こうした用語の相違についてはともかく[1]、まず、コラボレーションがなぜ叫ばれるようになってきたかについて簡単に触れておきたい。

　1990年というかなり早い時期にコラボレーションの重要性を提起したシュレーグ（M. Schrage）は、主著『共有価値――コラボレーションの新しい技法』のなかで、コラボレーション以外にはわれわれの選択肢はないと論断している。すなわち、われわれが直面する課題や機会、さらには、それらが現われる環境は、ますます複雑化しつつある。他方では、こうした複雑化の波を乗り越えるために、組織はますます専門家を雇い入れようとする。こうして専門分化が進むなか、革新的な解決や成果を創造するためには、異なる技能をもった人々がコラボレーションによって取り組むことが必要であるという認識が一般的になりつつある。シュレーグは、コラボレーションをチームワークやコミュニケーションの伝統的な構造では到達できない価値創造のプロセスであるといい、コ

ラボレーションを、「共有された創造のプロセス、つまり相補う技能をもつ二人、ないしそれ以上の個々人が、それまでは誰ひとりとして持ってもいず、またひとりでは到達することのできなかったであろう共有された理解をつくり出すために相互作用を行うこと」(Schrage, 1990, 邦訳 p. 96) と定義している。

　この本では、組織対組織の関係におけるコラボレーションについて論じている箇所もあるが、基本的には個人対個人の関係におけるコラボレーションを想定している。そして、以下のような問題についての解答を提示しようとしている (同上, p. 34)。

①コラボレーションとコミュニケーションを区分する要素は何か。
②何がコラボレーションを必要とさせるのか。
③何がコラボレーションを成功に導くのか。
④いかにコラボレーションをデザインするか。
⑤コラボレーションのための最も優れたツールは何か。

　シュレーグがこの本で論じようとしたのは、組織内で専門分化したスペシャリストが共同作業を行なうときに、どのような会議法を採用し、コラボレーション・ツールを使用することが、高い生産性に結びつくかの方法論である。その意味では、技術論に傾斜し、組織対組織の関係における連携や協力を直接論じたものではない。しかし、テイラーからメイヨー、ドラッカー、さらには最近のエクセレント・カンパニー、一分間マネジャーにいたるまで、ビジネスの世界でコラボレーションが取り上げられることがほとんどなかったことをふまえて、個人間コラボレーションの技術論を展開した意義は大きい。

　このように、シュレーグは個人間コラボレーションを、複数のメンバーの相互作用がもつ創造性を意図的に発現させようとする共同作業と考え、個々のメンバーが個性や自律性を発揮するなかで、その響き合いが新しい価値の創造をもたらすことを強調した。創造性への期待そのものが、コラボレーションを特徴づけていたといってもよい。1980 年代までは、コラボレーションという言葉を、こうした意味で使用することが多かったと思われる。使用する分野も、芸術、音楽、漫画、ファッションなどが一般的で、ビジネスや情報の分野での

使用はかぎられていた。

　こうしたなかで、組織論の分野で組織間コラボレーションの議論が進展したのは1980年代後半からと考えられる(2)。1980年後半以降、市場メカニズムでもヒエラルヒー・メカニズムでも解決できないような社会課題が山積するようになり、これまでのやり方では問題解決につながらないという意識が強くなってきた。1980年代後半から一貫してコラボレーションについて問題提起をしてきたグレイ（B. Gray）は、こうした社会課題の特徴として、以下のような点を挙げている（Gray, 1989, p. 10）。

①社会課題そのものが明確に定義されておらず、どのように定義するかについての不一致が存在している。
②関係する利害関係者それぞれが、その社会課題について、すでにある利害を有している。
③関わる利害関係者が、かならずしも先験的に決まっているわけではなく、整然と組織化されているわけでもない。
④社会課題の処理に必要なパワーや資源に関して、利害関係者間での不均衡が存在している。
⑤利害関係者によって社会課題の処理能力のレベルが異なり、社会課題についての情報に対するアクセスも異なっている。
⑥社会課題は、技術的複雑性や科学的不確実性によって特徴づけられている。
⑦社会課題についての視点の違いが、利害関係者間の対立的関係を引き起こすことにつながることもある。
⑧社会課題の処理に対して、増分主義的で一面的方法を使用することで、満足できる解決策を生み出せるわけではない。
⑨社会課題の処理過程が不十分に終わり、その課題をさらに悪化させるような場合もある。

　このように、20年前にグレイが列挙した社会課題の特徴は、現在もほとんど同様である。社会課題を解決するためのメカニズムとして提起された組織間コラボレーションの考え方は、現在でも十分に通用する考え方である。

2. コラボレーションの意味

オックスフォード英語辞典によると、コラボレーションは「直接的な結びつきをもたない者と特定の目的のために協力すること」と定義されている。長谷川公一は、「協働を複数の主体が対等な資格で具体的な課題達成のために行う、非制度的で限定的な協力関係ないし共同作業」(長谷川, 2001, p. 28) と定義している。

またグレイはコラボレーションを、「さまざまな側面から課題を見ている複数の集団が、その違いを建設的に明らかにしながら自らの能力の限界を超えて解決策を探索する過程」(Gray, 1989, p. 5) と定義している。この定義の特徴の第1は、複数の集団としての利害関係者が、相互に依存的であるという点である。それぞれの利害関係者の利害が一致しておらず、さらに利害関係者が相互に依存し合っている状況で、社会課題について何らかの解決方法を見いだすことが必要になってきているのが現在の状況である。

第2は、利害関係者の多様性や違いそのものをプラスに活かすことで、社会課題の解決策が生まれてくることを強調している点である。利害関係者のもつ利害の相違は、マイナス面だけでなくプラス面にも作用する。コラボレーションは、違いをいかにプラスに転化するかを考える視点でもある。複数組織の協働から生み出されるシナジーとしての優位性 (collaborative advantage) をいかに創造するかを中心にしている点が、大きな特徴である (Huxham, 1996)。

第3は、コラボレーションに参画する利害関係者は、コラボレーションの結果や解決策について直接責任を負う存在であるという点である。第4は、利害関係者は、将来の方向性についても集団責任を負うという点である。最後の第5は、コラボレーションの過程そのものが創発的な過程であるという点である。

グレイの定義をより精緻化したのが、トムソン (A. M. Thomson) とペリー (J. L. Perry) らの定義である。彼らはコラボレーションを、「自律的あるいは半自律的なアクターが、公式そして非公式の交渉を通じて、アクター間の関係を支配するルールや構造、さらにはアクターを集合させるような課題への対応についての行為決定の方法を共同でつくりながら相互作用するプロセスであり、規範の共有や相互に利益をもたらすような相互作用を含むプロセス」(Thomson, Perry, and Miller, 2007, p. 25) と定義している。この定義では、コラボレーション

第1章　組織間コラボレーションの可能性

図表 1-1　組織間コラボレーションの先行条件・プロセス・結果

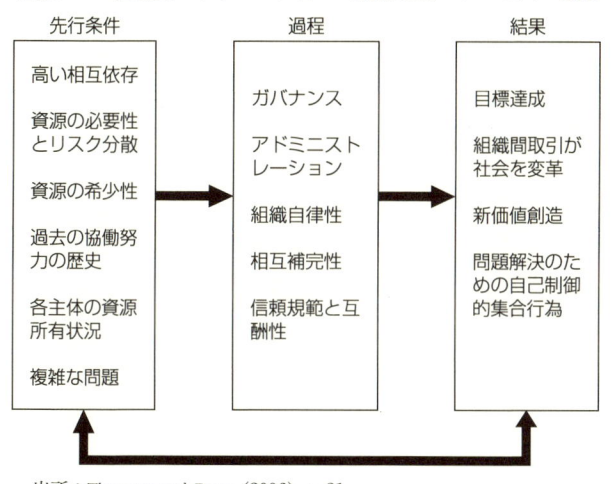

出所：Thomson and Perry (2006), p. 21.

を特徴づける次元として、構造的次元（ガバナンスとアドミニストレーション）、社会資本的次元（相互関係性と信頼や互酬性の規範）、アクター自身に関わる次元（組織的自律性）、の3つが含まれている。さらにコラボレーションを、①コラボレーションが生まれる先行条件（antecedents）、②利害関係者間の一連の創発的プロセス（process）、③結果と成果（outcomes）、によって考える視点はグレイと同じである。トムソンとペリーらは、先行条件、プロセス、結果についての先行研究を、図表 1-1 のようにまとめている。本書でも、さまざまなタイプの組織間コラボレーションを議論する際には、以下のような問題意識から出発している。

①**組織間コラボレーションの先行条件**：どのような理由によって各アクターは組織間コラボレーションに関係することになったのかという、組織間コラボレーションの動機。
②**組織間コラボレーションのプロセス**：どのような過程を経て組織間コラボレーションが進んでいくかという、過程としての組織間コラボレーティング。
③**組織間コラボレーションの結果**：組織間コラボレーションの結果としての、

各アクターの結果、アクター全体としての結果、アクター全体を超えた社会全体に及ぼす結果、さらには意図した結果と意図せざる結果。

第2節　組織間コラボレーションの進化

1. 組織間コラボレーションの分類

　ここ数年、さまざまなタイプの組織間コラボレーションが注目されるようになってきている。競争企業間の戦略的提携や共同研究開発コンソーシアム、複数企業間のサプライチェーン・マネジメント、中小企業間の異業種交流組織、親企業と下請け企業間の共同製品開発などはその一例である。これ以外にも、本書で取り上げる異業種企業間でのクロスマーチャンダイジング（異なる分野の商品を隣に並べて販売する手法）や、異業種企業との協働によるブランド経営の進化なども、この範疇に含まれる。さらに、企業とNPOの共同開発、行政とNPOの協働、行政と企業とNPOの協働などのケースも多い。

　コラボレーションを類型化するとき、まず、組織内コラボレーションと組織間コラボレーションに区分することができる。組織内コラボレーションは、組織内の下位単位間のコラボレーションや、個人間コラボレーションが考えられる。組織間コラボレーションとしては、以下の4つのタイプが考えられる (Mintzberg, Jorgensen, Dougherty, and Westley, 1996, p. 60)。

　①サプライヤーと親会社との協働のような、川上組織間コラボレーション。
　②企業と流通企業やフランチャイズ企業との協働のような、川下組織間コラボレーション。
　③水平組織間コラボレーションとしての、同一製品市場の組織間コラボレーション。
　④企業と行政組織間の政府組織間コラボレーション。

　さらに、セクターの種類をもとに組織間コラボレーションを区分すると、まず、企業という同一組織間で行なわれる同種組織間コラボレーションといえるタイプがある。この同種組織間コラボレーションのなかには、同一製品市場で

図表1-2　クロスセクター・パートナーシップの分類

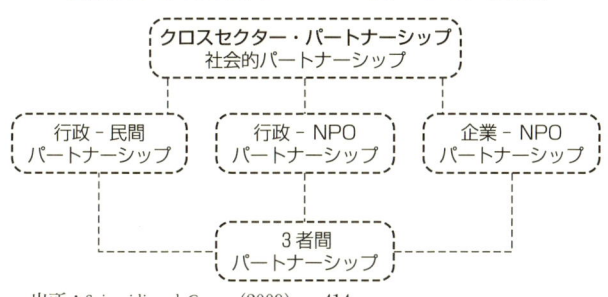

出所：Seitanidi and Crane (2009), p. 414.

活動している企業間の協働と、異なった製品市場で活動している企業間の協働が含まれる。同様に、政府や地方自治体という同一組織間で行なわれる組織間コラボレーションや、NPO間のコラボレーションも考えられる。

　他方、異なったセクター間でのコラボレーションは、①企業とNPOのコラボレーション、②行政と企業のコラボレーション、③行政とNPOのコラボレーション、④行政と企業とNPOという3者間のコラボレーション、の4つに区分することができる。こうしたコラボレーションは、マルチセクター・コラボレーションあるいはクロスセクター・コラボレーションと呼ばれることが多い。

2. クロスセクター・コラボレーションへの注目

　現在は、企業、NPO、さらには地方自治体という3つのセクターが自らのアイデンティティを維持しながら、相互に補完し合い、相互に調整し合うようなシステムが求められるようになってきている。営利組織としての企業は、NPOをはじめとする異質な主体とのコラボレーションを通じて、新たな知識や能力を持続的に学習していくことが、戦略的にも求められている。それが、長期的には新事業や新市場の開拓、株主や顧客、さらには地域社会に対するイメージの向上につながっていく。また、企業内の従業員の、社会に対する意識や感性を磨くことにもつながる。さらには、企業体質の変革や組織変革につながり、ひいては社会変革の原動力になることもある。

　非営利セクターとしてのNPOも、これまでの批判監視型NPOや企業評価

型 NPO だけでなく、社会的事業遂行の中心として機能する事業型 NPO が必要不可欠になっている。すなわち、企業とのコラボレーションによって財政基盤を強化し、活動領域をさらに拡大していき、事業組織体としての存在意義を高める。このように、企業の社会的影響力と NPO の価値創造力とをコラボレートすることで、新たな社会的価値を発見し創造するという側面が重要になりつつある。

　クロスセクター・コラボレーション（cross-sector collaboration）は、「2 つ、あるいはそれ以上のセクターに所属する組織による、情報・資源・活動・実行能力（capabilities）の連結（linking）あるいは共有（sharing）を通じて、単一セクターの組織が達成しえなかった結果を共同で達成すること」(Bryson, Crosby, and Stone, 2006, p.44) と定義されている。そのなかで、企業と NPO のクロスセクター・コラボレーションは、相互に足りないものを補完するという補完関係だけに終わらず、さらに NPO が企業の健全な発展を促進し、企業の健全性が NPO の成長や発展を促進するといったダイナミックな関係を分析することが必要である。

　このように 90 年代には、これまで述べてきた同一セクター内の関係（intrasectoral relationships）だけでなく、企業と非営利組織、あるいは行政と非営利組織など、異なったセクター間の関係についての議論がなされるようになってきた（小島・平本，2009；後藤，2009；寺本，2007；原田・塚本，2006）。マルチパーティ・コラボレーション（multi-party collaboration）、あるいはクロスセクター・パートナーシップ（cross-sector partnership）などの戦略的コラボレーションの議論である。

　ハーバード・ビジネス・スクールで社会的企業家論や NPO 論を研究しているオースチン（J. E. Austin）は、21 世紀がアライアンスの時代であり、企業と NPO のコラボレーションの事例が増大し、社会的問題解決のためには企業と NPO と行政機関との関係が大きく変化しなければならないという（Austin, 2000）。その関係も、一方が他方に慈善的恩恵を与えるという伝統的チャリティ型の関係から、より深い、より統合化された関係へと変化していくべきであるという。ただ、企業と NPO と行政機関の関係には多様なタイプがあるべきであるし、1 つの方向に終焉していくべきではないことも強調している。

こうした多様なセクター間の戦略的コラボレーションを分析するためのフレームワークとして、オースチンは以下の4つを考えている。第1は、コラボレーションを1つの連続体と考えることである。このコラボレーションの連続体 (collaboration continuum's) をもとに、企業とNPOの関係を多様なタイプに分類することができるという。コラボレーションの連続体は、慈善的 (philanthropic) ステージ、取引的 (transactional) ステージ、統合的 (integrative) ステージに区分され、あるステージから別のステージに進化していくと考えられる。
　第1の慈善的ステージは、慈善の与え手と受け手との一方的関係であり、今日でも企業－NPO関係のほとんどのケースが、この慈善的ステージの段階である。第2の取引的ステージは、企業とNPOが特定の活動に焦点を絞って、相互に自らの資源を交換するという段階である。欧米で一般的なマーケティング手法であるコーズ・リレイテッド・マーケティング (CRM) は、この段階での取り組みである。コーズ・リレイテッド・マーケティングは、企業とNPOが相互利益を目的に、製品サービスを市場に出すために連携を組む商業活動である。そして第3の統合的ステージは、企業とNPOというパートナーのミッションや人材、活動が共同化していくステージであり、共同で製品を開発し、共同事業を行なうまでに進化した段階である。なお、企業とNPOの関係は、慈善的ステージから取引的ステージへ、さらに統合的ステージへと、自動的に進化するわけではなく、企業やNPOの主体的意思決定により、取引的ステージから慈善的ステージへと逆行することもありえる。
　第2の構成要素は、コラボレーションの価値構造 (collaboration value construct) である。この価値構造をもとに、企業とNPOのコラボレーションの各ステージで、どのように価値が創造され、内面化し、再構成されるかを分析することができる。価値構造は、企業とNPOのコラボレーションが形成される前の価値定義、コラボレーションが行なわれているあいだの価値創造、価値バランス、価値再生という、4つの次元から構成されると考えられる。
　第3の構成要素は、コラボレーションの原動力 (drivers) であり、ビジョン－ミッション－戦略の適合、価値の創出とビジョンの共有、パーソナルな関係の維持、継続的学習という、4つの要素が挙げられている。
　第4の構成要素は、コラボレーションのイネブラー (enablers) であり、企業

とNPOの関係が、それぞれのパートナーに対して成果をもたらすための、4つの促進要因が挙げられている。すなわち、焦点を当てること、コミュニケーションを維持すること、組織システムを整備すること、相互信頼と外部への説明責任、の4つである。

3. クロスセクター・コラボレーションの2つの研究

　企業とNPOのクロスセクター・コラボレーションに関する研究は、大きく2つに分けることができる。第1の研究は、企業とNPOのクロスセクター・コラボレーションを特徴づける次元を抽出し、単一次元あるいは複数次元によって、コラボレーションの形態を分類しようとする研究である。たとえば、サガワ（S. Sagawa）とセーゲル（E. Segel）は、企業とNPOの交換関係をもとに、フィランソロピー型、マーケティング型、オペレーション型の3つに区分している（Sagawa and Segal, 2000）。前述のように、オースチンもまた、企業とNPOの交換関係をもとに、コラボレーションを慈善型（一方的な資源移転）、取引型（コア・コンピタンスの交換）、統合型（共同価値創造）の3つに区分している。

　複数次元による分類としては、ワードック（S. A. Waddock）が、企業とNPO間の相互依存の範囲と社会課題の特質という二つの次元をもとに、社会課題解決のためのパートナーシップを、プラグマテック形態、連合的形態、体系的形態の3つに区分している（Waddock, 1991）。シンクライヤー（M. Sinclair）とガラスキヴィッツ（J. Galaskiewick）は、ステイクホルダー間の利益の独占排他性と測定可能性という2つの軸により、支援型パートナーシップを、商業的、戦略的、シビック、フィランソロピーの4つに区分している（Sinclair and Galaskiewicz, 1997）。

　第2の研究は、企業とNPO間のクロスセクター・コラボレーションのダイナミックな形成過程を分析するフレームワークを構想しようとする研究である。ローバー（D. J. Lober）は、マクドナルドが環境防衛基金（EDF）をはじめ多くの企業や大学と協働しながら、環境にやさしい包装素材を開発するケースをもとに、問題ストリーム、政策ストリーム、組織ストリーム、社会的・政治的・経済的ストリームの4つのプロセス・ストリームから、コラボレーションの窓

(collaborative window) が開かれるプロセスを分析している (Lober, 1997)。

　また、ウェストレー (F. Westley) とブレンデンブルグ (H. Vrendenburg) は、コラボレーションのパターンを、タスクフォース、JV、戦略的架橋、調整の4つに区分し、解決すべき課題が複雑であり、関与の度合いも低い場合は、コラボレーションのタイプは戦略的架橋であることを提示している。たとえば、企業と急進派環境 NPO のコラボレーションの場合、お互いの行動様式やパラダイムが異なり、相互学習にいたるまでにコラボレーションが解消してしまうケースが多い。こうしたケースでは、戦略的架橋というコラボレーションが支配的になる (Westley and Vrendenburg, 1991)。

　またクラーク (S. Clarke) とローム (N. Roome) は、企業と環境 NPO をはじめとする多様なステイクホルダー間のコラボレーション過程を、学習 - 行為ネットワーク (learning-action network) という概念によって説明しようとしている (Clarke and Roome, 1999)。いずれにしても、企業と NPO という異なった主体が、相互学習や相互信頼の過程を経ながら共同事業を行なうまでの過程を、いくつかの段階に区分し、その段階進化のダイナミックな過程を明らかにすることが必要になりつつある。

4. 過程としての組織間コラボレーション

　1980年代後半から、組織間の関係が経時的にまとまっていく過程を動態的にとらえることの必要性が認識されるようになり、それにともない、組織間関係の構造重視から、組織間関係の過程重視へと、重点が移ることになった。こうした流れのなかで、組織間コラボレーション・アプローチ、組織間調整アプローチ、組織間学習アプローチ、組織間信頼アプローチなどの、新しい視点が誕生してきた。組織間コラボレーション (interorganizational collaboration)、組織間調整 (interorganizational coordination)、組織間学習 (interorganizational learning)、組織間信頼 (interorganizational trust) などがキーワードになり、組織間関係のマネジメントについて、より包括的な視点を提供しようとしている。

　一般に、複数組織間が経時的にまとまっていく過程は、第1に課題明確化のステージ、第2に目標設定のステージ、そして第3に制度化・評価のステージという、3つの段階に区分することができる (Gray, 1989)。第1の課題明確化

のステージは、関係する組織の明確化と、技術課題に対する参加組織間の相互認識の段階である。複数組織が協働するためには、関係する組織間で何が課題 (problem identity) なのかを明確にしなければならない。すなわち、解決すべき課題は何か、直面する問題は何かについての、組織間の共通認識である。

第2の目標設定のステージは、組織間の協働行為の理想的状態を明確にする段階である。具体的にいえばコンセプト創造、ビジョン設定である。そして最終的には、参加組織が合意しうる共通の目標や価値を創造しながら、将来に向けての明確な方向を設定していく段階である。

そして第3の制度化・評価のステージは、組織間の協働を維持・発展させるため、他の組織からの支援や支持をもとに、システムや機構をつくり上げる段階である。すなわち、共通目的や価値の達成度を評価し、さらにより発展した状態へと発展させるためのシステムを構築し、整備する段階である。こうしたステージ区分から、組織が取り組むべき具体的課題や社会的課題を発見し、将来に向けてのミッション、ビジョン、目標を設定し、事後の評価方法や評価項目を整備することで客観的評価をすることが、組織間コラボレーティングの成功要因になる。

第3節　組織間コラボレーションのケースと考察

1. 使用するケースの分類

最後に、本書で主に扱うケースについて触れておこう。本書では、さまざまなタイプの組織間コラボレーションのケースを取り上げている。大きく分けると、企業と消費者のコラボレーション、企業間のコラボレーション、企業とNPOのコラボレーション、企業と行政とNPOのコラボレーション、大学と地域のコラボレーション、の5つに区分することができる。関係する地域も、北海道札幌市、栃木県桐生市、東京都、名古屋市、大阪市、愛媛県今治市、など広範囲にわたっている。こうしたケースを、対象になる組織が1つのセクターに所属しているか、2つのセクターに所属しているか、さらには3つ以上のセクターに所属しているか、によって区分することができる。本書では、1つのセクターに所属しているケースとして、ビール業界と食品業界という異業種に

第1章　組織間コラボレーションの可能性

属する企業間の組織間コラボレーション、調理家電・生活家電・リビング製品を扱う企業とコーヒーショップとの組織間コラボレーションを論じている。ただ、行政セクターあるいはNPOセクターに属する複数組織間のコラボレーション、すなわち行政組織対行政組織、NPO対NPOのコラボレーションについては論じていない。

　また、2つのセクターに所属しているケースとして、企業とNPOのコラボレーションの2つの事例を論じている。1つは企業とNPOによるコミュニティFMの開設であり、もう1つは企業とNPOによるバリアバリュー商品の開発である。また、企業と消費者のコラボレーションによる新製品開発も、このタイプの事例である。最後に3つ以上のセクターに所属しているケースとして、企業と行政とNPOという3つのセクターによる産業振興や地域ブランド向上のケースを論じている。

　さらに、コラボレーションの目的や意図をもとにすると、以下の3つのタイプの組織間コラボレーションに区分することができる。第1は、エゴセントリック型あるいはアームズレングス型コラボレーションである。第2は、相互補完型コラボレーションである。第3は、新価値創造型あるいはソーシャル・イノベーション型コラボレーションである。

　第1のエゴセントリック型コラボレーションは、自らの自律性を最大限確保しながら、必要な資源を手に入れるために組織間コラボレーションを結ぶという視点が強調される。自ら必要な資源や情報を獲得するためにコラボレーションを結び、ある程度満足しうる成果が生まれると、そのコラボレーションは解消される。このタイプのコラボレーションは、関係そのものが一方向的であり、短期的一時的で課題達成志向であり、相互交流や相互信頼にまでいたることは少ない。

　第2の相互補完型コラボレーションは、個々の組織では解決できないような課題に対して、異なったセクターが共同して課題解決にあたるために組織間コラボレーションを結ぶという視点を重視する。ここでは、関係する組織が、互いに相手のもつ資源やスキルや情報を獲得することが、第一義的目的になる。たとえば、企業側が提供するものとNPO側が提供するものが相互に補完的である場合、お互い足りない部分を補完し合いながら事業領域の強化を図ろうと

図表1-3 本書ケースの分類

	エゴセントリック型	相互補完型	新価値創造型
同一セクター	消費者参加型製品開発（第2章）	キリンとミツカンの共同販促（第3章）	象印のコーポレート・ブランド戦略（第4章）
異種セクター		地域と大学の連携（第8章）	バリアバリュー商品の開発（第5章） コミュニティFMの開設（第6章）
三者の異種セクター			「GEL-COOま」による地域ブランド向上（第7章）

する。その意味では、組織間コラボレーションのめざすものは関わる組織のみであり、より広い視点で社会そのものを変革するという視点は乏しい。

それに対して、新価値創造型コラボレーションは、セクター間の境界があいまいで、セクターの役割機能を相互に代替補完するような関係のなかで、社会課題の解決にあたるために組織間コラボレーションを結ぶという視点であり、ソーシャル・イノベーションという視点が背後に存在している。すなわち、コラボレーションの主体としての組織だけでなく、それを超えた地域社会や、より広範な社会そのものを改善し、改革していくことを目標に、組織間コラボレーションを推進するという視点が強調される。同種セクター、異種セクター、三者の異種セクターという、コラボレーションの主体区分、および、エゴセントリック型、相互補完型、新価値創造型という、コラボレーションの目的をもとに、本書で取り上げたケースを分類すると、図表1-3のようになる。

2. 組織間コラボレーションの5つの特徴

組織間コラボレーションは、いくつかのステップあるいは段階を経て発展進化していくことを前提にすると、一度コラボレーションが成立すると、そのコラボレーションをいかにマネジメントするかという問題が発生する。そこでは、たんに自ら必要な資源を獲得するというエゴセントリックな関係から、相互補完的関係を経て、相互学習関係や相互信頼関係を含むダイナミックなコラボレ

ーションに進化していくためには、何が必要かを考えることが必要である。

　このときにポイントになるのは、組織間コラボレーションがもつ、以下のような固有の特徴である。まず第1に、対等性あるいは平等性の確保である。複数企業の組織間コラボレーションにせよ、企業とNPO、あるいは企業とNPOと行政の組織間コラボレーションにせよ、少なくとも初期の段階は、公式の権限関係からは自由であり、対等で平等な関係から出発している。このことは、既成の縦割組織の硬直性や閉鎖性から解放され、異質な他者との出会いによる独創的で創造的な行為が求められる場で、組織間コラボレーションが生じていることからもうかがえる。

　第2のポイントは、社会課題の共通認識や目的・ビジョンの共有性である。直面する危機や課題に緊急避難的に対応するための反応型（reactive）コラボレーションにせよ、将来の機会を活かすための先取り型（proactive）コラボレーションにせよ、組織間コラボレーションの第1ステージである課題明確化ステージにおいて、社会課題について共通認識が行なわれなければならない。そして、第2ステージの目標設定のステージにおいて、目的・ビジョンが共有されなければならない。

　第3のポイントとしては、組織間、とりわけ組織内主要メンバー間の相互理解にもとづく相互信頼性が不可欠である。さらには、組織間コラボレーションの媒介役や、触媒役を果たす架橋組織への信頼が、大きな影響を及ぼす。組織間コラボレーションの場で架橋組織がうまく機能するためには、架橋組織としての正当性を他組織から得られるかどうか、架橋組織として機能する資源や能力をもっているかどうか、また、架橋組織内で支持が得られるかどうかに関わっているといわれる。

　第4のポイントは、組織間コラボレーションが、相互に学び合い変化する相互変容性を有している点である。これは、相互に依存する組織間が影響し合いながら進化する、共進化性でもある。たとえば、企業とNPOの組織間コラボレーションでいえば、NPOが企業の健全な発展を促進し、企業の健全性がNPOの成長や発展を促進する、といったダイナミックな関係である。このような相互学習や相互変革の過程を含むような過程が、組織間コラボレーションの過程である。

最後の第5のポイントは、価値創造性である。組織間コラボレーションは、アクター間の創造的相互作用過程のなかで、相互作用の内容そのものが進化していくと同時に、アクターの意識や戦略も進化していく過程である。さらに、アクター間の協力関係だけでなく、正当な対立関係や紛争関係を内包しながら、共同事業へと発展していく過程でもある。こうした過程では、既存の価値観に代わって新しい価値観が創造されるケースも多い。本書でも、組織間コラボレーションをもとに、さまざまなタイプの価値創造の提案がなされたことを明らかにしようとした。

注
(1) 庄司興吉によれば、キョウドウという言葉には4つの種類があるという。共に同じくする共同 (common)、共に働く共働 (coaction)、心と力を合わせて同じくする協同 (cooperation)、共に力を合わせて働く協働 (collaboration あるいは cooperation)、である。そして、collaboration の訳語としての協働は、立場の違いを前提にして協力してやっていくことであると述べている。庄司興吉「あらためて協同の意味」(http://www.toshima.ne.jp/~kokshoji/uvd 0801 aratamete.pdf)。
(2) 組織間コラボレーションの理論的基礎理論として、取引コスト論、資源依存理論、ステイクホルダー論、学習理論、制度理論、集合行為論、ネットワーク論などが考えられるが、そうした理論のほとんどは1980年代後半に萌芽がみられる。こうした基礎理論の理論的展開については、後藤 (2009)、小島・平本 (2009) を参照。

参考文献
京都産業大学ソーシャルマネジメント教育研究会編 (2009)『ケースに学ぶソーシャル・マネジメント』文眞堂。
小島廣光・平本健太 (2009)「戦略的協働とは何か」『経済学研究』(北海道大学) 第58巻第4号。
後藤祐一 (2009)「戦略的協働の理論的枠組」『経済学研究』(北海道大学) 第58巻第4号。
佐々木利廣 (2001)「企業とNPOのグリーン・アライアンス」『組織科学』第35巻第1号。
─── (2003)「企業とNPOのコラボレーション──JAHDSマインアイ共同開発」『経営論集』(明治大学) 第50巻第2号。
谷本寛治 (2002)『企業社会のリコンストラクション』千倉書房。
寺本義也他 (2007)『営利と非営利のネットワークシップ』同友館。
長谷川公一編 (2001)『環境運動と政策のダイナミズム』有斐閣。
原田勝広・塚本一郎編 (2006)『ボーダレス化するCSR──企業とNPOの境界を越えて』同文舘出版。

第1章 組織間コラボレーションの可能性

パートナーシップ・サポートセンター（2003）『NPOと企業――協働へのチャレンジ』同文舘出版。
Austin, L. E. (2000) *The Collaboration Challenge*, Jossey-Bass.
Bryson, J. M., B. C. Crosby, and M. M. Stone (2006) "The Design and Implementation of Cross-Sector Collaborations: Propositions from the Literature", *Public Administration Review*, Dec.
Clarke, S., and N. Roome (1999) "Sustainable Business: Learning-Action Networks as Organizational Assets", *Business Strategy and Environment*, vol. 8.
Gray, B. (1989) *Collaborating*, Jossey-Bass.
Huxham, C. (1996) *Creating Collaborative Advantage*, Sage Publications.
Lober. D. J. (1997) "Explaining the Formation of Business-Environmentalist Collaborations: Collaborative Windows and the Paper Task Force", *Policy Science*, vol. 30.
London. T., D. A. Rondinelli, and H. O'Neil (2006) "Strange Bedfellows: Alliancs between Corporations and Nonprofits", in O. Shenkar, Reuer. eds., *Handbook of Strategic Alliances*, Sage.
Mintzberg, H., J. Jorgensen, D. Dougherty, and F. Westley (1996) "Some Surprising Things about Collaboration-Knowing How People Connect Makes It Work Better", *Organizational Dynamics*, Spring.
Sagawa, S., and E. Segal (2000) *Common Interest, Common Goods*, Harvard Business School Press.
Schrage, M. (1990) *Shared Minds: The New Technologies of Collaboration*, John Brockman Associates.（藤田史郎監修『マインド・ネットワーク』プレジデント社、1992年）
Seitanidi, M. M., and A. Crene (2009) "Implementing CSR through Partnerships: Understanding the Selection, Design and Institutionalisation of Nonprofit-Business Partnerships", *Journal of Business Ethics*, vol. 85.
Selsky, J. W., and B. Parker (2005) "Cross-Sector Partnerships to Address Social Issues: Challenges to Theory and Practice", *Journal of Management*, vol. 31, no. 6.
Sinclair, M., and J. Galaskiewicz (1997) "Corporate-Nonprofit Partnerships: Varieties and Covariates", *New York Law School Law Review*.
Thomson, A. M., and J. L. Perry (2006) "Collaboration Processes: Inside the Black Box", *Public Administration Review*, Dec.
――――and T. K. Miller (2007) "Conceptualizing and Measuring Collaboration", *Journal of Public Administration Research and Theory*, vol. 19.
Waddock, S. A. (1991) "A Typology of Social Partnership Organizations", *Administration & Society*, vol. 22, no. 4.
Westley, F., and H. Vrendenburg (1991) "Strategic Bridging: The Collaboration between Environmentalists and Business in the Marketing of Green Products", *Journal of Applied Behavioral Science*, vol. 27, no. 1.

第2章
Webによる消費者参加型製品開発

加 藤 高 明

　インターネットに関する技術革新はまさしく日進月歩で、発信者と受信者が明確で、一方向からの情報発信を閲覧する「Web1.0」から、誰もが容易に情報発信でき、その分散している情報の相互共有から新たな価値やサービスが生み出される「Web2.0」へと、世代が移行している。とくに、「ブログ」「SNS[1]」「動画共有」などに代表される消費者生成メディア（CGM：Consumer Generated Media）サービスの台頭は、情報発信の主体を企業から消費者へと進化させ、消費者の生の声が蓄積・編集される多種多様な知識コミュニティを形成することとなった。そうしたなかで、企業がこれらをマーケティング戦略へ活用する動きが広がってきている。

　本章では、消費者とのコミュニケーションのなかにこそ真の商品アイデアがあるのではないかとの考えのもと、これまでメーカーが行なうものとされてきた製品開発に、Webという発信手段を得た消費者が、ニーズ把握のフェーズから参加して協働的に製品化を実現した事例を取り上げる。そのうえで、消費者参加型製品開発の特徴や開発プロセス、課題点などについて考察を行なう。

第1節　消費者による情報発信と製品開発

1．企業による消費者発信情報の活用パターン

　CGMの普及が、Webに関する技術的知識のない消費者であっても容易に情報発信することを可能にしたことで、消費者が自らの言葉で語る感想や意見の質、量に対して無関心ではいられない状況になってきた。消費者からの製品やサービスに関する情報は大量にWeb上に蓄積され、企業と消費者の情報の非対称性は縮小、場合によっては消費者が情報優位になる例も見受けられるよう

になってきている。

　企業による消費者発信情報の活用のパターンとしては、既存製品やサービスの広告・プロモーションとしての活用と、新製品やサービスの開発に役立てるためのマーケティング調査としての活用との2つに大別される。前者では、リコーの高画質デジタルカメラ「DIGITAL　GR」や日産自動車の新型車「TIIDA」など、製品ブログによる口コミ的広報宣伝の例がよく知られる。他方、後者では、CGMの普及以前から、Webサイト内に掲示板を設置して、消費者からのアイデアや意見を収集して新製品開発を行なうといった事例が多数報告されている。後者の場合、これまでは消費者参加の仕組みを継続的に取り入れて製品開発を行なうケースは多くはなく、休止状態が続いているのが大半であった。しかし、ここにきてCGMの代表であるSNSのmixi[2]を利用しての消費者参加型製品開発という、新しい取り組みが注目を集めている。

2. これまでの消費者参加型製品開発

　ここではまず、消費者参加型製品開発とは何かを整理し、これまでの代表的事例を概観してみよう。

　消費者参加型製品開発とは、「対象となる企業や製品に関心を示す不特定多数の一般的な消費者が、ニーズ把握の段階から製品開発に参加して企業と協働的に製品化をめざすこと」を意味していて、その意見発信には通常Webが用いられる。CGMが登場する以前からも、掲示板などのネット・コミュニティを利用したWebによる消費者参加型製品開発により、図表2-1に示すような製品が世の中に送り出されている。ヒットとなった製品も少なくないが、その後も消費者参加型製品開発を継続しているケースはけっして多いとはいえない。その理由は、とくにメーカーが自らコミュニティを設置して消費者参加型製品開発を行なう場合には、主導権がメーカーにあり、自社で扱う製品に対象が限定されるためと考えられる。つまり、その結果、従来品の改良が中心となり、かぎられた意見への御用聞きスタイルが形成されることで、コストやマンパワーに対する見返りが期待できなくなるためである（加藤、2004、pp. 74-75）。

　また、消費者からの商品案を市場化することでよく知られていたエンジン社のサイト「たのみこむ」は、2007年4月1日にはアニメ・キャラクター会社

図表 2-1　Web を利用した消費者参加による製品開発の例

開発企業名	開発した製品の概要
伊勢丹	非公式の掲示板で、OA エプロンを開発。2001年9月に製品化。
NEC	コクヨと共同で、パソコン整理棚を開発。直販サイトで2001年11月から販売。
カシオ計算機	腕時計「G-SHOCK」のデザインを、Web 上で公募。2001年7月末から販売。
コクヨ	OA 用品や文具の開発にユーザーの意見を反映。
湖池屋	ユーザーの声を反映した菓子「ピンキー」を2000年11年に発売。
シチズン時計	ユーザーがデザインした腕時計を受注生産で販売。
セイコーインスツルメンツ	腕時計「appetime」を2000年12月に発売。2001年7月から第2弾を開始。
セイコーウォッチ	腕時計「WIRED」の新モデルにユーザーの声を反映。2001年6月に販売。
全国農協直販	飲料「農協果汁」のリニューアルにネットを活用。2000年3月に発売。
東洋水産	カップ麺「インドメン」や「ホットヌードル」を、それぞれ2000年3月、10月に商品化。
トリンプ・インターナショナル・ジャパン	ブラジャーとショーツの新製品にユーザの声を反映。2001年5月に販売。
日本 IBM	ノートパソコン「ThinkPad」のサイズについて意見を収集。
松下電器産業	オーディオ関連の周辺機器について意見を収集。
良品計画	「無印良品」ブランドの車を日産自動車と共同開発。限定1000台をネット販売。
リコーエレメックス	腕時計「WALG」を2000年6月に販売。新機種の開発を2001年6月から開始。
和光堂	乳幼児用カップ麺「お子さまヌードル」を2000年8月に販売。

出所：『日経ネットビジネス』2001年7月25日号、p. 85、表1を一部修正して筆者作成。

の完全子会社となった。その結果、「消費者リクエスト型ショッピングサイト」の形態に変更はないものの、その取り扱い商品はアニメやキャラクターに関連するものが中心となり、従来の消費財については、ほとんど取り扱われなくなってしまっている。

　独自に自社サイト内に消費者参加サイトを構築していた「無印良品」も、提携によりエレファントデザイン社の「空想生活」にその運営をまかせている。これらは、継続的に消費者参加型製品開発を行なっていくことの困難さを表わしているといえる。

3. CGMを利用した消費者参加型製品開発

　図表2-1で示したように、Webを利用した消費者参加による製品開発が行なわれたのは2000年から2001年であり、現在とはインターネットの利用環境や利用者層が異なっている。ブロードバンドも普及しておらず、インターネットの利用者は技術系かある程度パソコンに詳しい人たちが多い時代であり、幅広く一般的な消費者が参加していたかは疑問の残るところである。その後ブロードバンドが普及し、一般的な消費者が日常のツールとしてインターネットを利用する環境になり、くわえてCGMの登場が、消費者が気軽に情報発信する状況を整備した。こうしたことは、これまで停滞していた消費者参加型製品開発を再び起動させたととらえることができる。とくにSNS最大手のmixiは、参加するにはmixi会員からの招待が必要であるものの、利用者数は1568万人を超える（2008年9月30日現在）規模を誇り、あらゆるテーマについてのさまざまなコミュニケーションが取り交わされている。基本的には、商業用の広告、宣伝を目的とする情報の投稿などは禁止されているが、「公認コミュニティ」は、企業が主体となってコミュニティの運営・管理を行ない、企業の商品・キャラクターやサービスについて、ユーザーと情報共有や意見交換を行なうことができる商業利用可能なコミュニティとなっている。これは、ユーザーからの意見や情報の取り入れや、口コミ効果拡大が期待できるものである。今回ケースとして取り上げるのは、この「公認コミュニティ」を利用して新商品アイデアを収集し、消費者からの意見を選考の参考にしながら一緒に商品開発を行なった、エースコック社の「夢のカップめん開発プロジェクト」である。すでに

開発された商品のプロモーションではなく、まったくのゼロから商品アイデアを募集して商品化を行なったのは、mixi においてもはじめてのことであること、開発プロセスを極力開示するオープンさや、意見交換が活発になると懸念される「荒らし」も参加者の自浄作用により起こらなかったことなどが、ここで取り上げる理由である。

第2節　エースコック「夢のカップめん開発プロジェクト」

1.「夢のカップめん開発プロジェクト」の概要

　日本における即席麺の消費量は、1人あたり年間42食といわれている。カップ麺は年間700種類を超える新商品が発売されるものの、定番商品以外は苦戦が続き、数週間で店頭から消える場合もある。そうしたなか、即席麺市場で約50年の歴史をもつエースコックが、消費者とのコミュニケーションのなかに定番につながる商品アイデアがあるとの思いから、商品コンセプトの開発から店舗販売まで、消費者との活発な交流によって一緒に開発する「夢のカップめん開発プロジェクト」を発足させ、SNS の mixi 内公認コミュニティに「カップめん開発オーディション」を立ち上げた。

　コミュニティで示されたプロジェクトのねらいは次のとおりである。

> SNS の特性を活かし、真に消費者と協働した、まったく新しい商品開発を行います。カップめん業界では、ご当店、TV・雑誌とのタイアップ商品など多様なコンセプトの商品が各社から続々と発売されています。しかし、定番に残るのはごくわずかであり、ユーザーの選別も厳しさを増しています。そんな中、エースコックでは、消費者とのコミュニケーションの中にこそ、定番につながる真の商品アイデアがあるのではないか、と考えました。SNS やブログの登場によって個人が積極的に情報発信や情報共有を行うようにコミュニケーションスタイルも大きく変化しています。そこで、新しい商品開発の試みとして、消費者から商品アイデアを募り、ユーザーからの意見を選考の参考にしながら一緒に新商品を開発するという『夢のカップめん開発プロジェクト』を発足しました。

第2章　Webによる消費者参加型製品開発

図表2-2　つゆ焼きそばとカレーラクサ春雨

出所：エースコック社Webサイト（http://www.acecook.co.jp）。

　そして2007年6月より、カップめん史上初、日本最大のSNS『mixi』内の公認コミュニティにて、ユーザーと濃密なコミュニケーションを通じたまったく新しい商品開発を行っています。

　開発された商品は、平太麺にソースを絡めて焼そばをつくり、その上からしょうゆ味のスープをかける、青森県黒石市のご当地麺である「つゆ焼そば」と、ラクサと呼ばれるマレーシアやシンガポールでポピュラーな麺料理を、ココナッツミルクベースのカレー味でカップはるさめにアレンジした「カレーラクサ春雨」である（図表2-2）。

　なおエースコック社は、即席麺・スナック麺・乾麺・スープおよび調味料（タレ）などの製造販売を行なう、資本金約19億円、売上高745億円（2007年12月現在）、従業員数572名の企業である。こぶたのマスコットは有名で、「ワンタンメン」や「スーパーカップ」「大盛りいか焼そば」などのロングセラー商品をそろえ、約50年の歴史をもつ業界大手である。

　アイデア募集から商品発売までの流れは、図表2-3のように整理される。以下、それぞれの段階についてみてみよう。

① mixi公認コミュニティの開設とアイデア募集

　コミュニティ参加者より、カップめん、カップはるさめのアイデアを募集する段階である。プロジェクトに参加するにあたり、消費者はmixiのアカウントを取得して、「カップめん開発オーディション」のコミュニティに参加する。参加条件と公開レベルは、「だれでも参加できる（公開）」であるため、ワンクリックですぐに参加が可能となる。

23

図表2-3　アイデア募集から商品発売
　　　　までの流れ

① mixi公認コミュニティの開設とアイデア募集
2007.6.4～6.25

② エースコック社内で第1次選考　カップめん、カップはるさめ各10案に絞り込み
2007.6.25～6.29

③ 公認コミュニティでアンケート投票による第2次選考　各上位3案に絞り込み
2007.6.29～7.8

④ アイデア応募者のアピールと応援メッセージをもとにした内容検討
2007.7.9～7.17

⑤ エースコック社内開発会議にて開発商品を決定
2007.7.20

⑥ 公認コミュニティでの商品やパッケージに関する議論、エースコック社内での試作とパッケージデザインの調査繰り返し後、「つゆ焼そば」と「カレーラクサ春雨」発売
2007.12.10

出所：エースコックWebサイトを参考に筆者作成。

　参加者はカップめんおよびカップはるさめそれぞれのアイデア応募トピックにアイデアを書き込む。
②エースコック社内で第1次選考　カップめん、カップはるさめ各10案に絞り込み
　集まったカップめんアイデア526件、カップはるさめアイデア209件から、エースコック社内にて試作品をつくるなどして各10案に絞り込まれる。
③公認コミュニティでアンケート投票による第2次選考　各上位3案に絞り込み

各10案について、コミュニティ参加者によるアンケート投票にて、上位各3案が決定される。
④アイデア応募者のアピールと応援メッセージをもとにした内容検討
　各3案それぞれに対する単独の詳細トピックが作成され、発案者とコミュニティ管理者（エースコック社「コブかみ」氏）およびコミュニティ参加者とのあいだで、発案者への質問や応援メッセージを中心としたコミュニケーションにより、さらに内容が煮詰められる。
⑤エースコック社内開発会議にて開発商品を決定
　エースコックにて、カップめん、カップはるさめ各1案を決定。
⑥公認コミュニティでの商品やパッケージに関する議論、エースコック社内での試作とパッケージデザインの調査繰り返し後、「つゆ焼そば」と「カレーラクサ春雨」発売
　商品やパッケージについてコミュニティ内で議論し、試作や試食とパッケージデザインの調査が繰り返される。記者発表会兼試食会開催の後、正式発売。

2. 製品化への具体的プロセス

　消費者とのmixiを利用したコミュニケーションから、どのようなプロセスを経て製品化されていったのか。新規トピックの作成をもとにして、時系列で具体的にみてみよう。

2007年6月4日

　エースコック社マーケティング部の、通称「コブかみ」氏をコミュニティの管理者とし、mixi内公認コミュニティに「カップめん開発オーディション」が立ち上がる。次の4つのトピックが作成された。

- 「管理人からのお願い」：「トピック作成に関して」「書き込みに関して」「ご質問に関して」「禁止・留意事項に関して」のルールが説明される。
- 「新トピック作成依頼」：新しくトピックが必要な場合、作成を依頼できることが説明される。
- 「カップはるさめアイデア応募はこちら」：食べてみたい「カップはるさめ」のアイデアを応募できるトピックである。応募方法は、次のように例を示して説明されている。

……、以下のようなカタチで、番号を振って書き込んでください。
1．ネーミング・タイトル（例　あっさり京野菜ラーメン）
2．スープの味（例　鶏がらスープをベースにミキサーをかけた京かぶらと醬油・柚子を少々入れてあっさり京風なイメージ）
3．麺（例　極細麺でチヂレのない素麺に近いストレートな麺）
4．具材（例　スープにからむ「京かぶら」に「九条ねぎ」、「壬生菜」などの京野菜に合わせるのは鶏つくねだんご）
5．パッケージ（例　普通の長細いものをイメージしていますが、写真に京野菜を使って欲しい）
6．アピールポイント（例　もしかすると「カップはるさめ」の方がさらにヘルシーで良いかも？ですが、男性でも満足感を味わえるようなカップめんで作って欲しい）
7．類似品はありませんか？（例　ネーミングはラーメン屋や通販で一部類似アリ、しかし内容はオリジナルで考えたのですが…）
8．その他（例　商品化されたら買いたいです！）

複数の応募も可能で、締切りは6月25日（月）午前9時である。

- 「カップめんアイデア応募はこちら」：食べてみたい「カップめん」のアイデアを応募できるトピックである。応募方法と締切りは、「カップはるさめ」と同様である。

6月6日

コミュニティ参加者に問いかけるためのトピックが作成される。

- 「ちなみにどんなカップめん、カップはるさめが好きですか。」：普段食べている好きなカップ麺やカップはるさめは何かを、製品名ではなく、○○味などと答えるように要請している。

6月7日

コミュニティ参加者に、エースコック商品に関する思い出を聞くトピックが追加される。

- 「エースコック商品にまつわる思い出って？」：エースコック商品に関して、印象に残るエピソードを要請している。

6月8日

コミュニティ参加者に、ひと手間くわえた即席麺の食べ方の書き込みを依頼

するトピックが追加される。
- 「あなたのこだわりの食べ方は？　野菜入れる？　卵入れる？」：カップ麺にかぎらず、自分なりの即席麺の食べ方についての書き込みを期待している。

6月21日

オーディションの選考方法についての説明トピックが追加される。
- 「オーディションの選考方法は…」：オーディションの選考方法と選考の流れが説明される。

6月25日

オーディション参加に関する応募規約を示すトピックが追加される。
- 「オーディション参加に関する応募規約」：受賞者への恩恵やメリットが示されていないという意見があり、これに対して、「最終選考作品は、エースコック株式会社が商品化するため、その際に必要な諸権利はすべてエースコック株式会社に帰属する」ことから、アイデア応募者に対する特別な「権利」は発生しないことが返答される。対価はないが、発案者には、商品化される「楽しさ」や「喜び」が体験できるとの考えが示され、ささやかな特典として、誰よりも早く紹介や自慢できるよう、発売日前に製品が郵送されることが伝えられる。

6月26日

第1次選考からもれたアイデアのなかから、「コブかみ」氏が独自に賞を与えることを告知するトピックが作成される。
- 「コブデミー賞!?」：第1次選考の10案からはもれたものの、「これは永遠のテーマだ!!」「笑ってみたい!?」「カップめんの域を超えた!?」「今は無理かもしれないけど、いつかはきっと！」などのアイデアを、「コブかみ」氏が独断と偏見で表彰することが提示される。なお表彰者には、エースコック商品が1ケース用意されるとのことである。

6月27日

応募アイデアの第1次選考の様子を示すトピックが立ち上がる。
- 「第一次選考実況中継!!」：「コブかみ」氏は、選考には直接参加していないということから、選考担当者からの様子を次のように示している。

担当しているメンバーは、商品開発室の中から総勢7名。
開発担当のマネージャーや、課長、若手まで参加。
「既に商品化しているものもあるんだけど……あんまり認知されていないんだね……(悲)」
「みんな結構考えてるよね。今、まさに取り組んでいるテーマや、技術的なハードルさえクリアすれば実現できるのに……といったテーマもあるよね。おいしい商品を追求する姿って、僕達もみんなも同じなんだよね。」
「これはなかなか目の付け所がいいね。おいしい商品になると思うなぁ。」
などなど意見がでていたようです。
まず、各メンバーで、全てのアイデアをチェック。
(非常に多いアイデア数にびっくりしたらしいです。)
一人ずつコレは!というアイデアを見つけ、全体で検討会議。
ざっと約100案ぐらい絞りこみました。(絞るのは大変みたいですねぇ。)
次の日、再度その100案について、さらに30案ぐらいに絞りこみの会議を行いました。
「既にこのアイデアに似たものは開発に着手しているよねぇ」
「そのスープは以前商品化したことがあるが、イマイチだったなぁ」
「いいアイデアだけど、もっと先にブームが来るんじゃない?」
「これは話題性があるけど、表現が難しいなぁ」
「再現はできても、コストがすごいことになるんじゃない!?」
「アイデアはおもしろいのだけど、マニアックすぎない?」
などなど、意見が飛び交っていた模様です。
ひとつひとつのアイデアにつき、色々な角度から意見を出し合い協議。
現在、開発検討会議3日目。
明日の朝、上司の許可をとるため、今日中に絶対決めるそうです。
(予想以上のアイデア数だったため、かなり大変なようです。)

6月29日

カップめんアイデア526件、カップはるさめアイデア209件から、エースコック社により各10案が発表された。コミュニティ参加者の投票による第2次選考が行なわれることが示される。投票者のなかから、抽選で100名に新商品

がプレゼントされることも示された。なお20案それぞれの詳細トピックが作成され、コミュニティ参加者と発案者とのコミュニケーションが期待されたが、コメント数は最少で0、最多14、平均4.4であり、活発に発案者との意見交換がされたわけではなかった。

7月2日
第1回コブデミー賞が発表される。
- 第1回　コブデミー賞　発表！：以下のとおり、「コブかみ」氏の独断と偏見によるコブデミー賞が発表された。

  ＝＝カップめん部門＝＝
  ★★部長！こんなのできるんですか!?賞★★
  「麺ボール」
  ★★コブかみの大好物で賞★★
  「皿うどーん（orかたやきそーば）」
  ★★新たな発見があったで賞★★
  「ご当地グルメシリーズ「イタリアン」」
  ★★ねこまっしぐらで賞★★
  「みんな大スキ！シーチキンラーメン」
  ★★僕も頭がよくなりたいで賞★★
  「頭脳メン」
  ★★彼女が欲しいで賞★★
  「カップＲＵカップ」

  ＝＝カップはるさめ部門＝＝
  ★★コブかみの大好物になるかも？賞★★
  「堅春雨」
  ★★シュワシュワな気分になるで賞★★
  「めんポンチ」
  ★★ボーノ！ohボーーノ!!賞★★
  「春雨DEパスタ気分」
  ★★いつかはきっと発売したいどすえ賞★★
  「おしるこはるさめお餅入り」

これに対するコメント数は9と多くはなく、主に受賞者からのものであ

図表 2-4　カップめんおよびカップはるさめ選考各10案と得票数

カップめんの部		カップはるさめの部	
黒石名物・つゆやきそば	77	カップではるさ明太子！	45
とろ〜りたらこカルボらうめん	67	ラクサシリーズ、カレーラクサ春雨・アッサムラクサ春雨	40
うでん おどん	39	牛丼はるさめ	36
サラダラーメン	36	野菜たっぷりポトフ春雨	36
アホソバ一丁！	35	体スッキリ！薬膳はるさめ	29
a，男麺・ごっつい味　b．女麺・たおやか味	23	クリーム DE ダイエット	28
〆の一杯	21	ラーメンみたいな春雨ヌードル・こってり背脂醬油	23
ラーメンおじや がっつん味噌！すっぱガラ！	20	芋煮風はるさめ	19
カレー de つけ麺!!	14	蕃茄はるさめん	11
NEW（乳）・ラーメン!!	12	ソイラテ春雨	7
総投票数	344	総投票数	274

るが、選ばれた喜び感が伝わるものとなっている。

7月9日

　各10案について、コミュニティ参加者によるアンケート投票にて、上位各3案が決定される（カップはるさめは3位に同得票数が2案あったため、実際は4案である）。各案の得票数は図表2-4のとおりである。

　なお、カップめん、カップはるさめ、ともに最終選考案内のトピックには、最終選考について次のような案内が行なわれている。

　　■最終選考について■
　第2次選考にて選ばれた各3案について、商品化のために質問を下記の最終選考トピックにそれぞれお出しします。
　アイデア応募者の方は、僕の質問に対してコメントを残してください！
　コミュニティの他のメンバーとアイデアを出し合い、考えてくださいね。
　みなさんの意見も参考にしますよ。
　質問の回答はトピックに書き込みしていただくことで回答されたものとし

ます。
　ここでは、より市場に評価される商品に磨き上げるため、アイデア応募者の方以外からの質問への回答内容と、書き込み数も選考の基準とさせて頂きます。
　つまり、あなたの熱意と、みんなの応援力が勝敗を決定するポイント！
　なお質問の回答期限は、7月17日までである。

7月12日
　第2次選考への投票者のなかから商品プレゼントの当選者が選ばれ、通知が送信された。
- 「商品プレゼント【第2弾】当選者にメッセージの送信完了しました…」：商品プレゼントの当選者に対し、当選メッセージが送られたことを示すトピックであるが、当選者の喜びの声を中心としたコメントが146件書き込まれた。

7月13日
　「最終アイデア」というトピックが各案に対して立ち上げられる。発案者以外からの書き込み数も選考の基準となったことで、第1次選考のときとは異なり、コメント数は最少で13、最多254、平均約111となり、活発な発案者との意見交換がなされた。トピックに示された質問は次のとおりである。
　　＜質問No.1＞この商品は、どんな方に買ってもらえたり、食べてもらえることを想定したらよいのでしょうか？？
　　＜質問No.2＞友達に勧めるとき商品の良さをどのように説明します？？文字数は、20文字までとします。
　　＜質問No.3＞容器は湯切りタイプのもの？〔質問No.3の内容は、アイデアごとに異なっている〕

7月19日
　商品化されるアイデアが決定した旨を知らせるトピックが追加される。
- 「コブかみの思い」：発表は予定どおり翌日正午ということであるが、ここまできた「コブかみ」氏の思いが語られ、28件のコメントが書き込まれている。そのほとんどが「コブかみ」氏に対するねぎらいの言葉であり、一体感を感じることができる。

7月20日

　カップめんの部、カップはるさめの部、それぞれ最終選考の結果が次のトピックで発表される。

- 「【選考結果】商品化アイデア決定!!」：カップめん部門は「黒石名物・つゆやきそば」、カップはるさめ部門は「ラクサ春雨」が選ばれたことが発表された。決定のポイントが次のように説明されている。

　　人気投票結果と熱い思い（コメントの内容など）をポイントといたしました。つゆやきそばという新しいめんの食べ方は、カップめんに新しい風を起こすかもしれませんし、「ラクサ」というメニューに対する話題性の拡がりに可能性を感じました。これからみなさんと一緒に作り上げる喜びを感じられる商品アイデアだと思います。

　また商品化へ向け、具材やスープ、めんの決定やネーミング、パッケージデザインについてもアイデア募集を行なうことが告知され、コミュニティ限定のオフ会では発売前に試食するイベントを行なうことも案内された。

7月24日

　商品化アイデアが決定し、多く参加者からの応援を期待して、コミュニティ参加者が自己紹介できるトピックが立ち上がる。

- 「自己紹介をお願いします」：まずは管理人「コブかみ」氏の自己紹介からスタートし、参加者が順次自己紹介を書き込んでいる。書き込み件数は282件で、多くの人が自己紹介を行なっている。

8月27日

　食にまつわる話題を共有するため、おすすめのご当地麺を紹介するトピックが立ち上がる。

- 「【コブかみ総研】第1弾『オススメのご当地麺は？』」：黒石のつゆ焼きそば、マレーシアのラクサも両方とも「ご当地麺」であることを「コブかみ」氏が知らなかったこともあり、まだ知れわたっていないご当地麺を発表するトピックである。

8月29日

　つゆ焼きそば、およびラクサはるさめ開発に向けての課題への、回答や意見の書き込みと、開発状況の報告を行なうトピックが作成される。

- 「つゆやきそば開発室」：次の３つの質問が「コブかみ」氏より提示されている。

    Q1：【スープ作りの参考にします】
    「これぞ本場の味！」というつゆやきそばが体験できるお店がないか。
    Q2：【作り方は？】
    どのような形状で、どう作るのがよいか。
    Q3：【パッケージのイメージは？】
    パッケージのデザインはどのようなものがいいのか。

- 「ラクサはるさめ開発室」：次の３つの質問が「コブかみ」氏より提示されている。

    Q1：【スープ作りの参考にします】
    本場の味に合わせるのが良いか、日本人の好みに合わせた方が良いか。
    Q2：【参考までに教えてください】
    辛さやスパイスを別にすると良いという意見があるが、具体的なスパイスとは。
    Q3：【パッケージのイメージは？】
    パッケージのデザインはどのようなものが良いか。

9月19日には、PR方法のアイデアについての質問も追加されている。

8月31日

夢のカップめん開発プロジェクトが取り上げられている記事やサイト、テレビ番組などを紹介するトピックである。

- 「こんなところで話題になっています！」：Webサイトはもちろん、雑誌や新聞、テレビ放映などが紹介されている。

9月28日

いつ、どんなときに、カップ麺やカップはるさめを食べているのかを書き込むトピックが作成される。

- 「【コブかみ総研】第２弾『カップめん、カップはるさめをどんな時に食べたいと思います？』」：どんなときにどんなカップめんやカップはるさめを食べたくなるのかが、商品名とともに書き込まれている。

10月9日

エースコックのロングセラー商品「スーパーカップ1.5倍」のなかで、何味

が好きかへの投票を行なうトピックである。
- 「【アンケート】【コブかみ総研】第3弾～スーパーカップで何味が好き？～」：しょうゆ、みそ、とんこつ、しお、豚キムチ、その他、のなかから1つを選んで投票するようになっている。

10月15日

これからのコミュニティの展開方法について説明するトピックである。
- 「【イベント】これからの展開」：これからのコミュニティでの展開として、
  ①具材・スープ・めんの決定
  ②ネーミング・パッケージの画像による紹介
  ③プロモーションサイトの紹介とリクエスト募集
  ④商品見本完成
  ⑤コミュニティ限定オフ会での新商品試食会開催
  ⑥12月10日店頭発売

となることが告知された。

10月26日

オフ会開催の詳細と参加受付のトピックである。
- 「【イベント】コミュニティ限定オフ会（試食会）」：オフ会の詳細が次のように示され、参加応募の受付も行なわれる。募集人数は30名で、当選者の喜びの声や、参加時の服装などの話題も書き込まれている。

　　　■日時：
　　　平成19年11月8日（木）
　　　12：00～14：00　※約2時間程度
　　　■場所：
　　　グランドプリンスホテル新高輪
　　　東京都港区高輪　3-13-1
　　　※交通費については、最寄の駅より往復電車代をお支払いします。
　　　※尚、当日マスコミの方もこられるかもしれません。
　　　■内容：
　　　参加してくれた皆さんには、もちろんつゆ焼きそば＆カレーラクサ春雨を試食していただきます！
　　　そして、オフ会ならではの楽しいイベントも検討中です！　たくさん

のアイデアが今、飛びかっています！

11月7日

オフ会への参加意気込みや中継でアップしてほしい画像などを書き込めるトピックである。

- 「オフ会前夜祭」：当日の朝、新幹線で移動中の参加者からの書き込みもある。

11月8日

オフ会の様子を中継するトピックである。

- 「★オフ会実況中継★」：「コブかみ」氏がオフ会に登場のため、代理として「イカ山」氏が中継を担当している。「コブかみ」氏がこぶたのかぶりものをかぶって登場する姿や、つゆ焼きそば発案者のあいさつなどの写真がアップされたり、つくり方に対する反応なども中継され、試食の様子がよく伝わってきている。また、参加者の会場からの書き込みも見受けられる。大きな盛り上がりをみせたことが、参加者の書き込みからもうかがうことができる。

11月13日

テレビ取材と放送日を告知するトピックである。

- 「サプライズ！」：「コブかみ」氏のテレビ取材があったことと放映日が告知され、放送後の感想などが書き込まれている。

11月16日

発売前につゆ焼そばとカレーラクサ春雨がプレゼントされることを告知するトピックである。

- 「発売前！商品プレゼント！」：応募条件は次の2つである。
    1．発売前に食べたいっ！という方
    2．宣伝隊長として自分のmixi日記やブログなどに感想を書き込んでいただける方

プレゼント内容は「つゆ焼そば」×2個、「カレーラクサ春雨」×2個のセットを200セットである。

なお試食後の感想も多く書き込まれている。

11月21日
　友人・知人からの反応を書き込むトピックである。
- 「発売までもう少し！」：コミュニティの運営延長が報告され、友人や知人からの反応について書き込みがされている。

12月3日
　発売を1週間後に控え、これまでの取り組みを振り返るトピックである。
- 「発売までカウントダウン!!」：これまでの半年間のコミュニティでの取り組みを振り返り、参加者が印象に残っていることが書き込まれている。

12月10日
　発売されての感想や販売情報を書き込むトピックである。
- 「いよいよ発売になりました！」：どこで販売されているかの情報や、つくり方、食べてみての感想が書き込まれている。コンビニエンスストア店員からの発注情報の書き込みもある。

12月12日
　カレーラクサ春雨およびつゆ焼そばを食べた場所（地域）と感想を方言でコメントするトピックが立ち上がる。
- 「カレーラクサ春雨目指せ全国制覇!!」と「つゆ焼そば目指せ全国制覇!!」：「○○県食べました！」と、食べた場所、さらに地域の方言での感想をコメントで残して、47都道府県制覇をねらうものである。

1月1日
　2008年初の麺料理は何を食べたかを書き込むトピックである。
- 「初ラーメン何食べた？」：ラーメンにかぎらず、うどんやそばなど「初麺料理」は何を食べたかについて書き込むトピックである。

1月7日
　2008年今後の予定と「コブかみ」氏のひとり言のトピックである。
- 「2008年始動！」：これからのカップめんやカップはるさめについて、他の麺料理のこと、2008年の話題などフリートークで書き込みがされている。

1月30日
　カップめんやカップスープと一緒に食べたいものは何かを書き込むトピック

が立ち上がる。

- 「【コブかみ総研】第5弾ランチレポート！　カップめん・カップスープとの組み合わせ教えてください！」：カップめんやカップスープと一緒に何を食べたかのレポートが書き込まれている。「コブかみ」氏も、写真付きで何度かランチメニューを紹介している。

2月13日

リニューアルしたスーパーカップを30人にプレゼントすることを告知するトピックが作成される。

- 「【プレゼント】第一弾！」：応募条件は、食べた感想を自分のmixi日記やブログに書き込める人である。

2月20日

スープはるさめ6品を60人にプレゼントすることを告知するトピックである。

- 「【プレゼント】第二弾！」：応募条件は第1弾と同様に、食べた感想を自分のmixi日記やブログに書き込める人である。

3. コミュニティ運営における工夫点

　前述の新規トピック作成状況をもとに、製品化プロセスを時系列でまとめたのが図表2-5である。2008年3月6日現在における各トピックについてのコメント数や、そのコメント数のうちの「コブかみ」氏からのコメント数、書き込みはされたがその後削除されたコメント数、各トピックへの最終コメントの書き込み日付も併記している。

　mixi公認コミュニティを利用しての製品開発は初の試みであり、アイデア募集から製品化までの進め方にはモデルとなるケースがあるわけではなく、試行錯誤により軌道修正されながら進められた。図表2-5のトピックの作成状況と書き込みの様子に、エースコック社の対応、「コブかみ」氏へのインタビューをくわえて、コミュニティ運営上の工夫点をまとめてみよう。

　まず第1には、メーカー側から商品アイデアを提示して、それに対して意見を収集するというかたちではなく、mixi公認コミュニティ参加者の発案を基点としたコンセプトゼロからの製品を、コミュニティを通して参加者みんなで

図表 2-5　「カップめん開発オーデション」の製品化プロセス

年月日	「作成トピック名」とその内容	コメント数	コメント数の内コブかみ氏のコメント数	削除されたコメント数	コメントの最終書き込み
2007.6.4	①「新トピック作成依頼」 自分の意見をどこに書き込めばいいのかが不明な場合、新トピックの作成をコブかみ氏に依頼する	14	4	3	2008.2.20
	②「管理人からのお願い」 コミュニティ参加ルールの説明	0	—	—	
	③「カップはるさめアイデア応募はこちら」 カップはるさめのアイデアを応募する	230	4	12	2007.6.25
	④「カップめんアイデア応募はこちら」 カップめんのアイデアを応募する	575	3	28	2007.6.25
2007.6.6	「ちなみにどんなカップめん、カップはるさめが好きですか」 好きなカップめんやカップはるさめを、商品名ではなく、〇〇味などで答える	39	4	0	2007.6.20
2007.6.7	「エースコックにまつわる思い出って？」 エースコックに対する思い出を書き込む	11	0	0	2007.6.13
2007.6.8	「あなたのこだわりの食べ方は？野菜入れる？卵入れる？」 カップめんにかぎらず、即席麺の食べ方を書き込む	70	6	0	2008.2.28
2007.6.21	「オーディションの選考方法は……」 選考の流れを説明	13	2	0	2007.7.17
2007.6.25	「オーディション参加に関する応募規約」 オーディション参加の応募規約の説明	20	5	5	2007.6.30
2007.6.26	「コブデミー賞？」 第1次選考でもれたアイデアのなかから、コブかみ氏が独自に表彰する旨の告知	10	1	0	2007.6.29
2007.6.27	「第一次選考実況中継!!」 応募アイデアの選考状況の紹介	11	2	0	2007.6.29
2007.6.29	①「【カップめん】通過アイディア No.1～10」 カップめん上位10案それぞれが、詳細トピックとして独立して作成	47 (No.1～10の合計)	0 (No.1～10の合計)	3 (No.1～10の合計)	2007.7.9
	②「【カップはるさめ】通過アイディア No.1～10」 カップはるさめ上位10案それぞれが、詳細トピックとして独立して作成	33 (No.1～10の合計)	0 (No.1～10の合計)	1 (No.1～10の合計)	2007.7.7

第2章　Webによる消費者参加型製品開発

	③「【投票】【カップめん】第二次選考トピック」 　カップめん上位10案に対する、食べてみたい、買ってみたいものへの投票と集計結果	（投票数 344）	―	―	2007.7.10
	④「【投票】【カップはるさめ】第二次選考トピック」 　カップはるさめ上位10案に対する、食べてみたい、買ってみたいものへの投票と集計結果	（投票数 74）	―	―	2007.7.10
2007.7.2	「第1回コブデミー賞発表！」コブデミー賞各賞の発表	9	0	0	2007.7.4
2007.7.9	①「【投稿】【カップめん】最終選考案内」 　カップめん最終選考方法の説明	0	―	―	―
	②「【投稿】【カップはるさめ】最終選考案内」 　カップはるさめ最終選考方法の説明	0	―	―	―
2007.7.12	「商品プレゼント【第2弾】当選者にメッセージの送信完了しました……」 　プレゼント当選者100名が決定し、当選通知が送信されたことを告知	146	0	0	2007.8.23
2007.7.13	①「【投稿】【カップめん】最終アイデア No.1」 「とろーりたらこカルボらうめん」商品化へ向けたコブかみ氏からの質問に対する回答の書き込み（発案者以外の書き込みも可）	109	4 (発案者のコメント数は55)	4	2007.7.20
	②「【投稿】【カップめん】最終アイデア No.2」 「黒石名物つゆやきそば」商品化へ向けたコブかみ氏からの質問に対する回答の書き込み（発案者以外の書き込みも可）	221	3 (発案者のコメント数は118)	5	2007.7.21
	③「【投稿】【カップめん】最終アイデア No.3」 「うでん　おどん」商品化へ向けたコブかみ氏からの質問に対する回答の書き込み（発案者以外の書き込みも可）	254	4 (発案者のコメント数は66)	15	2007.7.20
	④「【投稿】【カップはるさめ】最終アイデア No.1」 「牛丼はるさめ」商品化へ向けたコブかみ氏からの質問に対する回答の書き込み（発案者以外の書き込みも可）	54	6 (発案者のコメント数は27)	2	2007.8.5
	⑤「【投稿】【カップはるさめ】最終アイデア No.2」 「野菜たっぷりポトフ春雨」商品化へ向けたコブかみ氏からの質問に対する回答の書き込み（発案者以外の書き込みも可）	17	5 (発案者のコメント数は5)	0	2007.7.17

	⑥「【投稿】【カップはるさめ】最終アイデア No.3」 「カップではるさ明太子！」商品化へ向けたコブかみ氏からの質問に対する回答の書き込み（発案者以外の書き込みも可）	13	5 （発案者のコメント数は0）	1	2007.7.18
	⑦「【投稿】【カップはるさめ】最終アイデア No.4」 「ラクサ春雨」商品化へ向けたコブかみ氏からの質問に対する回答の書き込み（発案者以外の書き込みも可）	106	5 （発案者のコメント数は32）	1	2007.7.21
2007.7.19	「コブかみの思い」 商品開発への知恵や協力の依頼	28	0	1	2007.8.4
2007.7.20	「【選考結果】商品化アイデア決定!!」 最終選考結果の発表	30	0	1	2007.7.21
2007.7.24	「自己紹介をお願いします！」 コミュニティ参加者の自己紹介	282	10	5	2008.3.5
2007.8.27	「【コブかみ総研】第1弾『オススメのご当地麺は？』」 食にまつわる話題共有のための、おすすめのご当地麺を紹介する	39	0	1	2007.9.3
2007.8.29	①「つゆやきそば開発室」 つゆやきそば開発に向けての課題への回答や意見の書き込みと開発状況の報告	308	12 （発案者のコメント数は95）	18	2007.12.21
	②「ラクサはるさめ開発室」 ラクサはるさめ開発に向けての課題への回答や意見の書き込みと開発状況の報告	142	19 （発案者のコメント数は17）	5	2007.10.15
2007.8.31	「こんなところで話題になっています！」 夢のカップめん開発プロジェクトが取り上げられている記事などを紹介	8	3	0	2008.1.16
2007.9.28	「【コブかみ総研】第2弾カップめん、カップはるさめをどんな時に食べたいと思いますか？」 どんなときにカップめん、カップはるさめが食べたいかを、商品名とともに書き込む	22	0	0	2008.1.12
2007.10.9	「【アンケート】【コブかみ総研】第3弾～スーパーカップで何味が好き？～」 スーパーカップで何味が好きかへの投票とその結果	41	0	0	2007.12.28
2007.10.15	「【イベント】これからの展開」 これからのコミュニティの展開方法の説明	21	2	0	2007.10.5
2007.10.26	「【イベント】コミュニティ限定オフ会（試食会）開催!!」 オフ会開催の詳細と参加受け付け	135	3	2	2007.11.17

第 2 章　Web による消費者参加型製品開発

日付	トピック				日付
2007.11.7	「オフ会前夜祭！」 オフ会への参加意気込みや中継でアップして欲しい画像などの書き込み	20	0	0	2007.11.8
2007.11.8	「★オフ会実況中継★」 オフ会の実況中継	53	7	4	2007.11.16
2007.11.13	「サプライズ！」 テレビ取材と放送日の告知	41	1	0	2007.11.17
2007.11.16	「発売前！商品プレゼント！」 発売前に、200名に対し「つゆ焼そば」と「カレーラクサ春雨」をプレゼントする告知。 応募条件は、食べた感想を自分のmixi日記やブログに書き込める人	176	5	1	2007.12.15
2007.11.21	「発売までもう少し！」 友人、知人からの反応を書き込む	29	1	4	2007.12.3
2007.12.3	「発売までカウントダウン!!」 これまでの取り組みを振り返る	22	2	0	2007.12.10
2007.12.10	「いよいよ発売になりました！」 発売されての感想や販売情報の書き込み	99	4	3	2008.2.10
2007.12.12	①「カレーラクサ春雨目指せ全国制覇!!」 カレーラクサを食べた場所（地域）と感想を方言でコメントする	85	4	5	2008.3.5
	②「つゆ焼そば目指せ全国制覇!!」 つゆ焼そばを食べた場所（地域）と感想を方言でコメントする	64	3	0	2008.3.6
2008.1.1	「初ラーメン何食べた？」 2008年初麺料理は何を食べかを書き込む	36	1	0	2008.2.23
2008.1.7	「2008年始動！」 2008年今後の予定とコブかみ氏のひとり言	40	6	0	2008.3.3
2008.1.30	「【コブかみ総研】第5弾ランチレポート！カップめん・カップスープとの組み合わせ教えてください」 カップめんやカップスープと一緒に食べたいものは何かを書き込む	50	8	2	2008.3.2
2008.2.13	「【プレゼント】第一弾！」 リニューアルしたスーパーカップを30人にプレゼントする告知。応募条件は、食べた感想を自分のmixi日記やブログに書き込める人	69	0	0	2008.2.25
2008.2.20	「【プレゼント】第二弾！」 スープはるさめ6品を60人にプレゼントする告知。応募条件は、食べた感想を自分のmixi日記やブログに書き込める人	98	0	0	2008.3.5
	合計	3937	154	132	

出所：mixi公認コミュニティ「カップめん開発オーデション」のトピック、イベント、アンケートの2008年3月6日現在の内容をもとに、筆者作成。同一日に複数トピックが作成された場合は、作成時間順で①、②を付記して記載。

つくり上げるという姿勢で取り組んだという点である。先にみたように、6月25日に作成された「オーディション参加に関する応募規約」トピックで、「コブかみ」氏より最終アイデア発案者に対する「権利」について説明された。その際にわずかな反対書き込みはあったものの、コミュニティからの発案アイデアのなかから商品を誕生させるという喜びを一緒に味わうというスタンスが広く理解されることになった。このことによってプロジェクトが進行できたと考えられる。「コブかみ」氏による権利の説明をもう一度確認しておくと、次のとおりである。

> 応募規約内において、『最終選考作品は、エースコック株式会社が商品化します。その際に必要な諸権利はすべてエースコック株式会社に帰属するものとします。』としておりますので、アイデア応募者、皆様に対しては、何か特別な「権利」が発生するということはございません。よって、その対価はございません。

第2は、アイデア募集中の期間、選考中の期間、開発中の期間、商品発売後、どの期間においても、カップ麺の好きな人たちが興味を示すようなトピックをタイムリーに立ち上げ、場の盛り上がりが図られたことである。第1次選考からもれたアイデアのなかから「コブかみ」氏が独自に表彰する「コブデミー賞」や、食にまつわる話題共有のための「コブかみ総研」などは、アイデアが採用されなかった人たちやアイデアを書き込んでいない人たちでも継続して参加することを可能にし、コミュニケーションの場を形成するきっかけともなっている。

また、オフ会の様子もトピックとして中継のかたちで公開され、これに会場からの参加者による書き込みもくわわり、オフ会に参加できなかった人たちも臨場感をもってその内容を知ることができた。

第3は、アイデア選考の際の、選考者であるエースコックから出た意見を紹介しながらの選考状況の中継や、選考結果にまつわる参加者の喜びの声や残念の声などの書き込みが、結果発表をより盛り上げ、一体感をつくり出したという点である。選考の結果だけが公表されるのではなく、途中経過が中継的に示

第2章　Webによる消費者参加型製品開発

されたり、実際にアイデアを出した参加者以外でも、応援していたアイデアの結果に対して率直な感想が書き込める場があったことは、コミュニティの一体化に大いに役立ったと考えられる。

　第4は、コミュニティ管理人「コブかみ」氏が、つねにユーザーの目線で、一貫して「コブかみ」というキャラクターイメージを壊すことなく、コミュニティを運営したという点である。池尾恭一は「売り手自身が主宰するコミュニティであっても、売り手がコントロールを強めると、コミュニティ本来の魅力が薄れ、消費者情報源としての機能が低下しかねないという難しさを孕んでいる」(池尾, 2003, p. 262) と指摘しているが、企業としてのリアルな顔を前面に出すことなくコミュニティを運営できたことは、カップめんで526件、カップはるさめで209件という、非常に多くの商品アイデアの投稿を得るという成果でも示されている。

　また、図表2-5には、トピックごとの削除されたコメント数が記載されているが、不適当として管理者側から削除したコメントは1つもなく、すべてが書き込み者自身による削除[3]であるということからも、コミュニティ内では、自浄作用がはたらく良好なコミュニティ運営ができていたと判断できる。

4. 有効性と課題

　エースコック社は、引き続きmixi公認コミュニティを活用した製品開発の第2弾[4]を始動するなど、第1弾でのSNSによる消費者参加型製品開発の有効性を認識している。ここでは「コブかみ」氏とのインタビューや発表資料などからその有効性をまとめ、主な課題について整理してみたい。

　オフ会でエースコック社常務取締役梶原氏は「従来の話題作りや広告の一媒体にとどまらない、真のWeb2.0型プロジェクト」とコメントした。開発プロセスを開示するオープンな姿勢にくわえて、参加者の意見を本当に反映する"台本のない運営"を行なったことで、消費者と中身の濃いコミュニケーションを図ることができたと、梶原氏は評価している。これらは、コミュニティへの参加者数は過去最高ではないものの、「熱い書き込みや情報交換が多く、mixiが目指す心地の良い空間が実現できた」とする株式会社ミクシィのコメントにも現われている。商品発売前から「ファンの集まり」としてコミュニテ

ィが機能すると、消費者の参加意識が早い段階から醸成され、ロイヤルティが高められるため、口コミ効果も期待できる。実際に多くの参加者が、自分のブログや掲示板でプロジェクトのことを紹介している。
　第2次選考では、コミュニティ参加者の投票による方式が導入されたが、これにより、意見を書き込むことはしないが内容は閲覧している人たちの参加の機会も、引き出せたものと考えられる。ネットの世界では、意見を書き込む人たちの数倍から数十倍の人数の、閲覧だけする人たちがいるといわれるが、こうした人たちも含めて、コミュニティ全体として新しい商品を生み出したという意識を、より強くさせるものであったといえよう。
　また、成熟の後期といわれるカップ麺市場において、消費者の選択眼も肥えるなか、消費者から選ばれるアイデアを協働でつくり上げ、発売前からの話題づくりと消費者の囲い込みに成功したことは、新しい製品開発スタイルの有効性を示唆しているといえよう。
　製品化にあたっての主な課題には、次のものがあった。コミュニティ管理人「コブかみ」氏は、つねにユーザー目線で、その発言も親しみやすく、参加者との関係もたいへん良好であった。しかし、コミュニティでの意見をビジネスとして成功させるには、企業人としてコストや製造方法などの目線に置き換える必要があり、コミュニティでの意見をビジネスベースにうまく解釈することは、重要な課題であったはずである。そして今回のような企画商品は、話題になっているときにすでにトップギヤーに入った状態であるため、それをいかに持続させていくかの方策も検討すべき課題である。
　2008年5月7日からカルピス社が、飲料業界初としてmixi公認コミュニティを利用した「新しいフルーツカルピス」開発に着手し、11月の商品発売を予定しているが、商品発売前の8月末をもってコミュニティは終了している。これに対しエースコック社は、商品発売後も意見交換の場として公認コミュニティを継続させ、第2弾の「夢のカップめん開発プロジェクト」を始動させている。消費者との協働という観点からすれば、開発期間中だけではなく、常日頃から消費者の意見に耳を傾け、消費者目線でコミュニティ参加者との良好な関係を維持することが重要であろう。一度消費者との信頼関係のネットワークが確立されれば、他が追随することは容易ではない。SNSを活用した製品開発

モデルの先駆者として、エースコック社の今後の取り組みが注目される。

第3節　有機的結合・相互補完による新たなモデル

1. 消費者どうし間におけるインタラクション

　これまでみてきたように、エースコック社のSNSを活用した消費者参加型製品開発モデルは、企業がWeb上に消費者参加の仕組みをつくり、消費者が意識的に製品コンセプトの創造や仕様決定に参加する形態のもので、基本的には企業と消費者間におけるインタラクションである。しかしWeb上には、これとは性質を異にする消費者どうし間のインタラクションというものも存在している。これは、消費者どうしが、ブログや掲示板の機能を用いて、共通の趣味や関心を通して集い、自由に語るインタラクションである。これらは自然的に発生し、賛同や共感によって、それまで気がつかなかったり見落としていたりした価値やアイデアなどが表出することを期待させるものである。ここでは、企業に対して新製品のコンセプトや仕様のアイデアを直接提案することはないが、価値観の共有化から新たな価値が語られる。具体的には、次のようなものが挙げられる。

①価格.comの各製品に対する口コミ掲示板
②Amazon.comのカスタマーレビュー
③個人ブログでの、製品に対する感想・コメント
④メーカーが設置する製品ごとのブログで語られる、閲覧者からの感想・コメント
⑤SNSを利用して書き込まれる、製品に関する感想・コメント
⑥YouTubeなどの動画共有サイトに書き込まれるコメント
⑦3D仮想空間（メタバース）におけるアバターを利用した双方向コミュニケーション

　これらのインタラクションは、緩やかな関係で結ばれ、新しいメンバーの受け入れも恒常的でオープンなネットワーク上で行なわれるが、創出される価値は、企業と消費者とのインタラクションからつくり出される価値とは本質的に異なるものである。佐々木裕一らは、「情報には、公開して共有することで他

の情報と結合し編集され価値を増大する特性がある」(佐々木・北山, 2000, pp. 2-3) とし、これを情報の「編集価値」と呼んでいるが、この編集価値を生み出すのが、消費者どうし間におけるインタラクションである。編集価値の創出においては、消費者は新製品開発に直接参加しているという意識はないものの、間接的に、そして無意識的に、新製品開発に参加しているととらえることができる。

2. 相互補完のための価値変換

　消費者どうし間インタラクションから創出される編集価値に対し、企業と消費者とのインタラクションからつくり出される価値は経済価値であり、企業の利潤最大化を実現するのに欠くことができない価値である。企業側が、企業にとってのメリットである経済価値の上昇をめざす施策を消費者どうし間インタラクションに対して行なったとしても、編集価値が上昇することはない。これは、希少性を源泉とする経済価値に対し、コミュニティから生まれる編集価値は、共有されることで価値が増大されるため、希少性を源泉としない、という相反する性格によって説明される（同上）。

　このように、企業が追求する経済価値と消費者どうし間インタラクションから創出される編集価値は、相反する性質のものであるが、より深層に潜む消費者ニーズを掘り起こす製品を開発するには、これらの価値を分離するのではなく、相互補完的なものとしてとらえ、その有機的な結合を考えていかなければならない。そのためには、それぞれの価値を相互変換し、有機的に結合させる役割を果たすものが必要となる。エースコック社の今回の取り組みでは、「コブかみ」氏がその役割を適切に果たしたということができる。トピックに書き込まれるコメントをもとに、消費者どうし間インタラクションが多く発生しているが、それに対して「コブかみ」氏がコメントした回数は必要最小限で、コメント内容も経済価値の訴求を前面に出したものではなく、軌道修正的なコメントに限定されていた。これは、価値の相互変換や媒介的立場に徹した対応が有効であることを示しているといえよう。

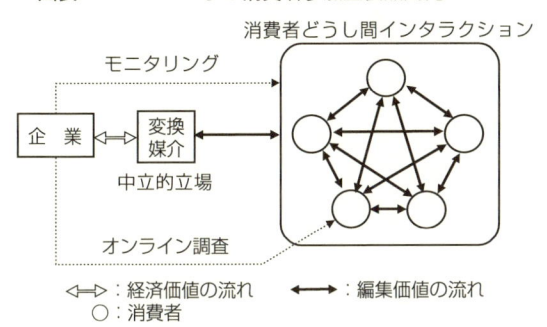

図表2-6　Webによる消費者参加型製品開発モデル

```
                         消費者どうし間インタラクション
       モニタリング      ┌─────────────────┐
       ┌─────────┐    │    ○ ── ○      │
       │         ↓    │   ╱ ╲╳╳╱ ╲     │
   ┌───────┐  ┌────┐  │  ○  ╳╳╳  ○    │
   │ 企 業 │⇔│変換│⇔│   ╲╳╳╱╲╱     │
   │       │  │媒介│  │    ○ ── ○      │
   └───────┘  └────┘  └─────────────────┘
                ↑
              中立的立場
       ┌─────────┘
       │  オンライン調査
```

⇔：経済価値の流れ　　←→：編集価値の流れ
〇：消費者

3. 消費者参加型製品開発のモデル

　これまでの分析結果を整理し、有効と考えられる Web を利用する消費者参加型製品開発モデルを提示してみたい。

　企業側が消費者どうし間インタラクションを直接コントロールしようとしたり、深く関与したりすることは、消費者どうし間インタラクションの機能を低下させることになるため、その中間には変換媒介が必要となる。変換媒介は、中立的な立場で両者との関係をコーディネートできる機能、能力が必要となり、重要な役割を果たす。企業側からのコントロールをバッファとして緩衝したり、特定消費者からの要求に対する御用聞きにならないためのフィルターとしての役割が求められるのである。

　しかし、企業側が直接消費者どうし間インタラクションに関与しないという前提があっても、企業は、消費者が Web 上で自由に語る製品の評価やその用途、背景にあるライフスタイルに対し、無関心でいることはできない。消費者どうし間インタラクションへのモニタリングから消費者の性向を知り、変換媒介と連携して深層に隠れるニーズを感じることで、消費者が共鳴、共感できるような製品開発が行なわれるようになるからである。

　これまでオフラインで行なわれていたマーケティング調査が、オンラインで実施することが可能となってきた。今後はこれらオンライン調査と消費者どうし間インタラクションとの協働関係を有機的に結合できるか否かも、消費者参加型製品開発を成功させる要素のひとつとなろう。

【謝辞】
　本章を作成するにあたり、mixi 公認コミュニティ「カップめん開発オーディション」の管理人であるエースコック社「コブかみ」氏には、多忙中にもかかわらず、2008 年 4 月 21 日インタビューにご協力いただいた。この場を借りて感謝の意を表わしたい。

注
(1) Social Networking Service の略で、自分のプロフィールや日記を公開しながら、知人とのコミュニケーションや、共通の趣味をもつ人たちの集まりに参加できるサービス。
(2) 株式会社ミクシィの運営する、国内最大の SNS。数十万のコミュニティがあり、1 日 2 億ページ以上のアクセスがある。
(3) 「コブかみ」氏とのインタビューで確認。
(4) 第 2 弾は、2008 年 12 月 8 日にカップめん 2 種類（コラーゲン白湯麺、ミルク担担麺）、同 15 日にカップはるさめ 2 種類（ベーコン＆玉子＆野菜、サムゲタン参鶏湯）が発売されている。

参考文献
池尾恭一（2003）『ネットコミュニティのマーケティング戦略』有斐閣。
石井淳蔵・厚美尚武（2002）『インターネット社会のマーケティング』有斐閣。
石井淳蔵・水越康介（2006）『仮想経験のデザイン』有斐閣。
「Web 2.0 の本当の使い方」『日経ビジネス アソシエ』2007 年 2 月 6 日号、日経 BP 社。
梅田望夫（2006）『ウェブ進化論』ちくま新書。
岡田広司・加藤高明（2003）「インターネットを用いた商品開発に関するコミュニティの実際」『オイコノミカ』第 40 巻第 1 号。
小川進（2002）「流通システムの新しい担い手――ユーザー起動型ビジネスモデル」『組織科学』第 35 巻第 4 号。
―――（2006）『競争的共創論――革新参加社会の到来』白桃書房。
小川弘晃（2001）「"作る"だけでは終わらない」『日経ネットビジネス』7 月 25 日号、日経 BP 社。
加藤高明（2004）「Web サイトを利用した消費者参加商品開発の有効性」『オイコノミカ』第 41 巻第 1 号。
―――（2007a）「Web サイトを利用した消費者参加商品開発」岡田広司編『マーケティング理論と市場戦略』あるむ。
―――（2007b）「ブログのマーケティングへの応用と可能性」岡田広司編『戦略的イノベーション経営の潮流』あるむ。
神田敏晶（2006）『Web 2.0 でビジネスが変わる』ソフトバンク新書。
木村達也（2005）『インターネット・マーケティング入門』日経文庫。
木全晃（2001）「消費者参加型マーケティングは成功するか」『日経トレンディ』10 月号、日経ホーム出版社。
「個客を狙え！」『Forbes 日本版』2001 年 2 月号、ぎょうせい。
國領二郎（1998）「顧客間インタラクションによる価値創造モデル」『DIAMOND ハー

バード・ビジネス・レビュー』11 月号．
─── (1999)『オープンアーキテクチャ戦略──ネットワーク時代の協働モデル』ダイヤモンド社．
佐々木裕一・北山聡 (2000)『Linux はいかにしてビジネスになったか──コミュニティ・アライアンス戦略』NTT 出版．
シックス・アパート株式会社 (2006)『ブログ・オン・ビジネス』日経 BP 社．
嶋口充輝他 (2001)『柔らかい企業戦略──マーケティング・アンビションの時代』角川書店．
田中あゆみ (2005)『Web マーケティングの教科書』毎日コミュニケーションズ．
電脳事務 (2006)『最新 Web テクノロジー』ソフトバンククリエイティブ．
日本マーケティング協会 (2000)『インターネット・マーケティング・ベーシックス』日経 BP 社．
浜屋敏・田中秀樹 (2003)「インターネットを活用した商品開発の可能性」富士通総研経済研究所研究レポート no. 165．
原田保・三浦俊彦 (2002)『e マーケティングの戦略原理』有斐閣．
「ブログ進化系」『WEB 2.0 への道』2006 年インターネットマガジン別冊、インプレス R＆D．
丸太一 (2007)『ウェブが創る新しい郷土』講談社現代新書．
村本理恵子・菊川暁 (2003)『オンラインコミュニティがビジネスを変える』NTT 出版．

第3章

クロス・マーチャンダイジングによる新しい価値創造の提案

澤田 好宏

　物理学的にいえば、溶解（dissolution）や融解（melting）は、個体や気体が液体中に分散して均一系を形成する現象である。いま流行りのハイブリッドは、異なったものを混ぜ合わせることであり、シナジー効果とは、2つ以上の要素が相互作用して、個別以上の価値を生み出すことである。そしてコラボレーションは、複数の個体がそれぞれ溶解して、火山のマグマのように溶け込み形成するのではなく、あくまでも個々の独立性と優位性をお互い認識し合い、それぞれの複数の個体の相互作用がつくり出す、新価値創造の協同作業である。

　本章と次章では、ビジネスフィールドにおいて実際に展開されたコラボレーションの事例を取り上げる。生き残りをかけてますます激化する業界競争や企業間競争のなかで、異業種企業がコラボレーションを組むことによって、新しい価値の創造へと向かうプロセスを述べる。

　毎年、各企業で開発され新発売される製品は数えきれないが、そのうちでヒット商品と呼ばれ、生き残る新製品は、いったいどれだけあるのだろうか。新製品開発は、企業の生き残りをかけた最も重要な活動であり、数多くのヒット商品をつくり続けることが、マーケッターの価値であり、役割といわれる。それは「新価値新製品」であり、その時代の新技術、新素材、新価値が投入された新製品である。しかし、マーケッターだけがヒット商品をつくり出せるとはかぎらない。

　すでに市場に投入された既存商品を、消費者の期待をはるかに超える組み合わせによって革新した定番商品が、圧倒的に市場で支持を受ける場合がある。本章では、営業業務に長く携わり、ほとんど商品開発には携わっていないメンバーどうしが、所属する企業の既存の商品群に対して、新たな切り口で新しい組み合わせを創造し、困難を乗り越え、企業間コラボレーションが価値創造を

第3章　クロス・マーチャンダイジングによる新しい価値創造の提案

生み出していった事例を述べる。

第1節　クロス・マーチャンダイジング

　1960年以降、わが国にアメリカから直輸入されてきたスーパーマーケット・システムに対抗するように、当時の百貨店などがビジュアル・マーチャンダイジング（VMD：Visual Merchandising）という概念を導入した。

　ビジュアル・マーチャンダイジングは、第2次世界大戦末期にアメリカのディスプレイ業者（商品展示などに関わる業者）たちが考え出したといわれている。戦後のアメリカにおいて、技術革新による大量生産・大量消費の生活革新が猛烈に進行するなかで、従来の製品の単品管理技術にもとづく単品陳列手法では、激しく変化する生活シーンに対応できなくなった。そこで登場したのが、それまでの商品管理分類のカテゴリー（多品種の商品を分野別や項目別に分類、仕分けしたもの。商品カテゴリーともいう）を乗り越え、商品の組み合わせによって新しいライフスタイルを提案する、ビジュアル・マーチャンダイジングという手法である。デパートのエスカレーター付近のスペースにディスプレイ・ステージがつくられ、「こたつライフ」や「鍋のあるおいしい生活」などのテーマのもとに、家電製品や食器、ワインや調味料などの組み合わせ提案がさかんに展開された。

　一方、スーパーマーケットでは、デパートのように対面販売（顧客と対面しながら販売する方法。セルフ・サービスの反対語）でなく、ディスプレイ・ステージなどのスペースの余裕がないため、効率を追求するセルフ・サービス方式（顧客が商品を直接手に取って購入する方式。非対面販売方式。対面販売にかかる人件費を削減し、低価格で販売する方式）での関連販売——クロス・マーチャンダイジング（CMD：Cross Merchandising）の手法が開発された。これは、用途や目的に対し、関連性のある商品などを、カテゴリーを超えて陳列販売することであり、生鮮食品や調味料、ファッションと装飾品といった陳列方法である。顧客に「一緒買い」「買い忘れ防止」などの動機づけを行なうセールス・プロモーション（SP：Sales Promotion）の一手法ともいえる。「夏のスタミナ焼肉」というテーマで生肉と焼肉のタレ、また「今夜は熱々鍋料理」でこんぶや鍋つゆや

ポン酢に土鍋なども一緒に陳列して、購買行動を促す手法である。

1. ビジュアル・マーチャンダイジング（VMD）

　ビジュアル・マーチャンダイジングのわが国における歴史と展開についてみておこう。

　1970年の大阪万国博覧会の展示館建設をきっかけとして、ビジュアル・マーチャンダイジングという概念が一気に脚光を浴びるようになった。それまでの店舗設計工事やディスプレイ製作は、建築設計・施工業者や、内装デザイン・施工業者にくわえ、什器（店舗器具・陳列棚・ディスプレイなど）の製作業者、ウインド・ディスプレイ（小売業などにおける建物の外装部分でのウィンドウの商品陳列）業者、給排水・設備業者、照明・音響業者、店内案内などの看板・ネオンサイン業者、マネキン（ファッション販売用の人体模型ディスプレイなど）業者など、多岐の業種にわたる企業が、施主から縦割りの工事請負を受けていた。しかし、ビジュアル・マーチャンダイジングの導入以降は、アート・ディレクターのストア・コンセプトにもとづいて、各種業者がチームとしてディスプレイ・プランの設計施工を行なうようになった。

　以前、筆者が在籍していたセールス・プロモーション・エージェンシーにおいて、筆者自身も編纂に関わって完成させた解説書には、ビジュアル・マーチャンダイジングの定義について、以下のように書かれている。

> 　ビジュアル・マーチャンダイジング visual merchandising：視覚的効果を計算した商品計画のことで、一般にVMDという略称で呼ばれる。単なる商品ディスプレイにとどまらず、プレゼンテーションの方法、ストア・デザインやイメージまで関わった総合的な視覚的効果を演出することをさす。そのねらいは企業イメージ戦略に基づいて店舗環境を整え、顧客にインパクトを与え購買に結びつけることにある。アメリカではストア・プランニングやイベント・プロデュースなどにおいて重要な要素とされてきたが日本ではこれから発展すべき分野といえる。（株式会社ハーベストン，1992，p. 58）

第3章　クロス・マーチャンダイジングによる新しい価値創造の提案

図表3-1　関連販売展開例（エンド展開）

出所：筆者撮影。イズミヤ西宮ガーデンズ店1階食品売場。撮影日2009年8月6日。

図表3-2　関連販売展開例（冷凍食品とドライグロッサリー展開）

出所：筆者撮影。イズミヤ西宮ガーデンズ店1階食品売場。撮影日2009年8月6日。

2. 関連陳列販売を中心とした、いままでのクロス・マーチャンダイジング

また、同解説書では、「関連販売（クロス・マーチャンダイジング cross merchandising）」をこのように説明している。

> 使用用途や目的に対し、関連性のある商品を意図的に集合させて陳列販売すること。たとえば、生鮮食品や調味料、服と装飾品といった集合のさせかたである。今日では生活レベルの向上により関連販売も広がりをみせ、生活や行事をトータルに関連づけて販売する傾向にある。この関連販売の戦略が巧みであるか否かで、売上げの差がつくことが多くなっており、売り場での販売促進活動の重要な切り口のひとつとして捉えられるようになっている。（同上, p. 13）

十数年前の記述であるため、いささか現在との差異があることは否めないが、考え方としては、基本的には現在も変化していないと思われる。

しかし、これらクロス・マーチャンダイジングは、従来の商品カテゴリーを超えて店頭展開されるため、同一流通企業内であっても商品分類のカテゴリー領域を乗り越えての展開が必要となる。そのため、各担当者の売上げノルマ（売上げ必達目標）が絡んでの、店頭展開の時期や場所などの決定にいたる社

53

内調整が必要になり、それらの管理や商品の補充などに多大な労力がかかる。結局、往々にしてクロス・マーチャンダイジングの実施は、総論賛成、各論反対となり、消化不良のまま店頭展開されることが多かった。また、企画段階では、どうしても流通業側の売上計画にもとづいたものとなり、流通業と各メーカーとの個々の共同企画となるため、メーカーどうしがコラボレーションを組んでの流通側への提案などは、ほとんど皆無であった。

第2節　キリングループ（キリンビバレッジ・キリンビール）とミツカンの協働販促

本節で取り上げるのは、まず第1段階として、2005年の秋に清涼飲料水メーカーと調味料メーカーの異業種組み合わせの新しい鍋メニューの企画提案がはじまり、第2段階として、2006年の秋冬に、協働販促企画として全国のスーパーマーケット店頭での新鍋メニュー提案プロモーションが実施され、その翌年の2007年に、第3段階として、テレビのコマーシャル絡みでビールメーカーもくわわり、3社によるコラボレーションが展開された事例である。このコラボレーションが、購買接点である全国のスーパーマーケット店頭で、どのように展開されたかをみてみよう。

1.「生茶」しゃぶしゃぶプロモーションの事前段階（第1期：2005年）
1）キリンビバレッジ社と「生茶」

すべては、キリンビバレッジ社のひとりの担当者の熱き思いからはじまった。荻野 威（たけし）。彼は、1993年に清涼飲料メーカー、キリンビバレッジ株式会社に入社して以来、一貫して営業担当に在籍し、主に広域量販チェーン企業の販売企画を担当してきた。

日本の清涼飲料の販売チャネル（製品の流通経路）は、かつて酒販店、パン菓子店などの手売り市場（主に業種別小売業における対面販売）と、自動販売機市場に大別されていた。しかし、1960年代以降、組織小売業の登場で、酒販店・パン菓子店などの手売り市場が急速に縮小し、代わってスーパーマーケットやコンビニエンスストアなどの広域量販チェーン企業が、売上げの半分以上

を占めるようになり、残りを自販機やその他市場が占めるようになった。清涼飲料メーカーにとっては、もはや広域組織小売業市場は、無視するどころか、非常に重要な市場となった。荻野は、入社7年後に本社に異動し、それ以降、広域量販店の店頭販促企画に取り組んでいる。

2）キリンビバレッジ株式会社
　キリンビバレッジは、麒麟麦酒株式会社の清涼飲料部門から、その一歩をスタートさせている。日本のビールメーカーは、古くは明治時代から炭酸飲料を発売してきた。そのとき発売されたのは、現在アサヒビール系のアサヒ飲料から発売されている「三ツ矢サイダー」、サッポロビール系のサッポロ飲料の「リボンシトロン」であり、キリンビールは1928年に「キリンレモン」を発売している。その後、麒麟麦酒株式会社が、1963年に200mlビンの「キリンレモン」や「キリンオレンジ」を自動販売機で販売する自動販売サービス株式会社を設立し、1967年には、キリンレモンサービス株式会社に社名変更した。1991年、麒麟麦酒株式会社の清涼飲料事業部門を営業譲受により統合し、キリンビバレッジ株式会社に社名変更する。1995年1月に東京証券取引所第2部に上場、1996年4月には第1部に指定替えした。その後、2007年7月1日、麒麟麦酒が持株会社キリンホールディングス株式会社に組織変更し、それにともなって、キリンビバレッジ社も同社の事業完全子会社となった。キリングループの中核、キリンビール株式会社は、1885年に在留外国人が横浜に開設した会社のジャパンブルワリーを前身としており、当時の三菱の社長、岩崎彌之助が参加するなど、三菱系列とは現在も深い関係がある。

3）「生茶」
　「生茶（なまちゃ）」は、キリンビバレッジが2000年に発売を開始した緑茶飲料である。清涼飲料カテゴリーには、茶系飲料、炭酸飲料、コーヒー飲料、果実・野菜飲料、ミネラルウォーター、乳性飲料、機能・健康飲料、その他飲料などがあるが、「生茶」は日本茶・緑茶飲料カテゴリーに属し、無糖茶飲料である。旨味成分テアニンなどを豊富に含む「生茶葉抽出物」を使用し、商品名もそれに由来する。2005年時点で、「生茶」単体でキリンビバレッジ社の売

上げ構成 19.7％を占めている。

4）清涼飲料業界

　清涼飲料メーカーは、安全・安心を売り物にする食品業界ではあるが、製品開発は、水そのものに天然果汁やコーヒーエキスなどを混ぜたり、フレーバーや色をつけるだけで、比較的簡単に生産したり委託することが可能である。また、法令上からも、製造免許などの規制はなく、生産メーカーは、弱小メーカーまで入れるとどれだけの生産者が存在するかは不明である。そのなかで、とくにビールメーカーを親会社にもつ企業は、一時は酒販店の売上げ構成でビールが7割を超えるほどの強力な販売力を背景に、酒販店市場を中心に上位メーカーを占めていた。また、自販機市場を制覇するには、1台数十万円する自販機を全国に設置することが必要であり、そのために莫大な経費を投下しなければならず、強力な資本力が必要である。

　キリンビバレッジ社の調べでは、2005年（1月～12月）の清涼飲料メーカーの出荷ケース数は、第1位がコカコーラボトラーズの約5億ケース、第2位がサントリーフーズの約3億ケースである。キリンビバレッジは約1億8000万ケースの第3位であり、この上位3社の合計は、清涼飲料全体の出荷量の約60％を占めていた。

　一方、緑茶飲料カテゴリーのみでみると、同様に2005年（1月～12月）の出荷ケース数ダントツの第1位は、伊藤園の「おーいお茶」で約7500万ケースであり、第2位はサントリーフーズの「伊右衛門」で約5200万ケース、そして第3位を、コカコーラボトラーズの「一（はじめ）」約3600万ケースと、キリンビバレッジの「生茶」約3500万ケースが、激しく競い合っていた。

　緑茶飲料カテゴリー全体の出荷ケース数は約2億6800万ケースで、上位4社の出荷数合計は約2億ケースにのぼり、緑茶全体の出荷量の約75％を占める。

　もともと緑茶飲料カテゴリーは、伊藤園が1985年に発売した世界初の缶入り緑茶を原点に、「おーいお茶」が、自販機市場や酒販店市場で強力な販売力をもっていないにもかかわらず、強力なトップシェアを握っていた。その後、キリンビバレッジが2000年に「生茶」を発売し、「おーいお茶」を猛烈に追い

第3章 クロス・マーチャンダイジングによる新しい価値創造の提案

上げ、瞬間ではあるが月次で抜いたこともあったが、サントリーフーズが、2004年に福寿園とのコラボレーションによってつくった「伊右衛門」を発売して一気に第2位ブランドに飛び出し、圧倒的な差をつけて「生茶」を第3位に追いやった。そして2005年には、コカコーラボトラーズの「一（はじめ）」も販売され、緑茶飲料市場はますます発展活性化しつつも、過酷な激戦市場になっており、現在にいたっている。

5）「生茶」しゃぶしゃぶ

　そのような厳しい市場環境のなかで、2005年に「生茶」は発売開始5年を過ぎ、売上げは停滞気味で、ますますそのポジションを低下させ、社内では危機感があった。キリンビバレッジ本社で広域量販チェーン企業の販売企画を担当する荻野は、「生茶」で何かおもしろい仕掛けの販売企画を組み立てたいと思っていた。当時、サントリーフーズと永谷園が、夏のコラボ企画で「ウーロン茶漬け[1]」というプロモーションを実施し、新商品までつくっていた。荻野は、このような話題性のあるおもしろい企画を、ぜひ「生茶」で企画してみたかったのである。そこに、外部協力業者が佐賀県の嬉野温泉の「茶しゃぶ」という話題をネット上でみつけてもち込んできた。それによると、

　　佐賀県は、もともとお茶と関係が深く、日本茶の栽培発祥の地は佐賀県内
　　にあり、建久2年（1191）、栄西禅師が宋から茶の種子を持ち帰り、脊振
　　山麓（現在の佐賀県神埼郡吉野ヶ里町）に蒔いたのが、日本茶のはじまり
　　と言われている。
　　　そして嬉野には、その特産の嬉野茶を使った名物料理に「茶しゃぶ」
　　がある。これは、厳選した豚肉を嬉野茶でつくった茶汁でしゃぶしゃぶに
　　するというもの。お茶にはビタミンCが多く含まれ、消臭作用や脂肪を落
　　とす効果もあり、さっぱりと食べられるという[2]。

　荻野は即決でこの話題に飛びついた。直感で「これだ」と思った。これはおもしろいからぜひやりたい。「生茶」しゃぶしゃぶというネーミングもおもしろい。これは絶対にいけると確信した。しかし、いままでのキリンビバレッジ

57

の営業力だけで量販店の本部に商談にもち込んでも、おそらくバイヤー（Buyer：小売商、卸売商の仕入れ担当者）からは「また飲料メーカーのキリンビバレッジがわけのわからない奇抜な企画を提案している」と思われ、「キリンさん、そんな提案はいいから、10円安く提供してよ」ということになりかねない。それではこの企画が最終の消費者の心に届くどころか、その手前の購買接点の流通段階でさえ通過することは難しいと荻野は危惧した。清涼飲料メーカーとして、キリンビバレッジ社の営業体制ではまったく経験したことがない鍋料理のメニュー提案など、いったいどうすればいいのかと荻野は考えた。

　そこで荻野は、自社に鍋のメニュー提案の経験がないなら、そういう経験が豊富なメーカーと組めばいいのだと考え、どのメーカーが鍋のメニュー提案に強いかを検討した。そのとき、瞬時に頭に浮かんだのがミツカン社であった。ミツカンしかないと思い、ミツカンとどうしてもコラボを組んでこれを成功させるのだという思いが、彼の頭のなかにごく自然に浮かび上がった。もちろんその時点では、ミツカン社がこの企画にどのような反応をみせるかはまったく不明であり、資本系列や流通系列などの取引関係などもほとんど考えていなかった。

　とりあえず愛知県半田市に本社がある株式会社ミツカンに対して、今回この「生茶」しゃぶしゃぶの情報をもち込んできた業者に先遣隊として乗り込んでもらい、「キリンビバレッジがこんな企画を考えていて、ミツカン社とコラボしたい」というニュアンスだけを伝えてもらった。すると、「やる、やらないはわからないが、ぜひ話は聞いてみたい」という返事がきた。荻野はすぐに上司の許可を得て半田まで出張し、ミツカンの本社で「生茶」しゃぶしゃぶ企画のプレゼンをして、ミツカン社とコラボレーションをしたいと訴えた。このプレゼンテーションには、ミツカン社側からはマーケティングと量販店企画の2人の担当が対応してくれた。つまり、しゃぶしゃぶのタレの商品担当と、スーパーの販売企画を考える担当の両方が、話を聞いてくれたのである。どちらかというとマーケティング担当が「おもしろいね、それ」と食いついてきたが、荻野と同じ量販担当は「こりゃあ、おもしろいけど、めんどうくせぇんだよな」という反応であった。荻野は、ここでの一押しがポイントと思い、事前に上司の許可をもらっていた経費負担の提案をした。通常、このような異業種コ

第 3 章　クロス・マーチャンダイジングによる新しい価値創造の提案

ラボレーションでは、店頭マテリアル（ポスターや看板などの POP や陳列台）やマネキン販売（店舗での、外部から派遣された商品の説明員兼販売員。サンプリング〔試食〕で販売につなげる）などの経費は折半で行なわれているが、ここで荻野は、ミツカン社の名前だけを貸してもらえれば、今回の店頭プロモーションの費用はキリンビバレッジがすべて負担すると提案した。荻野は、このミツカン社とのコラボに関しては、すべてをキリンビバレッジ社が負担すると決めていて、最終的にはそこまで提案するつもりで上司にも事前に相談しており、「いいんじゃないか、そこまでいけ」という判断をもらっていたのである。

　また、その時期は BSE の問題で牛肉の売上げがダウンしており、しゃぶしゃぶの売上げ低下がミツカン社の課題になっていた。「生茶」しゃぶしゃぶの提案は、あまり大きくは展開できないかもしれないが、しゃぶしゃぶの情報発信としてはおもしろい、というのがミツカン社の反応で、最終的には「組んでみますか」「なんとなくおもしろそうでいけそうかな」ということになり、当事者どうしのはじめての打ち合わせは、なんとか感触もよく終了した。

6）ミツカングループ

　ミツカングループは、1804 年創業、酒粕酢醸造に成功した初代中野又左衛門が、分家独立して酢をつくりはじめ、その後、代々又左衛門の名前を継ぐ当主が数多くの挑戦や戦争や台風などの試練や災害を乗り越えて成長し、2004 年に、8 代目当主であり社長の中埜又左エ門和英をリーダーとして創業 200 年を迎えた、わが国有数の食酢事業ならびに和食調味料メーカーである。2007 年度決算（2008 年 2 月期）は、グループ売上高 1512 億円、経常利益 48 億円で、従業員約 2420 名である。

　4 代目中埜又左衛門は、後にソニーの創業者のひとりとなる盛田昭夫が当主になる盛田家の分家から養子として中埜家に入り、盛田家と共同して販路を拡げていった。5 代目の頃には、中埜一族の共同出資による「中埜銀行」を設立している。この中埜銀行は、昭和 13 年に国策によって名古屋の伊藤銀行に吸収され、後に東海銀行となり、さらにその後、三和銀行と合併して UFJ 銀行となったが、メガバンク再編で現在の東京三菱 UFJ 銀行となった。ミツカンは、大いなる同族会社であり、現在も株式は上場せず、無借金経営を堅持して

いる。

　本社を置く愛知県半田市は、ミツカンのいわば城下町であり、江戸時代から莫大な費用を投じて私設水道をつくるなどしており、昭和12年の市制施行にともない、6代目中埜半左衛門が初代半田市長に就任している。現在も市の中心部に本社と工場があり、また半田運河と中埜宅本邸（山崎邸）がある[3]。

7）2社のコラボレーションに対する思い込み
　後にミツカン本社でこのプロジェクトの担当になる赤松圭（けい）は、最初の担当から「キリンビバレッジから、嬉野の風習で茶しゃぶというがあるので一緒にやりたいという提案があった。弊社にとってはものすごくミクロな話だけれども」と引き継ぎを聞いていた。ミツカンにとっては、鍋物商材といえばまず「味ぽん」が大きなウエイトを占めており、その売上げ獲得に全社で力を傾注しなければならず、しゃぶしゃぶアイテム商品の売上げは、鍋物商材のなかで二番手三番手くらいのものであった。お茶のしゃぶしゃぶというのははじめて聞くぐらいのスキマ商材と位置づけられており、今回のキリンビバレッジ社からの提案に対しては、社内で企画案内の文書を1枚くらいつくって対応しておこう、というのが当初の判断であった。

　ミツカン本社のドライ（食料品、生活雑貨、日用品などを総称した言葉で、食料雑貨類。日本では冷凍、冷蔵を要しない食品を「ドライグローサリー」または「ドライ」と呼ぶ）事業カンパニーは、商品カテゴリーで担当を決めており、営業企画課に在籍する赤松は、「味ぽん」などを中心にした鍋担当で、商品から量販店での店頭販促までを担当していた。彼は、店頭販促案で、セールスに少しでも多くのオプションをもたせてやりたいと思っていた。いままでは、本社の決めた1つのプロモーションで、これでやれ、これで売上げをつくれと指示をしていたが、最近では、できるだけ多くの選択肢がある企画を用意して、各営業担当は、エリアとか、お得意先に合うものをチョイスして組み合わせて、売りと利益をつくるようになってきている。そのようなひとつとして、小さなマーケットではあるが、「茶しゃぶ」も選択肢のひとつになるのではないかと思っていた。

　一方、キリンビバレッジの荻野は、ミツカンとコラボレーションするにあた

って、本来なら三菱グループとの関連や、過去の競合関係との取引の有無、資本系列などをチェックしなければならないが、そういう手順をいっさい踏まなかった。彼は、たんに鍋料理の調味料のナンバーワンブランドだということだけを考え、「とにかくミツカンしかない」とピンポイントで行動した。

　ミツカンの赤松は、飲料業界3位のキリンビバレッジ社と組むことにした理由については、最初は付き合い程度と思っていた。またミツカンは創業以来門戸開放型というか、お互い接点があればやればいいという社風もあり、過去にもさまざまな業種やメーカーとのコラボレーションの実績もあった。流通に関しても、限定した問屋にかたよることなく、意識的に取引を広く均等に振り分けていた。銀行も、資本系列の東海銀行の影響はあまり強くなかった。

　しかし、両社の営業現場では、やはり実施が難しいのではないかという意見も出てきた。近年ますます流通のバイイングパワー（Buying Power：巨大な販売力を背景に、強い仕入力・購買力をもっていること）が高まるなかで、商談そのものが価格勝負になっていたのである。「10円下げろ」「納価はいくらだ」というような厳しい現実が、その背景にあった。しかし、有力メーカーどうしがコラボを組むことで提案型の商談ができるという、キリンビバレッジ社の荻野の猛烈なラブコールをミツカン社が受けとめるかたちで、価格訴求でなく、異業種有力メーカー2社による新しい価値創造提案のコラボレーション企画が、2006年秋冬のプロモーションとして、採用され実現することになった。両社の最初の話し合いは、2005年の冬にはじまったから、両社の事前調整には、1年近い時間が必要であったのである。

2.「生茶」しゃぶしゃぶプロモーションの実施段階(第2期：2006年)
１）キリンビバレッジ社の社内ネゴシエーション（対商品企画担当）

　2006年秋冬企画の「生茶」しゃぶしゃぶプロモーションを実施段階に進めるにあたって、荻野はまず、社内で意識を共有し、同じ方向に収斂させる動きをはじめた。最初は、「生茶」の商品開発担当者へのネゴシエーションである。今回の企画は、キリンビバレッジ社の緑茶飲料商品の「生茶」を、鍋のだし代わりに使うという、「生茶」商品開発担当者からみると、とんでもない企画であった。「生茶」はキリンビバレッジ社の重要なブランドであり、商品であり、

飲み物である。それをしゃぶしゃぶ鍋のだしにするという、開発者からみれば失礼千万な企画である。当然、キリンビバレッジ社の「生茶」を担当していた開発メンバーからは、「『生茶』でしゃぶしゃぶかよ。飲んでこそ！だろう」という話が、直接ではなかったがちらほら聞こえてきていた。ちょうどその頃、商品開発担当のマーケティング部の「生茶」担当に就任し、荻野と同様量販企画の経験が長いメンバーがひとりいて、荻野は彼にまず相談した。すると「荻野さん、それおもしろいじゃないですか。いろんな価値を提案していって広げなくてはいけないし、いま『生茶』が『おーいお茶』や『伊右衛門』にやられている状況で、かっこつけていられない。なりふりかまわず新しいことをやっていきましょうよ」という返事がきた。すぐに荻野は、彼にマーケティング部内での根回しを依頼した。彼は「すごくおもしろい企画です。こういう企画を、いま流通が求めているんですよ」とマーケティング部内を説得してくれた。その結果、「たしかに、おもしろそうな企画かも」という評判になってきた頃に、人事異動で、直接の上司である新任の営業部長が着任した。荻野はさっそく営業部長に、この秋に「生茶」しゃぶしゃぶのプロモーションを考えているが、一度お茶のしゃぶしゃぶを食べてくれないかと頼み、一緒に食べに行った。すると「おいしいな、これ。『生茶』でやったらおもしろいかも。どんどんやらせろ。こういう価値提案ができないと、キリンビバレッジも生き残っていけないんだから」と、強く支持を得た。その後、部長から商品企画部に、「『生茶』しゃぶしゃぶはやるぞ」と社内通達してもらい、最終的に盛り上がり意識の共有ができたのである。

2）キリンビバレッジ社の実施アクションプラン（対量販営業担当）

次に荻野がやらなければならなかったことは、営業へのモチベーションアップであり、具体的な各量販企業への提案、実施という、商談までのネゴシエーションであり、シナリオづくりであった。つまり、キリンビバレッジ社の各支社支店レベルでの現場営業担当への説明、指示である。

前述したように、異業種間コラボレーションであるクロス・マーチャンダイジングは、商品カテゴリーを越えて店頭展開されるため、同一流通業の社内であっても、各担当の領域を乗り越えての展開となり、各担当者の売上げノルマ

第3章 クロス・マーチャンダイジングによる新しい価値創造の提案

が絡んでの店頭展開時期や場所などの決定にいたる社内調整が必要になる。また、企画段階で流通業主導の異業種各メーカーとの共同企画となり、今回のようなメーカーどうしがコラボレーションを組んでの流通側への提案は、ほとんどみられない。

ミツカン社は、すでに調味料メーカーとして、スーパーマーケットの本部商談（スーパーマーケットなどのチェーン企業の本部での商談で、製品の仕入れが決まる）で生鮮食品とのクロス・マーチャンダイジングの実施例を数多くもっていた。春のカツオのたたきや秋のサンマなどでの鮮魚部門と、ミツカンの調味料商材との組み合わせである。その結果、各企業ごとの本部生鮮食品担当バイヤーとのコミュニケーションも、ある程度できあがっていた。

しかし、キリンビバレッジ社の営業マンたちは、清涼飲料メーカーとしてドライグロッサリーの飲料担当バイヤーとはコミュニケーションがあり、前述のように価格商談は嫌というほど経験していたが、鍋のメニュー提案という価値商談はまったく経験がなかった。そのため荻野は商談マニュアルを作成した。そして、スーパーの本部商談を進めるため、ミツカン社と協働で段階を追って詳細な手順を作成し、各地区の営業に指示し続けた。そこには、まずキリンビバレッジ社からミツカン社の営業に連絡をとり、日程を合わせてミツカン社に訪問せよと書かれていた。まず、営業担当どうしで各量販店企業の担当者やバイヤー、商品部長などのリストを交換し、お互いがもっているそれぞれの得意先の情報を共有すること、そして、このプロモーションは清涼飲料担当ではなく鍋メニューの調味料担当のバイヤーが受けもつため、鍋メニュー調味料のトップメーカーであるミツカン社の情報をキリンビバレッジ社に教えてもらうという今回の基本的な取り組み姿勢の確認を、何度も繰り返した。つまり、キリンビバレッジ社が腕組みして待っているのではなく、こちらから積極的にミツカン社に連絡し、打ち合わせを早急にせよと指示をしたのである。そして、各量販企業の本部商談には、基本的にはキリンビバレッジ社とミツカン社の2社そろって出向き、得意先にはバイヤーとその上司にも同席してもらい、提案をせよと指示をした。

しかし現実には、各支社支店の営業がミツカン社の営業とそのエリアで打ち合わせをし、たとえば「○○店のバイヤーは誰ですか」というような話を何度

も繰り返して確認し、その後、日程の調整をし、本部バイヤーのアポイントメントをとり、ようやく商談に一緒に行く、ということになる。それはキリンビバレッジの営業担当にとってははじめての経験であり、たいへんストレスの多い面倒な手続きを黙々とこなさなければならないことであった。その結果、やはり本部商談ではバイヤーも違い、なかなか時間が合わないこともあり、相互がばらばらに行くということも、実態としてはかなりあった。

　しかし、数箇所の広域量販チェーン企業では、実際に調味料バイヤーと飲料バイヤーに同席してもらい、さらに上司を呼んで商談中に試食会を開催したこともあった。そのため、「キリンが鍋とコンロをもち込んで商談しているらしい」と噂になり、「いったいキリンは何をしているんだ」と、他社飲料メーカーのなかでも相当噂になっていたようである。このような相手企業の上司まで同席しての試食会ができた商談では、バイヤーが「このメニューがうまい。この企画がおもしろい」といって商談が成立し、店頭展開の実施にまでつながった。

　実際の売り場は清涼飲料水売り場でなく、調味料のエンド（End Promotion：スーパーマーケットのゴンドラ〔商品棚〕のエンド〔端〕が視認性が高いため、メニューや情報などのテーマをもたせ、それにそって品揃えを行なう）での鍋関連陳列であり、2006年秋冬のプロモーションとして店頭マテリアルを使う陳列である。対象商品はキリンビバレッジ社が「生茶」PETで、ミツカン社は鍋用調味料の「ぽんしゃぶ」「ごましゃぶ」である（図表3-3参照）。

　当然、飲料の売り場でも、販促物マテリアルを使用して「生茶」しゃぶしゃぶを訴求した。その店頭展開の飾りつけは、東・名・阪地区はミツカン社の個店担当者が役割分担し、残りはキリンビバレッジ社が担当した。その結果、2006年度の実施店は700店舗ほどまでになった。そのなかでも、とくに興味深いのは、飲料売り場や調味料売り場だけでなく、精肉売り場の前でも、「生茶」とミツカンのタレをセットで置いて展開することができたことである。その結果、いままで会ったことのない、本部の精肉バイヤーや各店舗の精肉担当者ともコミュニケーションがとれる関係になり、両社の営業担当にとって大きな財産となった。

第3章　クロス・マーチャンダイジングによる新しい価値創造の提案

図表 3-3　2006 年「生茶」しゃぶしゃぶ店頭イメージ

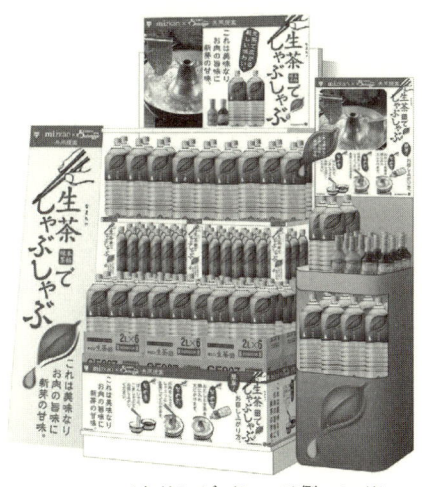

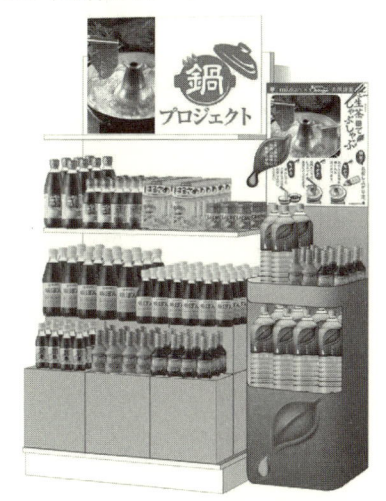

〈キリンビバレッジ側エンド〉　　　　〈ミツカン側エンド〉

出所：『ニュースリリース（2006/10/23）』キリンビバレッジ株式会社 HP（http://www.beverage.co.jp/company/news/news/2006102301/、2009年3月25日アクセス）。

3）キリンビバレッジ社の評価

　このように、各営業現場では盛り上がって実施導入までこぎつけたわけであるが、残念ながら2006年のこのプロモーション企画の売上げ評価は、けっしてかんばしいものではなかった。つまり、昨年と変わらないという売上げ数字の評価であった。その原因のひとつに挙げられるのは、実施店舗の少なさである。前述のように、全国ベースで700店舗ほどの実施店があったが、キリンビバレッジ社が全国で店舗フォローをしているのは5000店舗ほどであり、700店舗ではたった10％強ほどの実施率にすぎない。しかし幸いなことに、その700店舗については店頭展開がきっちりとできた。さらに50店舗ほどについては、マネキンをいれた試食販売まで実施できた。

　結果として、現場はけっこう盛り上がってやってきたのだが、最後に結果をまとめるとなかなか売上げに結びつかない、というコメントが多かった。新しい提案で、こういう企画をやらなければならないとは思うが、売上げにはなかなか結びつかない、というのが営業の実感であった。営業の現場は、これまでこのような商談をほとんど経験したことがなく、それを全国一律で本社からこ

ういうかたちでやれといわれても、やはり難しかった。さらに、今夜の晩御飯のメニュー提案が「生茶」しゃぶしゃぶである以上、精肉やブランド肉の情報は当然知っていなければならないし、なぜ「生茶」なのか、他のメーカーのお茶ではだめなのかといわれたときに、「生茶」ですと説得できるセールストークの習得が必要であった。もちろん本社の荻野からはそういう情報は流していたが、なかなか現場の営業にはそれを読み込む時間がなく、その結果、今回の「生茶」しゃぶしゃぶの提案がかぎられたメンバーにしか行なわれなかったのではないかと思われる。

4）ミツカン社の評価

　一方、ミツカン社では、2006年12月まではキリンビバレッジ社主体でやってもらって、ミツカン社としてはついでに商品も一緒に並べてもらえればよいだろうという程度の期待であった。結局、2007年2月まで実施期間を延ばしてもようやく1100店舗ぐらいの実施であり、いまいちもの足りなかったという総括と、今回はコラボの第1ステップであり、きっかけみたいなものだけで終わってしまったという評価であった。

　しかし荻野は、この「生茶」しゃぶしゃぶのクロス・マーチャンダイジングのプロモーション企画は、キリンビバレッジ社にとって大変革であり、成功事例であるととらえていた。というのは、たしかに売上げも実施店舗も少なかったが、従来飲料水の価格提案しかできなかった営業担当が、お得意先の広域量販チェーン企業の最大の課題であるお客様の今夜の食事のメニュー提案の応援ができるようになったと感じていたからであり、キリングループ全体に与えた影響も大きかったからである。そしてそれは、翌年のキリングループの新たな展開に続いていったのである。

3.「ぶりしゃぶ」プロモーションの実施段階（第3期：2007年）

　キリンビバレッジ社の荻野がやっている企画をみたキリンビール社の本社営業部から、「うちもぜひ一緒にやりたい」という連絡があった。そして、愛知県半田市のミツカン本社に、キリンビールの本社営業部の担当に荻野が同行して、「次回はぜひキリンビールも入れて3社でコラボしましょう」と申し入れ

第3章　クロス・マーチャンダイジングによる新しい価値創造の提案

をした。
　2007年4月からこのプロジェクトの担当になるキリンビール本社営業部SP室の梶原一輝(いっき)が、ミツカン社とキリンビバレッジ社が「生茶しゃぶしゃぶ」のコラボプロモーションを2007年も引き続きやるという情報を得て、それなら今回はキリンビールも最初から一緒に入って、大きく展開しようと考えたのである。

1）キリンビール社
　キリンビール社は、1885年に在留外国人が横浜で創設した会社ジャパンブルワリーを前身としている。キリンビール社としての創立は1907年で、2007年で100年目の節目を迎えている。
　キリンビール社は、戦後間もなく、ビール市場でのシェアトップを獲得し、その後も売上げを伸ばし続けて、1973年にはシェア6割を超えていた。しかし、1987年にアサヒビールが「スーパードライ」を発売すると、キリンビールはしだいにシェアを落としていった。その後、キリンビールは1990年に「一番搾り」を新発売し、少し盛り返しの兆候もみせたが、シェアダウンを食い止めることができなかった。
　ついにアサヒビールに逆転を喫した2001年、キリンビールは「新キリン宣言」を発表し、これまでの企業活動の総点検を行なった。結果、過度に競合を意識する価格競争によってお客様を見失ってきたのではないか、もう一度創業の原点であるお客様本位・品質本位に戻って、お客様の考えに耳を傾けようと確認し、つねにお客様に対して新しい価値を提案し、結果を恐れずにまず行動するような企業風土を実現しなければならないということを、社内改革のポイントとした。また、過度な価格競争に疲弊した酒類業界が、公平な取引による健全な発展をめざして「公正取引遵守宣言」を宣言したのを受け、キリンビールも2002年に公正取引の遵守宣言を発表して価値営業に転換し、地方エリアの隠れた地産地消の食材などを発掘し、応援することで、店頭などの小売市場や料飲店などの業務用市場に結びつけていく地道な活動をはじめた。

2）酒税法の規制緩和と市場チャネルの変化

　この頃、規制緩和の流れのなかで、酒税法にも検討がくわえられはじめた。もともとアルコール飲料は、嗜好性の高い贅沢財のひとつとして、高額な国税が課せられていた。その国税の徴収方法は、蔵出し課税という方法で、酒造会社の工場（酒蔵）を出荷した時点で課税され、また卸店、小売店での段階でもそれぞれ課税され、国税として納付される。国は、国税の賦課徴収を支障なく行なうために、酒類製造免許や酒類卸売免許、酒類小売免許の新規参入などの申請にあたっては、既得権をもつ既存店に影響を及ぼさないように、認可のさいは酒税法にもとづく厳格な制限を課していた。しかし、1998年3月に閣議決定された規制緩和推進3カ年計画にもとづき、2001年1月に距離基準（既存の販売場から一定距離を保つ）が廃止され、2003年9月には人口基準（一定人口ごとに販売免許を付与）が廃止され、基本的には、新規参入者でも申請すれば書類上の問題がないかぎり認可されるようになり、事実上「自由化」された。その結果、酒類の販売店は、町の小さな酒販店から、大型ディスカウンターや広域量販チェーン企業であるスーパーマーケットやコンビニに移り、最近ではスーパードラッグストアでも取り扱いが増えてきている。

3）ぶりしゃぶ

　2007年キリンビール社では、「一番搾り」ブランド担当が、年末の「一番搾り」のテレビコマーシャルプランのひとつに、富山の「ぶりしゃぶ」をテーマに取り上げることを考えていた。佐藤浩市出演のこの CM は、毎回旬の食材を取り上げており、その食材は量販店でも飲食店でも売り切れてしまうというくらい、影響力のある CM だった。そこでミツカン社に、まだ確定ではないがそんな案があると伝えた。「どうですか？　ぶりしゃぶっておもしろいと思いませんか」。

　しかし、返ってきたミツカン社の意見は、「いやあ、キリンさん、海鮮系のしゃぶしゃぶは売れないのですよ。実はすでにうちは『海鮮しゃぶしゃぶ』を過去にけっこうやって提案していますが、あまり売れないので、流通の評価も低いんです」というネガティブなものであった。一応社内には提案してみるということであったが、すでに失敗の評価が出ており、再度の社内提案は難しか

第3章　クロス・マーチャンダイジングによる新しい価値創造の提案

った。実際、営業からは「こんな企画はやらんぞ」といわれ、とくにぶりは東日本の食習慣ではあまり食卓に上らず、ぶりはだめとさんざん文句をいわれた。しかし、キリンビールの「一番搾り」のテレビコマーシャルで佐藤浩市が「ぶりしゃぶ」を食べるシーンが大量に流されれば、ひょっとして成功するのではという期待感もあり、キリンビール社の企業スケールを考慮に入れて、前向きに検討することになった。

　結局、2007年の3社コラボレーションによるプロモーションの秋冬鍋企画は「ぶりしゃぶ」メニュー提案に決定した。ミツカン社は、ぶりという素材に合わせて、魚の臭みを消すために柚子の香りが引き立つプレミアムぽん酢の「かおりの蔵」を対象商品とし、「一番搾り」のコマーシャル放映時期に合わせて、ミツカン社も「ぶりしゃぶ」でテレビのコマーシャルを投下することになった。お互い連動し合って、店頭でもコラボレーションを展開していけばすごい効果が期待できると、調整して2007年11月に同時放映が決定した。テレビのコマーシャルの投下量は、キリンビール「一番搾り」「ぶりしゃぶ篇」が約1500 GRP（Gross Rating Point：テレビコマーシャルを放映した本数に、それぞれの番組の視聴率をたした総視聴率。広告効果の測定に使われる指標）、ミツカン「かおりの蔵」「ぶりしゃぶ篇」も約1500 GRPとなり、合計で約3000 GRPが2007年11月に集中オンエアされた。

　一方、キリンビバレッジ社の荻野も、社内で「ぶりしゃぶ」を提案したときには、北海道と東北の営業担当からはできないといわれ、そもそもこのエリアにはぶりを食べる文化がないため、サケで何か考えろとか、石狩鍋にしてくれとかいわれたが、キリンビールが「ぶりしゃぶ」で決定したことを受け、キリンビバレッジ社は「アルカリイオンの水」を対象商品として、このコラボレーション企画に参加することになった。しかし、キリンビバレッジ社は「生茶」しゃぶしゃぶのコラボも引き続きミツカン社と実施しており、とくに北関東や長野、山梨などは海がないため、「生茶」しゃぶしゃぶでやりたいとの強い希望が営業現場からあった。そのため、このエリアだけは、「生茶」しゃぶしゃぶのほうが「ぶりしゃぶ」より成功したところもあった。

図表3-4 「ぶりしゃぶ」プロモーションイメージ
（鮮魚オープンショーケース）

出所：『ニュースリリース（2007/10/17）』株式会社ミツカングループHP（http://www.mizkan.co.jp/company/newsrelease/2007news/071017.html、2009年3月25日アクセス）。

図表3-5 「ぶりしゃぶ」プロモーションイメージ
（調味料売り場エンド陳列）

出所：2007年キリングループ、ミツカン社 三社コラボ企画資料。

4）キリングループ（キリンビール・キリンビバレッジ）とミツカン社の評価

「ぶりしゃぶ」企画では、3社とも成功率は東高西低であった。つまり、成功したのは東日本エリアであり、不調だったのは西日本エリアであった。「これはお互いの社内の営業力の原因なのか。そんな人材配置になっているのか」

第3章　クロス・マーチャンダイジングによる新しい価値創造の提案

図表3-6　2007年「生茶」しゃぶしゃぶ　店頭イメージ

出所：2007キリングループ、ミツカン社　三社コラボ企画資料。

という疑問を、3社とももっていた。しかしその後、荻野が大手ナショナル広域量販チェーン企業の水産部長に、「ぶりしゃぶ」企画のことを話し、その結果、東日本が盛り上がって西がだめだったという話をしたところ、「そりゃあそうだ。西日本はもともとぶりを食う文化があり、刺身のようなうまいぶりの食べ方を経験しているのに、なんでわざわざしゃぶしゃぶにして食う必要があるんだ。それが原因だ。東日本はもともとぶりを食う文化がないので、目新しくて飛びついたんだ」と教えられた。あらためて3社で日本の食習慣の奥深さを再認識したのである。それを裏づける証拠として、今回の「ぶりしゃぶ」の最大の成功事例をつくったのが、北海道と東北地区の広域量販チェーン企業であったことが挙げられる。この地区の一部スーパーが、非常に好意的に取り組み、チラシに掲載したことにより、ぶりの売上げが倍加した。もともと基礎のベースがほとんどゼロのところなので、前年比が驚くほどの数字になり、現場の水産部が「すごくよい企画をもってきてくれた」と絶賛したほど、東日本は盛り上がった。

5）キリンビバレッジ社の評価

　2006年の「生茶」しゃぶしゃぶの実施店は約700店舗だったが、2007年の「ぶりしゃぶ」企画は、キリンビール社の参加が大きく影響し、キリンビール社では一気に2000店くらいまで拡大したと評価しており、ミツカン社も目標

の2000店を大きく上回ったとしている。キリンビバレッジ社では、ミニマム1700店くらいととらえているが、どちらにしても昨年に比べて大幅な展開ができた。しかし売上げは、対象商品になった「アルカリイオンの水」が、この商品でなければならないという差別化を訴求できなかったため、大幅な売上げ増には結びつかなかった。

6）ミツカン社の評価

　ミツカン社では、この「ぶりしゃぶ」プロモーションは大成功の評価になった。実施企業チェーンは、目標24チェーンに対して47チェーンとなり、対目標195.8％を達成。実施店も、2000店目標に対して2819店となり、対目標は141.0％となった。そして、最も評価されたことは、「かおりの蔵」の売上げ実績が、2007年10～12月期で前年比114.6％となって、過去売上げがナンバーワンになり、シェアもトップを獲得したことである。とくに評価できるのは、価格訴求にはならなかったことである。通常、このようなプロモーション企画で特売に採用されると、どうしても平均単価が下降するが、今回の「ぶりしゃぶ」企画は、売価を維持したうえで、売上げとシェアをアップすることができたのである。まさしく非価格プロモーションであり、新しい価値提案の成功である。さらに、他の2社の場合、「アルカリイオンの水」も「一番搾り」もコラボ期間中の短期的な成果はみられたが、「かおりの蔵」は半期でトップシェアと売上げ過去最高を獲得し、価格維持できた。その結果はたいへんな社内評価を得ることができ、赤松の在籍する部署が社内社長賞を受賞した。

7）キリンビールの評価

　キリンビールは、いままでのこのようなプロモーションは、たんに他社商品と組み合わせて一緒に並べるだけのコラボレーションであったが、今回はコラボの相手のミツカン社と、テレビCMでも連動しながらお互いのメッセージを最終顧客に伝え、その時期に合わせて流通の店頭でも陳列POPなどのマテリアルを活用しながら陳列し、レシピなども配布して、最終顧客に新しい食べ方なども提案することができたと評価している。通常、鍋メニューの流通業界におけるシーズンは、10月から2月頃までと長く、その期間を鍋に強いミツカ

第 3 章　クロス・マーチャンダイジングによる新しい価値創造の提案

図表3-7　三社のクロス・マーチャンダイジングの歩み

2005年 キリンビバレッジ プロモーションの企画段階	2005年 キリンビバレッジ ミツカン「生茶」しゃぶしゃぶプロモーション事前段階	2006年 キリンビバレッジ ミツカン「生茶」しゃぶしゃぶプロモーション実施段階	2007年 キリンビール ミツカン キリンビバレッジ ぶりしゃぶプロモーション実施段階
どんなプロモーションをするか？	どう2社間でコラボを組み立てるか？	どう2社間の営業を動かして成功させるか？	どうTVCMを活用して3社コラボを成功させるか？

ン社とコラボレーションできたことを、最大の評価ポイントとしている。その結果、酒売り場はもちろんのこと、それ以外の売り場、すなわち鮮魚や青果、それに調味料などのドライグロッサリー売り場でも、長期間キリンビール社の「一番搾り」を陳列してもらい、露出することができた。最終顧客に対して酒売り場に「一番搾り」があるのは当然のことだが、鮮魚売り場や青果売り場などでも「一番搾り」があれば、視覚に訴えることができ、その結果、酒売り場に行って「一番搾り」を手に取ってもらえる確率を高めることができる。冬のシーズンを通して、店内の酒売り場以外のところに「一番搾り」の展示スペースをつくることができたことは、最終顧客が「一番搾り」に対する認知を深め、「一番搾り」を手に取る回数が増え、「ぶりしゃぶ」という新しいメニュー提案とともに「一番搾り」のおいしさを再認識することにつながる。その結果、売上げも、年末にかけて対前年5～6％増で推移した。

第3節　クロス・マーチャンダイジングの新潮流

1. 得意先の課題を解決する

「生茶」しゃぶしゃぶの展開メニューで評判を呼んだメニューがある。「生

茶」しゃぶしゃぶ・レタス鍋である。「生茶」をたっぷり張った鍋に豚肉が入るのだが、メインの野菜は白菜ではなくレタスである。豚肉をしゃぶしゃぶする前に、たっぷりのレタスを入れておき、豚肉と一緒に食べる。どうしてここにレタスが入るのかというと、鍋の本場の冬場は、生野菜としてのレタスは売れない。そのレタスを売るために鍋に入れてみたところ、とてもおいしいことがわかった。そしてそれを提案すると、スーパーから非常に喜ばれたということである。

　また、今回、スーパーの水産部に最も喜ばれたのは、これまでのぶりの提案では切り身とか、ぶり大根くらいしかなかったのだが、「ぶりしゃぶ」ではぶりをより薄く加工してしゃぶしゃぶ用として販売するという提案であった。そうすることによって、いままで以上に高い価格で販売でき、売上げと利益もとれるようになったと評価された。お店の売上げと利益をとれるような企画や商材を、ミツカンとキリンでバックアップしますということが、はじめて理解されたのである。赤松によると、その後、サンマなどでも、丸ごとよりも切って薄くお刺身にすると3倍くらいの売価になると喜ばれているという。

2. 各社の得意先への思い

　今回のコラボレーションにあたって、各企業が営業フォローしているそれぞれのお得意先が微妙に異なり、そこに寄せる各社の思いも違うものがあった。

　キリンビバレッジ社は飲料メーカーとして、スーパーマーケットやコンビニなどにくわえ、100円ショップや食品ディスカウンターやスーパードラッグなどにも得意先として展開している。

　キリンビール社は、商品がアルコール飲料であるため、販売先が酒販小売免許をもっている小売店にかぎられる。そのため、スーパーやコンビニも全店というわけではなく、また酒類ディスカウンターなどもあり、他の2社とはかならずしもオーバーラップしなかった。

　ミツカン社は、調味料メーカーとしてスーパーだけを対象としている。そのため、酒販店や酒のディスカウンターやコンビニなどでは、他の2社のように盛り上がることもなく、展開もできなかった。また、ミツカンの得意先のスーパーのなかでも、酒販免許をもっていないところも多く、調整が難しかった。

第3章　クロス・マーチャンダイジングによる新しい価値創造の提案

しかし、最初から各エリア全チェーンで実施するなどと想定せずに、1チェーンだけでも2チェーンだけでもいいと3社で目標設定し、その代わり、3社で決めたチェーンにおいては、かならず「一番搾り」も「かおりの蔵」も「アルカリイオンの水」も陳列し、絶対に「ぶりしゃぶ」のメニュー提案のクロス・マーチャンダイジングは実施してほしいと指示をして、この各社の得意先へのギャップを乗り切ることができた。

3. 3社の総括

　ミツカン社の営業にとっては、スーパーのドライグロッサリーの調味料担当とのコミュニケーションは当然のことで、春のカツオや秋のサンマなどでのメニュー提案を通じて、鮮魚や野菜の生鮮食品担当とのコミュニケーションルートがすでにできていた。しかし、キリングループの企業スケールや、メディアや行政と連動するようなプロモーションの進め方に、大いに学ぶことがあった。
　キリンビール社は、ミツカン社のように量販店企業の生鮮食品部とのコミュニケーションはそれほどでもなかったが、各地区での地産地消をテーマにした地元の漁協や農協などとのコラボレーションを通じて、この種の企画のプレゼンテーション力はすでに完成されていた。だが、今回の「生茶」しゃぶしゃぶや「ぶりしゃぶ」のメニュー提案は、スーパーなどの売り場展開だけにとどまらず、料飲店などの業務用市場にまで話題を呼び、ビールの拡売に大きく貢献した。
　キリンビバレッジ社は、飲料メーカーとして、いままでは価格交渉力しかなかったため、こういうメニュー提案などの価値提案を続けることにより、新しい営業力が根づきはじめたと、大いに評価している。また、流通が喜んでくれ、バイヤーにほめられたというのが、営業現場にとって非常にうれしいことであったという声が社内にあがった。

4. 困難なことに挑戦する

　イノベーション（innovation）とは、何度も繰り返し出現する困難に、熱き情熱と希望をもって立ち向かうひとりの人間の戦いが、周りの人々を引き込んで突き進んでいくことであるということが、この事例でよくわかったと思う。

2005年の事前準備からはじまり、2006年の「生茶」しゃぶしゃぶ企画でのキリンビバレッジ社とミツカン社のコラボレーション、そして2007年の「ぶりしゃぶ」企画のキリングループとミツカン社のそれぞれのコラボレーションを振り返ってみると、各社とも、自社商品の売上げはある程度の成果をあげることができたが、それ以上に評価されることは、テーマとなる「豚肉」や「ぶり」などの食材の売上げに大きな成果がみられたことである。つまり、鹿児島の黒豚や東京のポークエックスをはじめとしたブランド豚肉や、富山の氷見漁港のぶりなどを見せ筋として、プレミアム食品だけでなく、本来流通側がいちばん売りたかったボリュームゾーンの生鮮食材の売上げにも、このプロモーションの効果が波及し、貢献できたことである。

　とくに、シーズンを考えると、キリンビバレッジ社やキリンビール社は飲料メーカーであり、当然夏場は強く、年末の正月需要も強い業界ではあるが、秋口の10月中頃から11月頃が、セールステーマが少なく、毎年伸び悩む時期である。一方、ミツカン社は、秋から冬にかけての鍋需要には強い。結果として、冬に強いミツカン社とキリングループが連動してコラボを組んだことになった。

　流通側も、毎年この時期にはセールステーマが乏しくて悩んでいたところに、それぞれの業界のトップブランドが3社もコラボを組んで新しい鍋メニューを提案してきたのである。これは流通側にとってはうれしいことであった。いままでにはまったくなかったメーカー主導のコラボ企画であった。

　いままでのクロス・マーチャンダイジングのコラボレーション企画は、ある広域量販チェーン企業の担当バイヤーが、独自の思い込みでプランをつくり、取引業者の各メーカーに声をかけて実施するのが通例であった。当然、そのコラボレーション企画は、その広域量販チェーン企業内にかぎられた小さな展開実施であり、いくら新しいメニュー提案であっても、メディアに取り上げられたり、料飲店メニューになることなどはほとんどなかった。

　今回の事例は、3社のコラボレーションとして取り上げているが、実はこの一連のコラボレーションには、もう1社が存在するのである。それは、この3社のコラボレーションの舞台になっている、広域量販チェーン企業である。本部があり、バイヤーがいて、各店の生鮮の食品担当がいる。このコラボレーションは、彼らとメーカー3社の4つのパワーが終結して、この企画をどれだけ

うまくまとめ、店頭をどう陳列し、そこから新しいメニュー提案の情報発信をして、生活者にどう買ってもらえたかという事例なのである。

　今回の企画は、ミツカンという調味料メーカーと、キリンビールというアルコール飲料メーカーと、キリンビバレッジという飲料メーカーの3社の組み合わせを、各社担当の強い熱意がつくりあげたものであるが、けっして彼らが主役ではありえない。本当の主役は、「ぶりしゃぶ」のぶりを釣り上げて出荷した富山の氷見の漁業協同組合であり、黒豚を育て上げ、うまい豚肉をつくった鹿児島の養豚組合なのである。そして、それらを結びつけておいしく店頭に並べたのが、もうひとつの主役である広域量販チェーン企業なのである。いわば、脇役の周辺企業である3社が、企業の垣根を越えたコラボレーションの結果、一所懸命に知恵を絞り、主役の広域量販チェーン企業を説得し、燃え上がらせたのである。

　各業界のトップブランドのメーカーといえども、各社が個別に営業活動していれば、絶対に実現不可能なコラボレーション企画であった。メーカーの営業マンは、自社の課題の売上げノルマを達成することをテーマとするのではなく、お得意先の悩んでいる課題を解決してこそ、営業の役目を果たせるということである。

5．マーチャンダイジングの価値創造力

　マーケティング関係の本では、マーチャンダイジングというのは、その項目でさえ探さないとみつからないほど数少ないが、それによると、マーチャンダイジングは「商品政策」と表現され、商品の評価や分類、構成、価格政策などにくわえ、店頭管理技術などに、ほんの数行が費やされているにすぎない。本章の冒頭に挙げた解説書では、マーチャンダイジング（merchandising）を、

> 商品の原材料から消費の終了までをコントロールすること。メーカーではこの活動を製品化計画と呼ぶ。生産、流通、保管などの活動を含めた、チェーンストアが商品を扱おうとするさいのいっさいの活動と制度とを総称する、チェーンストアの中核をなすことば。つまり経済民主主義を実現するために以下のことがなされなければならない。①消費ニーズ、消費者の

満足について充分模索し、これをベースに自社の商品体系を構築し、これに基づき商品の仕様、原材料、量、加工、品質管理について基準を設け発注を行う。②当該商品は生産、備蓄、デリバリーを経て店頭に所定のルールで陳列され販売される。③値ごろと品質において、メーカーの類似品を上回るものであること。したがって大量生産＝大量販売とは一線を画す論理である。（株式会社ハーベストン，1992，p. 70）

と説明している。

さらにマーチャンダイザー（merchandiser）の項目では、

決められた商品について、原材料の時点から消費の終了までいっさいの責任を負う担当者のこと。担当する商品は日本の場合小売業で50品目ぐらいからスタートする。単独店で粗利益高、チェーンストアでは貢献差益高について数値責任を負う。マーチャンダイザーは商品開発を担当するがバイヤーは提供方法のみを担当する（同上）。

とも書いている。

つまり、マーチャンダイジングという概念は、マーケティングを凌駕するものではないとしても、マーケティングと同じように概念の広さや奥行きをもったものであり、けっして売上げ拡大をもくろむ悪徳商人のダーティーテクノロジーではない。マーケティングだけが商品の価値を創造するものでなく、マーチャンダイジングにも新しい価値創造の力があることを、今回の一連のコラボレーション企画の事例は如実に表わしている。

【謝辞】
　本章を作成するにあたり、3社のご担当の各氏にそれぞれインタビューのご協力をいただいた。この場を借りて心から御礼を申し上げるとともに、以下に各氏の社歴を掲載しておく。
　　キリンビバレッジ株式会社　荻野威（おぎの・たけし）
　　　1993年4月　キリンビバレッジ株式会社、入社。京都第二支店、配属。
　　　1998年5月　京滋支社販売推進担当、配属。
　　　2000年10月　営業本部営業部、配属。

2008 年 10 月　営業本部マーケティング部、配属。
　　※ 2008 年 4 月 2 日　キリンビバレッジ本社（東京都）においてインタビュー。
　株式会社ミツカン　赤松圭（あかまつ・けい）
　　1993 年　株式会社中埜酢店、入社。津営業所、配属。
　　1997 年　福岡支店営業 2 課、配属。
　（※ 99 年に分社化してカンパニー制となる）
　　2001 年　（株）ミツカンドライ事業カンパニー関東支店高崎事務所、配属。
　　2002 年　（株）ミツカンドライ事業カンパニー関東支店営業 1 課、配属。
　　2004 年　（株）ミツカンドライ事業カンパニー営業本部営業統括 1 課、配属。
　　2005 年　（株）ミツカンドライ事業カンパニー営業本部営業企画課、配属。
　　※ 2008 年 8 月 12 日　ミツカン本社（愛知県半田市）においてインタビュー。
　キリンビール株式会社　梶原一輝（かじはら・いっき）
　　1998 年　メルシャン株式会社、入社。神奈川支社厚木支店、配属。
　　1998 年　神奈川支社営業一課、配属。
　　2003 年　首都圏支社業務課、配属。
　　2007 年　メルシャンがキリンホールディングス（株）の事業会社となる。
　　2007 年　キリンビール営業部 SP 室、配属。
　　※ 2008 年 8 月 26 日　キリンビール本社（東京都）においてインタビュー。

注
(1) 『永谷園ウェブプラス』株式会社永谷園 HP（http://www.nagatanien.co.jp/web-plus/200705 index.html 2009 年 3 月 25 日アクセス）。
(2) 社団法人佐賀県観光連盟 HP（http://www.asobo-saga.jp/modules/auth/index.php/search-details.php?n＝45 2009 年 3 月 25 日アクセス）。
(3) 『変革と挑戦の歴史』株式会社ミツカングループ HP（http://www.mizkan.co.jp/company/enkaku/episode-top.html 2009 年 3 月 25 日アクセス）。

参考文献
株式会社ハーベストン（1992）『HARVESTON　FM 教科書 I　流通用語解説集』。

第4章

コラボレーションによるコーポレートブランドの新価値創造

澤田 好宏

　大阪の地場産業であった魔法瓶製造を起業するために創立され、その後、家庭用品を基盤として、あくまでも日常生活用品にこだわった商品開発を歴代社長が続け、現在では、調理家電の炊飯器や電気ポットでは大手家電メーカーに負けることなくトップシェアを獲得しているメーカーが、2008年に創業90周年を迎えた。最近の魔法瓶関連製品の売上げ構成は約1割程度にすぎないが、企業創業の出発点であり、創業以来蓄積してきた真空断熱技術や温度コントロール技術の最先端の研究開発にこだわり続け、保温・保冷に優れた製品をつくり続けている。

　一方、昨今では、世界的な地球環境問題の社会的認識が高まるなかで、あらためて魔法瓶や水筒など、環境にやさしい製品が見直され、魔法瓶のトップメーカーであるこの企業の保温・保冷の最新技術を利用して、地球環境にできるだけ負荷をかけないようにするために、他社、他業界からのコラボレーションの申し込みが続くようになった。

　もちかけられたコラボレーションの企画や内容は、一見、短期的な目の前の売上げ拡大を意図するセールスプロモーションのようである。しかし、受け手であるこの企業は、トップをはじめ、社内の担当グループもじっくり検討を重ね、その結果このキャンペーンによって、企業のコアコンピタンスである魔法瓶を地球環境に負荷をかけないやさしい製品として、企業ブランドになるまでに育て上げつつある。

　本章では、古くからある既存製品の魔法瓶を、地球環境問題を解決する「新価値製品」とし、それを未来に向けて、この企業のコーポレートブランドになるよう、新たな価値創造をなした事例を述べる。

第4章　コラボレーションによるコーポレートブランドの新価値創造

第1節　象印マホービン株式会社の歴史

　魔法瓶を製造するガラス工業は、大阪の代表的な地場産業のひとつである。魔法瓶は、二重になったガラス瓶の中間にメッキをし、真空にすることで、瓶の中の温度を保つ原理になっている。その原理は、1892年にイギリスの化学者によって考案された。日本には明治末期に輸入され、電球会社の社員によって国産初の魔法瓶が製造、生産された。その後、1914年に第1次世界大戦が起き、それにともなうヨーロッパの混乱によって、国産の魔法瓶工業は急成長した。そして、ガラス工業がさかんであった大阪には、多くの魔法瓶メーカーが設立された。象印マホービンも、そのなかのひとつである。電球加工職人だった市川金三郎を、兄の銀三郎が説き伏せ、愛知県の農村から大阪に移って魔法瓶の中瓶製造を開始し、1918年「市川兄弟商会」を創立したのが、そのはじまりである。

　象印マホービンは、2008年に創業90周年を迎えた。2001年に現社長に就任した市川典男は1958年生まれ、創業者市川銀三郎の孫、前会長市川重幸の長男で、前社長の市川博邦は叔父にあたる、創業家直系である。2008年11月20日現在の連結決算[1]をみると、総売上高は約616億円で、その内訳は、炊飯ジャーや電気ポットなどの調理家電製品が約456億円、ガラス・ステンレスマ魔法瓶を中心としたリビング製品が約102億円、空気清浄機や食器洗い乾燥機などの生活家電製品が約48億円で、その他が約1億円となっている。コード物と呼ばれる電気製品の調理家電の売上げ構成は74％に達しており、IH炊飯器、ジャーポットのシェアでは、国内トップシェアを誇っている。

　1918年、「真空断熱」という当時の画期的技術を活かしたガラス魔法瓶が、市川銀三郎・金三郎という2人の兄弟によってつくり出され、「市川兄弟商会」は誕生する。1948年に「株式会社協和製作所」を設立し、1953年に「協和魔法瓶工業株式会社」と改称、1961年には社名を「象印マホービン株式会社」とし、象のマークをトレードマークとして現在にいたっている。創業から約半分以上の年月を、「象印マホービン」という社名で企業活動し続けていることになる。

81

創業から約半世紀が過ぎた頃、大阪万国博覧会が開催された。その年1970年に、象印ははじめての家電製品、電子ジャーを発売する。それまでの象印の製品群は、魔法瓶技術を使ったポットやジャー、それに学童用の水筒などが中心であった。したがって、象印の製品流通チャネルの購買接点である小売店は、町の商店街にある金物屋や荒物屋などの生活雑貨店であり、売り場で競合する業界は、鍋釜類や台所用品などの比較的規模の小さなメーカーであった。

　象印は、テレビ放送の創成期からその宣伝効果を高く評価しており、1958年には「大相撲ダイジェスト」の単独スポンサーとなった。そのときのスポンサー料は、当時の資本金と大差ないほどのものであった。テレビの宣伝効果に対して巨額の投資を厭わなかったのである。1960年には、ロイ・ジェームス司会の「象印歌のタイトルマッチ」の提供を開始し、以後1994年まで、一社単独提供の冠番組をお茶の間に送り続けた。前述したように、電子ジャーを発売するまでは、象印の業界は鍋釜の荒物、金物ルートであり、競合他社は比較的規模の小さな企業が多く、テレビの宣伝効果の影響力は大きく、また競合他社はテレビのスポンサーなどはとても無理であったため、象印は業界のリーディング・カンパニーとして君臨することができたのである。

　しかし、1970年に電子ジャーを新発売すると、それまでの荒物、金物ルートの流通チャネルが大きく変わった。商品の売り場は、町の商店街の金物屋や荒物屋から、デパートの家電売り場に変わったのである。時を同じくして、流通革命が勃発する。アメリカからやってきた広域チェーン小売業が、町の商店街を駆逐する勢いで一気に全国各地に誕生していく。家電量販店、スーパーマーケット、ホームセンターである。そして、その主戦場に商品を提供していたのが、日本の高度経済成長を支え続けてきた立役者の、名だたる大手家電メーカーであった。これら大手家電メーカーに打ち勝つためには、最新のマーケティングとマーチャンダイジングが必要であった。そのためには、アメリカナイズされたプレゼンテーションで、商品や企業概要の説明、価格・納期の交渉、資料提出など、広域チェーン企業との本部商談を行なわなければならなかった。

　そのなかで象印は、大手家電メーカーに負けることなく、魔法瓶のトップメーカーとしての温度管理の先端技術を結集し、徹底した生活者の視点と、生活実感にもとづいた商品開発を進め、炊飯ジャーや電気ポットなどでは、国内ト

ップシェアを勝ちとっていった。そして、売上げ構成で家電製品分野がいくら拡大しても、社名から「マホービン」の名前を消すことはなかった。それは、魔法瓶技術が象印の原点であり、そこで養われた温度管理技術が、成長の原動力であったからである。創業以来、日本の魔法瓶産業の草創期から、ガラス魔法瓶の製造に携わり続けてきた、象印の強い自信と意志を感じざるをえない。

第2節　象印のコラボレーションの過程

1．2004年：コラボの最初は「すいとう帖委員会」からの申し込みから

　大阪在住の編集・デザイン会社を主宰するクリエイティブ・エディターがいた。彼は「すいとう」に惹きつけられていた。「すいとう」に惹きつけられる前には「魔法瓶」に惹きつけられていた。「魔法瓶」という、不思議な響きの名前がつけられたガラスの器に惹きつけられていた。かつて魔法瓶の主要メーカーは、すべて大阪にあった。現在も、天満の大阪天満宮には、大阪硝子製品協同組合が建立した「大阪ガラス発祥之地」の石碑が建っている。その石碑の裏面には「宝暦年間〔1751〕　長崎商人播磨屋清兵衛　天満天神鳥居前ニ工場ヲ設ケ　当時ノ玉屋ヲ開業　大阪ガラス　商工業ノ始祖トナル」と書かれている[2]。

　ペットボトルが世の中に登場し、屋外に飲料をもちだし、平気でそのまま口にし、使い終わったペットボトルはごみとして捨てられる、という光景が当たり前のように拡大するなかで、この大阪在住のクリエイティブ・エディターは、再度「すいとう」を見直し、「すいとう」をもって歩くワクワク感や、のどの渇いた人に「すいとう」を差し出す思いやりややさしさを人々に思い出してほしかった。そして、忘れ去られがちな環境への意識や思いやりも、「すいとう」をもち歩くことによって取り戻してほしいと思っていた。

　彼は、「すいとう帖委員会」を立ち上げ、2004年には「すいとう帖」という本をつくり、その年の春には、大阪市北区にある全国魔法瓶工業組合を訪ねて「すいとう」に寄せる思いを伝え、協力を依頼した。魔法瓶工業組合は、組合内の会議に「すいとう帖」を提出し、それがきっかけとなって、象印の社長の市川が、組合に対して「彼に会ってみたい」と連絡をとった。こうして両者は

面談することになり、市川は彼に賛同し、社内でこのプロジェクトを進めるように指示した。しかし、編集・デザイン会社を主宰するといいながらも、ひとりのクリエイティブ・エディターにすぎない人物の夢と、年商約600億円企業が進める商品開発とは、なかなか折り合いがつかず、厳しいものがあった。

2. 2005年：「水筒を持ってフリーマーケットに出かけよう！」

「すいとう」そのものの製品化が思うようにはかどらないなか、「すいとう帖委員会」のメンバーたちは粘り強い活動を続けていた。彼らは再度、「すいとう」がもつ、使い捨てでなく、何度も繰り返し使え、環境に優しい点に注目し、この点を何とか社会に訴えることができないかと考えた。彼らが協力を仰いだのは、近畿圏をマザーマーケットのひとつとして地域運営を展開する、りそな銀行のコラボレーションプロジェクト「REENAL」であった。2003年5月、公的資金を注入されたりそな銀行は、「新しい銀行像」をめざし、銀行の究極の存在意義を、マーケットの創造・産業創造・地域活性化であると位置づけ、多種多様な協働施策「REENAL」プロジェクトを大阪で展開していた。

そこで出会ったりそな銀行REENALプロジェクトの担当者から、「すいとうの価値の再発見の大きなムーブメントをつくり出せば、きっとまわりは本気になります」と励ましを受け、2005年のゴールデンウィークに、大阪のFM放送局FM802主催で開かれるフリーマーケットで、「すいとう」をテーマにして展開できないかと提案を受けた。「FUNKY MARKET」と名づけられたそのフリーマーケットは、リサイクルをテーマとしていたことから、環境にやさしいという「すいとう帖委員会」のテーマとの親和性もあった。

「すいとう帖委員会」とりそな銀行のREENALプロジェクトは、2005年の「FUNKY MARKET」で「水筒を持ってFUNKY MARKETに行こう！」と訴えることにした。具体的には、4月29日のゴールデンウィークの暑いときに終日行なわれる野外イベントに、「マイすいとうにマイドリンクを入れてFUNKY MARKETに行こう！」と、FM放送を通じて呼びかけをし、マイすいとうをもってきてくれた参加者には「すいとんくん」というキャラクターのステッカーをプレゼントした。また、水筒をもっている写真を撮影し、ウェブサイト上に「すいとう帖図鑑」と名づけたフォトアルバムをアップした。当日の

第4章　コラボレーションによるコーポレートブランドの新価値創造

図表 4-1　2005年 FUNKY MARKET

出所：『2006年05月03日（水）』RE！SUITOU HP（http://suitouchou.com/re-suitou/index.php?cID=4、2009年3月25日アクセス）。

来場者は約3万人にのぼり、「マイすいとう」をもってきた参加者は1000名を超え、大成功をおさめた[3]。

3. 2006年：「どこでもカフェ」プロジェクト

2005年のフリーマーケットの盛り上がりと手応えを目の当たりにした象印は、「マイボトルを持ちましょう」というキャンペーンに、あらためて取り組みはじめた。清涼飲料製品のペットボトル商品が普及してくるなかで、水筒などのステンレスボトルの商品の売上げは減り続け、2003年には底をみた。2004年からは少し回復の兆しもみえていたが、子どもの頃には一人ひとりが自分の水筒をもっていても、年齢が高くなるにつれて水筒をもたなくなってくることに対して、ステンレスボトルメーカーとしては、大人になっても水筒を、マイボトルをもってほしいというはたらきかけをしていきたいと考えていた。しかし、そうはいっても、ただやみくもに「水筒を買え、水筒をもて」と叫ん

でも話題にもならず、販売促進にもならない。そこで考え出されたのが、大人になっても水筒を、マイボトルをもつことで、環境への貢献と健康的なライフスタイルを送ることができるというコンセプトであった。

象印としては、けっしてペットボトル商品そのものを否定するわけではないが、どうしても飲み終えた後の空き容器の問題があり、マイボトルをもつことによって、環境への負荷、すなわちゴミの軽減になるのではないかと考えた。もうひとつの健康的なライフスタイルに関しては、魔法瓶は保温・保冷効果が優れており、飲み物が本来もっているいちばんおいしい飲み頃の温度帯を長いあいだ保持できる。それが安全・安心な飲み物につながり、健康的なライフスタイルにマッチすると考え、象印としての提案活動となった。

そして、ただたんにマイボトルをもとうという提案をするだけではなく、マイボトルをもって出かけると、ボトルが空になれば邪魔になるため、その空になった水筒に何か飲み物を提供できるようにしようという考え方ではじまったのが、「給茶スポット」というプロモーションであった。当初は、東京、大阪地区でそれぞれ3店舗ずつの6店舗からのスタートだった。東京地区3店舗は、象印の担当部署が店舗を選定し、直接交渉を行ったが、大阪地区3店舗は、すいとう帖委員会、FM 802、りそな銀行 REENAL プロジェクトの協力を得て開設した。

2006年4月、象印は「マイボトル」キャンペーン[4]を開始する。それまで企画・準備してきたものを、全社レベルで実行に移したのである。給茶スポットでの「どこでもカフェ」は、東京、大阪それぞれ6店舗だけの展開ではあったが、マイボトルをもって給茶スポットの「マイボトルで『どこでもカフェ』」で給茶サービスを受けた人には、すいとう帖委員会協力の5人のアーティストがデザインした「マイボトルステッカー」を配布した。

それにくわえて、2006年、FM 802 主催の「FUNKY MARKET」に協賛して、会場内に「マイボトルで『どこでもカフェ』」ブースを出展した。また、2006年5月3日に開催された FM 802「FUNKY MARKET」は、「REENAL×Ecomon（エコモン）Present」として、「地球がほんまにヤバイねん」をメインテーマとした。これは、「身のまわりにあるコトやモノ（環境）のありがたさと、『地球がヤバイ』という状況に気づいてもらい、できることから始めるエコロジー」

第4章　コラボレーションによるコーポレートブランドの新価値創造

図表4-2　「2006年　マイボトルキャンペーン」イメージ

出所：『ニュースリリース（2006/4/03）』象印マホービン株式会社HP（http://www.zojirushi.co.jp/corp/news/2006/0643/index.html、2009年3月25日アクセス）。

を合言葉に開催された。このイベントに象印は「マイボトルで『どこでもカフェ』」のブースを出展し、「RE！SUITOU」をキャッチフレーズに、保温・保冷に優れ、地球環境にも有効な「マホービン」のよさを広くアピールした。また「マイすいとう」をもって来場した参加者の写真を撮影したウェブ上のアルバムサイト「マイ水筒図鑑」には、多くの参加者の写真が掲載され、用意していた給茶スポットのお茶があっという間になくなるという事態も発生した[5]。

こうして、2006年4月に東京地区、大阪地区それぞれ3店舗ずつの計6店舗だけでスタートした給茶スポットは、順次拡大し、1年後の2007年春には6地域（大阪・東京・名古屋・福岡・仙台・札幌）20店舗、2009年2月現在では8地域（大阪・東京・京都・名古屋・福岡・沖縄・仙台・札幌）51店舗にまでなっている。店頭には給茶スポットのマークが入ったステッカーが貼られており、店頭での告知につながっている（図表4-2）。

4．2007年：「ロック DE お茶」プロジェクト

象印は、一連の「マイボトル」キャンペーンを、瞬間的な売上げをめざす販売促進のひとつのプロモーションメニューとはとらえていなかった。最初にすいとう帖委員会からの申し出を社長の市川が聞き、トップダウンで社内に指示が降り、マイボトル運動にまでブラッシュアップさせていったが、そこには、ペットボトルに押されて低迷しつつあったステンレスボトルの売上げを何とか回復させようとする強烈なビジネスイメージはあまり感じられない。反対に、

象印という企業の創業の原点である魔法瓶をコアコンピタンスとする、象印のコーポレートブランドの創造への願望が強く感じられる。そのためか、進展もけっして拙速に走らず、単発でない持続可能で地道な企業活動の一環としての取り組みとなった。

　2007年、象印の「マイボトル」キャンペーンは前年から引き継がれていたが、ここでまたしても新たなコラボレーションが発生する。2006年の「マイボトル」キャンペーンは、地球温暖化やエコロジーなどの環境問題がメディアで大きく取り上げられるたびに、同時に取り上げられる機会が増えていた。それにともなって、問い合わせも多くなっていたのだが、そのなかのひとつに、製茶業界向けに発行されているある会報誌からの取材の申し込みがあった。その会報誌の発行元は、日本茶や海苔など日本の伝統食材の包装資材メーカーである[6]。彼らの得意先である日本茶業界も、水筒業界同様、ペットボトル製品の出現に大きな影響を受けていた。茶葉そのものの消費量は、日本茶のペットボトル製品の原材料として増えていたが、その半面、一般消費者の家庭内で消費される茶葉は明らかに減っている現実があった。その状況のなかで、日本茶業界とともに会報誌の編集者は大きな危機感を感じており、日本茶業界を活性化するために何かできないかと考え、同じ飲み物の業界ということで、前年の「マイボトルで『どこでもカフェ』」給茶スポットの取材をしたいと象印に依頼したのであった。

　2006年4月にスタートした「マイボトルで『どこでもカフェ』」給茶スポットは、ほとんどが都会の喫茶店でありカフェである。給茶サービスするメニューはその店にまかせているので、その多くはコーヒーや紅茶などであり、ホットもアイスもあった。一方、日本茶業界を取り巻く近年の動きに関していえば、清涼飲料水のペットボトル製品の拡大にともなって若者や子どもたちは年中冷たい飲み物を好むようになってはいるものの、日本茶の場合は家庭での冷たいお茶の抽出が難しいこと、また茶葉からの抽出は、玉露や煎茶、ほうじ茶などの種類や、加工方法、産地、ブレンドなどによってさまざまな味があるうえに、時間が経つと風味や色に変化が起きて鮮度を維持することが難しいこと、といった難点が、一般家庭での茶葉の消費量を増加するためには避けて通ることができない課題となっていた。そういった背景のなかで、編集者は象印の給茶ス

第4章　コラボレーションによるコーポレートブランドの新価値創造

図表4-3　「ロック DE お茶」イメージ

図表4-4　「2008年　シャカシャカ抹茶」イメージ

出所：『ニュースリリース（2007/3/16）』象印マホービン株式会社HP（http://www.zojirushi.co.jp/corp/news/2007/070316/index.html、2009年3月25日アクセス）。

出所：『ニュースリリース（2008/3/25）』象印マホービン株式会社HP（http://www.zojirushi.co.jp/corp/news/2008/080325/SYAKA2.html、2009年3月25日アクセス）。

　ポットの企画を聞き、これを日本茶でできないか、このプロモーションと同じ仕組みで、日本茶を売る店頭で給茶サービスができないかと考え、取材以降も象印と打ち合わせを重ねたのである。

　こうして、2007年4月にスタートした象印の「マイボトルで『どこでもカフェ』」は、会報誌の包材メーカーがつなぎ役の事務局となって、全国茶商工業協同組合連合会（全茶連）という全国の茶商工業者の業界団体とのコラボレーションに発展した。それが、新しい日本茶の飲み方を提案する「ロック DE お茶[7]」というプロモーションである。それは、いままでにない新しいスタイルで、日本茶を冷茶で味わうという提案であった。具体的には、自分の好みの茶を最適温度で抽出し、それを急冷してマイボトルで保冷することで、茶の風味や色、味の変化を最小限に抑え、自分好みの「オリジナルアイスグリーンティー」を楽しむというものであった（図表4-3）。

　さらに、会報誌を通じて全茶連の日本茶販売店に呼びかけ、給茶スポットを募った。これは、昨年からはじめた給茶スポット「どこでもカフェ」同様、デパートや商店街のなかにある日本茶を販売するお茶屋さんの店頭でマイボトルを差し出せば、その場で、有料ではあるが、お茶の専門家が淹れたお茶を急冷してマイボトルに入れてもらえるサービスである。プロが淹れた本当においしいお茶を飲んでもらい、日本茶の再認識につながればという思いで、力を入れ

89

て展開する店もあり、スタート時の 2007 年には全国で約 60 店舗であったが、2009 年 2 月には約 200 店舗に拡大している。

また、翌 2008 年には、「ロック DE お茶」の発展形のメニュー提案「シャカシャカ抹茶[8]」を展開している。これも、全国の「ロック DE お茶」の給茶スポットである日本茶の販売店の店頭で、ステンレスボトルをシェイカーに見立てて抹茶を淹れるという提案である（図表 4-4）。抹茶を飲む機会や接する機会が少ないなかで、抹茶をカジュアルに楽しむという、新しい提案であった。

5. マイボトルキャンペーンに対する評価

前節でも述べたように、象印の「マイボトル」キャンペーンは、たんなるステンレスボトルの販売促進よりも、魔法瓶をドメインとする象印の企業ブランド向上の意味合いが強い。しかし、そのキャンペーンに対する評価は、やはり数字が大きな部分を占める。ステンレス製まほうびん協議会が発表しているデータ（図表 4-5）をみると、2003 年には 529 万本まで国内出荷数が減少したステンレス魔法瓶は、2004 年からは上昇に転じ、2004 年には 600 万本の大台を回復、その後も、地球環境問題が大きく取り上げられることとの関連性は不明であるが、順調に出荷数を増やし続けている。そして、象印のマイボトルキャンペーンが開始された 2006 年には 687 万本に到達していたが、このキャンペーンの 1 年後の 2007 年には、出荷数が 898 万本となり、130.7％もアップした。これは、このキャンペーンの効果が反映されたものと考えられる。

これらのデータの詳細な分析はまだないが、象印のステンレス製魔法瓶の売れ筋をみると、魔法瓶の利用シーンはまだまだ子どもたちの通園、通学に使われる場合が多数を占めているとみられるものの、以前は大半がコップ付き魔法瓶であったのが、最近では直接容器に口を付けて飲むタイプが売れ筋になってきている。売上げの増加とともに、確実にマイボトルをもち歩く人の数は増えていると考えられ、マイボトルが徐々に生活者のライフスタイルとして定着してきていると考えられる。

しかし、マイボトルキャンペーンに参画したすべての業界が、win-win の相乗効果の恩恵を受けているとはいいがたい。たしかに、先にも述べたように、2006 年 4 月に東京地区、大阪地区それぞれ 3 店舗ずつ、6 店舗だけでのスタ

図表 4-5　ステンレスボトルの出荷実績の推移

	ステンレスボトル	前年比
2000年	717	
2001年	604	84.2%
2002年	539	89.2%
2003年	529	98.1%
2004年	602	113.8%
2005年	632	105.0%
2006年	687	108.7%
2007年	898	130.7%
2008年	978	108.9%
2009年		0.0%

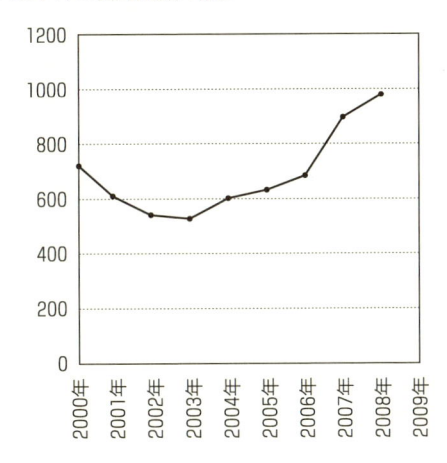

注：国内出荷実績（1〜12月計）。
出所：ステンレス製まほうびん協議会調べ。

ートを切った「マイボトルで『どこでもカフェ』」給茶スポットは、その後 2009 年 2 月現在では 8 地域 51 店舗まで拡大した。日本茶を販売するお茶屋さんの店頭での「ロック DE お茶」参加店も、2007 年のスタート時には全国で約 60 店舗であったが、2009 年 2 月には約 200 店舗に拡大しており、2008 年にはじめた「シャカシャカ抹茶」も、このなかの約 100 店を超える店舗がメニューに導入した。しかし「ロック DE お茶」対象店は日本茶の茶葉の販売店のため、店内で飲料を販売するには保健所の許可が必要となり、なかなか参加店を増やすことが難しいという側面もあった。

　また、マイボトルキャンペーンに参加したこれらのカフェや日本茶販売店では、売上げ数字に影響を及ぼすほどの顕著な変化はみられなかった。しかし、「ロック DE お茶」参加店などでは、ステンレスボトルを一緒に陳列するとボトルも一緒に売れることもあった。また、いままでほとんど抹茶が売れなかったところでも、「シャカシャカ抹茶」を展開することによって新しい購買客がリピーターになって来店し、抹茶が売れるなどの現象も起きている。

　さらに、このキャンペーンがはじまると、いままででは日本茶とはほとんど縁のなかった若い来店客が増えた。若い顧客にとっては、コンビニやスーパー

マーケットで買い求めるペットボトル商品がどこで買っても同じ味であるのに対して、日本茶は茶葉の違いや淹れ方や淹れる人の違いによって味や香りが大きく変化することを知り、それが本来もっているおいしさを再認識することができた。このことは、全茶連傘下の参加店にとっては大きな評価につながった。

しかし、最も大きな評価をしたのは象印社内である。前述のように、売上げのアップでビジネス上でも評価されてはいたが、ビジネス以外の企業イメージや企業PRなどに、大いに貢献したと評価されたのである。全国の環境イベントなどでも給茶スポットを出店したりしており、またメディアで取り上げられることも多く、露出度も高かった。マイボトル運動じたいは象印の専売でも登録商標でもなく、同業他社も同様にマイボトル運動を行なっている。しかし、給茶スポットは象印のオリジナル展開であり、これを象印だけの販売促進に利用しようとすれば「象印のボトルでないと利用できません」ともいえるのだが、それではこのキャンペーンの趣旨と離れてしまうため、魔法瓶であればどこのメーカーのボトルでも、利用者が差し出せば拒否されることなく給茶サービスを受けられるのである。

象印では、2007年度からはじまった新5ヵ年計画で、「コーポレートブランド経営を中心とした企業価値の向上」が、重点目標のひとつに掲げられている。経営方針として掲げられた「コーポレートブランドの向上」は、象印ブランドの価値を世界に通用するレベルに引き上げることとともに、商品の品質面ばかりではなく、サービス体制の充実や、あらゆる関係者との交流など、企業活動すべての集積を「コーポレートブランドの向上」に集約していこうとしている。つまり象印は、ブランド経営は販売力や売上げ向上も重要な要件であるが、企業のブランド力を上げるためにはどうすればいいのかが大きな課題であるととらえているのである。このマイボトルキャンペーンが、その意味ではひとつの方向を示したと評価され、このプロジェクトを担当、推進してきた社内グループが、トップから「社長賞」の表彰を受けた。

そして、2009年新春からは、ついにマイボトルキャンペーンはテレビコマーシャルになった。象印が応援する若手アーティスト3組が「マイボトル持参」を呼びかける「マイボトルキャンペーン」の新TV-CMが、1月から全国にオンエアされはじめた。象印は、フリーマーケットでネットワークができた

大阪のFM放送局FM 802が主催し、りそな銀行REENALプロジェクトが協力する野外音楽イベント「SOUNDS GREEN」に協賛し、「自然と音楽を楽しむ」をテーマに「水筒をもって緑に囲まれたコンサート会場へでかけよう！」とマイボトルの持参を呼びかけた。そこでは、水筒持参者に給茶サービス（無料）を実施し、3回目となった2008年のイベントでは、給茶サービスも1200リットルとなった。来場者だけではなく、出演アーティストに対しては、象印がステージボトルを提供するようにもなった。これらのイベントを通じて、これからの活躍が期待される若手のアーティストをサポートし、マイボトルキャンペーンの啓蒙活動を向上させる目的で、新しいTV-CMが開始されたのである。

第3節　象印のブランド経営

1．ブランド経営の革新

2008年、象印は創業90年を迎えた。2008年11月の連結決算では、総売上高は約616億円である。調理家電製品の売上げ構成が全体の約75％を占めるなかで、ステンレスボトルのそれは約10％である。1986年、大阪証券取引所2部上場にともなって、象印の新CIが導入され、英文字表記はZOJIRUSHIになったが、企業名からマホービンの文字を消すことはなく、現在にいたっている。

2008年に象印は、創業90周年を記念して、魔法瓶の進化や歴史を展示する「まほうびん記念館」を大阪天満の本社1階に開設し、5月30日より一般公開をはじめた[9]（図表4-6）。あくまで魔法瓶にこだわったその展示は、象印が日本の魔法瓶産業の草創期から製造に携わり、真空断熱の魔法瓶技術の進化を支えてきた開発の歴史と、その時代の日本人の暮らしまでも変えていった90年の製品づくりの歴史をみることができる、象徴的なミュージアムである。1回の見学人数は10名という数であるが、小中学校の社会科見学などには好評で、とくにエコを実践している企業見学などの対象としてよく取り上げられ、見学した後では全員がマイボトルを購入するということも起きている。

創業90年の記念事業はほかにもある。90年史の社史『暮らしを創る　象印マホービンの90年』の制作・発刊もそのひとつであった。その巻頭に、現社

図表 4-6 「まほうびん記念館」の展示

出所：『ニュースリリース（2008/5/08）』象印マホービン株式会社 HP（http://www.zojirushi.co.jp/corp/news/2008/080508/index.html、2009年3月25日アクセス）。

長の市川の言葉が書かれている。そこには、象印が90年にわたって追及し続けてきたコーポレートブランドが「暮らしを創る」であり、当時先端技術であった「魔法瓶」を普及させるために創業したこと、現在も「象印」ブランドが社会に必要とされるブランドに発展し続けるために歩み続けることが記されている（象印マホービン株式会社，2008, p. 2)。象印の歴史は、1918年、1本のガラスの魔法瓶から出発した。それは「真空断熱」という、当時のハイテク技術を結集した家庭用品であった。それ以来、象印はその時々の先端技術を結集しつつ、「暮らしをつくる、象印マホービン」をコーポレートブランドに、「快適で、便利で、もっとゆたかな暮らしを」という、あくまでも日常生活用品にこだわった商品開発を進めてきた。「生活者の視点に立ち、生活実感を大切に考える。そして心から喜ばれる商品開発を進める」という象印のモノづくりの原点は、創業から今日にいたるまで、変わることのないコンセプトとして定着している。

　売上げ構成では圧倒的に「調理家電」が大半を占めているようになった現在でも、象印は魔法瓶が企業創業の出発点である。創業以来蓄積してきた真空断熱技術や温度コントロール技術の応用、最先端技術のあくなき追求は、ガラス魔法瓶をはじめ、ステンレスボトルやランチジャーなどの商品群に生かされ、その保温・保冷技術は、最近の食育などの「適温調理」「適温提供」などに活

図表 4-7　象印を取り巻く環境

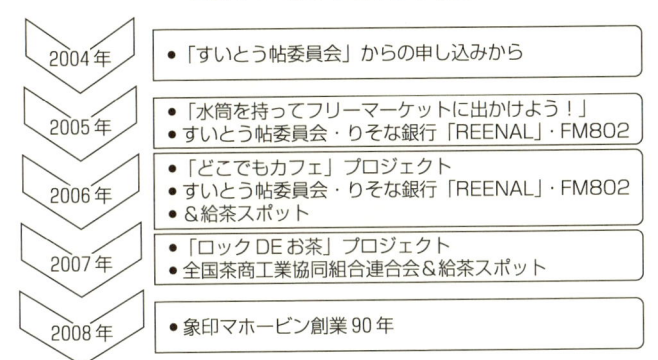

- 2004年：「すいとう帖委員会」からの申し込みから
- 2005年：
  - 「水筒を持ってフリーマーケットに出かけよう！」
  - すいとう帖委員会・りそな銀行「REENAL」・FM802
- 2006年：
  - 「どこでもカフェ」プロジェクト
  - すいとう帖委員会・りそな銀行「REENAL」・FM802
  - ＆給茶スポット
- 2007年：
  - 「ロックDEお茶」プロジェクト
  - 全国茶商工業協同組合連合会＆給茶スポット
- 2008年：象印マホービン創業90年

用されている。

　一連の象印をめぐるコラボレーションは、見逃せば表層的なたんなるセールスプロモーションのアイデアのひとつで終わっていたかもしれない。大阪在住のクリエイティブ・エディターの「すいとう」に対する熱き思いからスタートしたこのコラボレーションは、単純にビジネスベースで表面的にとらえていれば、たんなる単発のセールスプロモーションのひとつのメニューで終わっていたであろう。しかし、クリエイティブ・エディターの「すいとう」に対する熱き思いは、2004年に偶然、魔法瓶メーカー業界のトップである象印の現社長市川にダイレクトに伝わった。当時社長就任3年目の市川が抱えていた経営のテーマは、象印を「夢のある企業」へと変革することであった。象印という企業イメージを「安心感や暖かさが前に立つブランドイメージに、先進性や技術力をプラスできないものか」と考えていたのである（図表4-7）。

　市川が新社長に就任した2001年に、「高齢者在宅安否確認システム」にインターネット技術を導入し、単身生活の高齢者が在宅しているときの電気ポットの使用状況が遠隔地から確認できる「みまもりほっとライン」がスタートする。ITの先進技術を取り入れながら、高齢者には意識させないで電気ポットの使用ができ、それを遠隔地から家族が見守ることができる。これは、従来の生活用品にIT技術を取り入れ、新たな生活支援の可能性を広げた、象印の先進技術の成功である。まさに市川が求めていた「先進性や技術力を安心感とやさしさで包み込む」というブランドイメージであった。それは、2004年から採用

された新スローガン「日常生活発想」であり、それにプラスITの思想につながっていく。

　市川はそのような経営環境のなかで、偶然出会ったクリエイティブ・エディターの「すいとう」に対する熱き思いを受けとめ、トップの指示として社内にその旨を伝える。そしてこのトップ指示を受けとめた担当グループも、この指示をけっして単純な売上げ増進につながる短期的プロモーションとは受けとめず、真剣な検討を重ねた。

　その後、「新しい銀行像を創ろう」というりそな銀行のコラボレーションプロジェクトREENALとの出会いがあり、それを通して大阪のFM 802との出会いがあり、その結果、フリーマーケット「FUNKY MARKET」に出会う。おりしも、1997年に定められた京都議定書をきっかけとして、温暖化防止にはじまる地球環境に対する社会意識の高まりが進むなかで、市民運動としてのエコロジー活動の象徴のようなかたちで、2005年のゴールデンウィークにフリーマーケットが開催され、翌年には「Ecomon（エコモン）地球がほんまにヤバイねん」と連動、それがマイボトル運動につながっていった。

　2006年からはじまったマイボトルキャンペーン「マイボトルで『どこでもカフェ』」を補完する意味で開設された、給茶スポットの東京、大阪のカフェのお店とのコラボレーション、そしてその話題をメディアの取材記事で知り、全茶連からの申し込みを受けて2007年からはじまったコラボレーション「ロックDEお茶」プロジェクトは、現在も続いている。

　これらのコラボレーションは、けっして象印が意識的に仕掛けたものではない。それは、環境問題が地球的規模で問題となるなかで、魔法瓶のトップメーカーである象印の保温・保冷の最新技術を利用して、地球環境にできるだけ負荷をかけないようにするための解決策としての、他社、他業界からのコラボレーションの申し込みであった。

　象印社史『暮らしを創る　象印マホービンの90年』のなかには、グローバル化についてこのように書かれている。

　　地球を国内と国外に分けて考えることはしない。地球上のどこにおいても
　　象印クオリティのものづくりを行い、それを全世界で売っていく。「IT

第4章　コラボレーションによるコーポレートブランドの新価値創造

化」や「環境問題」も世界共通のテーマであり、これらをキーワードとするものづくりは、最初から全地球をマーケットとしていく。これが象印を牽引する社長・市川典男の、揺るぎなき方針となっている（同上，pp. 56-57）。

「すいとう」からはじまり、すいとう帖委員会との出会い。マイボトルキャンペーンにはじまり、「マイボトルで『どこでもカフェ』」や給茶スポットの展開。そして「ロック DE お茶」や「シャカシャカ抹茶」につながる一連のキャンペーン。これらは、象印の得意とする言葉遊びのネーミングの色合いが強いが、けっして軽佻浮薄なキャッチフレーズではなく、象印のコアコンピタンスである、魔法瓶がもつ保温・保冷機能をやさしく伝えるキャッチフレーズである。まさに、短期的な目の前の売上げ拡大を意図とするセールスプロモーションから、コーポレートブランドを支えるマイボトル運動に昇華したのである。

2. マーケティングとはいったい何なのか

前章では、新たな価値創造をする製品開発は、けっしてマーケッターだけの専売業務ではなく、マーチャンダイザーと呼ばれる人や営業担当者でも、製品開発やその製品を使った新たなメニュー提案ができるという事例を取り上げた。そして本章では、たんなるセールスプロモーションのひとつのメニューと思われそうなテーマを真摯にとらえ、地道にその活動を広げることによって、企業のコーポレートブランド運動にまで昇華できるという事例をみた。

「マーケティングとは何か」という問いを突きつけると、たぶん100人が100人とも異なった表現をする。「マーケティングとは、顧客の創造である」「マーケティングとは、売れる仕組みである」「売れる仕組みにくわえて、売れ続ける仕組みである」などと、「製品を売るための技術」ととらえることが多い。

売れ続けるために、多くの新製品が開発され、発売される。新製品には2種類ある。「新価値新製品」と「定番革新」である。「新価値新製品」は、それまで知覚されていないニーズに対応する、商品や新技術、新素材、新価値の新製品である。シーズとニーズの新結合、洞察力と開発力、すべての意味において

純粋に新しい商品である。

　もうひとつの「定番革新」は、すでに発売されており、消費者の厳しいテストを受けて勝ち残ってきた主力アイテムである。しかし、時間が過ぎ、放っておくと、ほとんどの製品は20％ずつ消えていく。そのためにメーカーは、消費者の期待を超える革新を続けなければならない。その結果、新製品の80％は革新された定番なのである[10]。

　日本のメーカーも世界のメーカーも、いまだに「新価値新製品」頼みである。売上げが低下し、売れなくなったら、「何か新商品はないか。だまっていても飛ぶように売れる新製品はないのか」と、社内の新製品開発チームにはっぱをかけて新製品の開発を急がせる。しかし、そのような「新価値新製品」は簡単には生まれない。莫大な開発費と労力と時間がかかる。その「新価値新製品」開発担当者は、すべてマーケッターと思い込まれており、営業は、何もしなくても待っていれば当然目の前に出てくるはずの新製品ねだりである。

　しかしいま、どのメーカーの新製品開発担当者も困っていることがある。それは、いくら消費者調査をしても、消費者から明確な回答が出てこないということである。消費者に聞いても、ほとんどの人から「欲しいものはわからない」という回答しか返ってこない。つまり、ニーズが知覚されていないのである。現代の生活者は、ほどほどに自分の生活に満足しており、欲求や欲望が小さくなっている。反対に、購買に対しては、選択の幅が広がりすぎ、必需品の単品やモノを購入するということから、好き嫌い、個人の嗜好のレベルになっている。その結果、生活者自身が欲しいものがわからなくなってしまっているのである。そこで、生活者にいちばん近いところにいるマーチャンダイザーや営業の「プロの洞察力」が必要となる。

　従来の製品の組み合わせを考え直す。従来のカテゴリーの枠を飛び出して新たな組み合わせを模索する。社会の変化も生活者の意識の流れも、いままでとは違う視点でみる。ここで示した事例のように、企業のコーポレートブランドが受け入れられれば、強力なブランドとなる。そして、テスト導入と提案への消費者の反応をみるというステップを繰り返しながら、消費者がまったく気づきもしていなかった、新しい価値を発見し、創造することが可能となる。それはけっしてマーケッターだけの領域でなく、企業全体の価値実現営業である。

第4章　コラボレーションによるコーポレートブランドの新価値創造

　価値実現営業は、消費者が価値の受取人であり、全コストの負担者である。つまり、消費者に手渡されて、使ってもらって、はじめて製品は価値ある商品になる。消費者に買ってもらって、使ってもらって、食べてもらって、「あぁ便利だ！　あぁおいしい！」と感じてもらって、はじめて価値が生まれる。そこまでなって、ようやく企業の熱き思いが顧客に届くのである。マーチャンダイジングやセールスプロモーションは、マーケティングをけっして凌駕するものではないが、マーケティングだけが商品の価値を創造するものではなく、生活者視点をもって取り組めば、マーケッター以外でも新しい価値創造の力があることを、前章と本章で取り上げたコラボレーションの事例が如実に表わしていることを、理解していただけることと思う。

【謝辞】
　本章を作成するにあたり、2009年2月4日、象印マホービン株式会社の広報グループの西野尚至氏、美馬本紘子氏、粟津重光氏に、象印マホービン本社でインタビューのご協力をいただいた。この場を借りて心から御礼を申し上げる。
　また同じく、りそな銀行の藤原明氏にも、2009年2月27日前後に口頭とメールで取材をさせていただき、後日、「すいとう帖委員会」の各氏にも、藤原氏を通じてアドバイスをいただいた。この場を借りて心から御礼を申し上げる。

注
(1)　『業績の推移』象印マホービン株式会社HP（http://www.zojirushi.co.jp/corp/ir/gyoseki.html、2009年3月25日アクセス）。
(2)　『大阪 ガラス発祥之地』発祥の地コレクションHP（http://hamad.web.infoseek.co.jp/hass-col/tech/OsakaGlass.htm、2009年3月25日アクセス）。
(3)　『2005年04月29日（金）』RE!SUITOU HP（http://suitouchou.com/re‐suitou/index.php?ID=3、2009年3月25日アクセス）。
(4)　『ニュースリリース（2006/4/03）』象印マホービン株式会社HP（http://www.zojirushi.co.jp/corp/news/2006/0643/index.html、2009年3月25日アクセス）。
(5)　『2006年05月03日（水）』RE!SUITOU HP（http://suitouchou.com/re‐suitou/index.php?cID=4、2009年3月25日アクセス）。
(6)　『"茶事記"の目次』吉村紙業株式会社HP（http://www.yoshimura‐pack.co.jp/?cat=2&PHPSESSID=8bbfd50d14d9396ff38232fe55d06ad0、2009年3月25日アクセス）。
(7)　『ニュースリリース（2007/3/16）』象印マホービン株式会社HP（http://www.zojirushi.co.jp/corp/news/2007/070316/index.html、2009年3月25日アクセス）。
(8)　『ニュースリリース（2008/3/25）』象印マホービン株式会社HP（http://www.zojirushi.co.jp/corp/news/2008/080325/SYAKA2.html、2009年3月25日アクセス）。

(9) 『ニュースリリース（2008/5/08）』象印マホービン株式会社 HP（http://www.zojirushi.co.jp/corp/news/2008/080508/index.html、2009 年 3 月 25 日アクセス）。
(10) 『水口健次の戦略コラム』戦略デザイン研究所 HP（http://www.sdinst.co.jp/2007/0300.aspx?tab＝0、2009 年 3 月 25 日アクセス）。

参考文献
象印マホービン株式会社（2008）『暮らしを創る　象印マホービンの 90 年』。

参考 HP
すいとう帖委員会 HP（http://www.suitouchou.com/modules/nmblog/）
REENAL STATION HP（http://www.reenalstation.net/index.php）

第5章

企業とNPOの協働によるDIDタオルの開発

佐々木利廣

第1節 今治タオルと今治タオルプロジェクト

1. 危機に直面する今治タオル産業

　今治でのタオル生産は1894年にさかのぼる。地元今治で綿ネル業を営んでいた阿部平助が、たまたま大阪泉州を訪ねたさいにタオルに出会い、打出織機と呼ばれた手織機4台を買い入れてタオルの製造をはじめたのがはじまりといわれている。しかし打出織機は、効率が悪くコスト高であったことから、1910年には麓常三郎により、タオルを同時に2列織る機械が考案された。この麓式織機は、従来の打出織機に比べて効率もよく、少ない資本で創業できたことから、タオル製造を手掛ける事業者が急増した。

　1924年頃になると、高級なジャカード織りの今治タオルが生産されるようになる。さらに1956頃からは、コンピュータの導入により、生産額は急増する。1960年には、タオルケットの爆発的売れ行きによって生産量が伸び、今治タオルは大阪を抜いて日本一になっている。そしてピーク時の1985年には、生産量が4万7583トン、生産額が816億円となり、質量ともに日本一のタオル生産量を誇るまでになった。

　今治が日本一のタオル産地にまで発展した背景には、多くの先覚者の努力がある。今治商人という言葉があるとおり、今治の先覚者たちは新しいことにチャレンジする先取の精神と旺盛な事業意欲によって、これまでも多くのイノベーションを成し遂げてきた。たとえば、1912年に中村忠左衛門は、それまでのタオルを織り上げてから後で晒す方法の後晒タオルに代わって、先晒しの糸を部分的に染めた縞模様の大衆向けタオル（単糸先晒縞タオル）の生産をは

図表5-1　今治タオルの歴史

年	企業数(社)	従業員数(人)	織機台数(実台数)	四国シェア(%)	生産量(トン)	生産額(億円)	タオル輸入(トン)
1970	333	9,665	6,262		28,648		
1975	497	8,215	9,250		28,814	372	4,216
1980	481	7,073	8,859		37,660	579	8,513
1985	437	6,474	8,671		47,583	816	7,716
1990	390	6,533	8,111		48,710	706	16,674
1995	284	5,583	5,628		40,333	573	39,529
2000	219	4,237	4,009	56	27,309	388	58,918
2005	159	3,213	2,709	52	13,643	194	79,612
2008	140	2,730	2,257	50	10,276	146	80,378

出所：日本タオル工業組合「企業数・織機台数・生産・輸出入の推移」データを加工して筆者作成。

じめている。この先晒縞タオルによって、今治タオル工業発展の礎が築かれることになる。また、1924年には、旧愛媛県立工業講習所の菅原利鎌技師が、幾何学模様や華麗な色彩のタオルを織ることのできるタオル専用のジャカード機を考案している。さらに1950年代後半には、旧愛媛県染織試験場が、タオル織機の自動化に成功している。このように、革新的な企業家精神を受け継ぐ事業家によって、これまでさまざまな試みがなされてきた[1]。

しかし、90年代から中国をはじめとするアジア諸国からの安価な輸入タオルに押され、企業数・従業員数・織機台数・生産額も減少の一途をたどり、現在は厳しい経営環境に直面している。1985年には7716トンだったタオルの輸入量は、1990年に倍増した後も増え続け、2008年には8万トンの大台を超えるまでになった。最近の20年間で、ほぼ10倍増加した計算になる。2001年には、日本タオル工業組合連合会は、輸入急増による国内産業への重大な損害の防止をはかるために認められている緊急措置としての繊維セーフガードの発動を要請したが、これまで4回とも発動までにはいたっていない。

2008年時点で、今治タオルは、組合員数140社、従業員数2730人、組合員織機台数2257台、生産量1万276トン、生産額146億円で、全国生産の50％弱を占めている。しかし、企業数・生産額ともに、ピーク時の5分の1の規模

に減少している。1990年以降、企業数と従業員数が減少している背景には、生産拠点を人件費の安い中国に移転する動きが関係している。さらに90年代後半からは、輸入タオルに圧迫され、転業や廃業に追い込まれた事業者が増えていることも、原因のひとつである。

　こうした今治タオルが直面する危機の原因については、さまざまな要因が挙げられている。2001年に日本タオル工業組合連合会がまとめた報告書「タオル業界構造改善ビジョン——消費者視点に立ったタオル産業の再生に向けて」のなかでは、タオル業界の抱えている問題点が4つ提示されている。

①ギフト需要に支えられた構造に疑問を抱かない商品開発を続けた。
②問屋依存型の流通形態のなかに安住し、自ら売る努力を怠った。
③ライセンスブランドに依存し、自社ブランドの育成がおろそかになった。
④国内需要の活気に支えられ、海外市場から安易に撤退した。

　そして、今後のタオル業界がめざすべき基本目標として、「輸入タオルの激増、国内タオル市場の成熟による消費者嗜好の変化など、厳しい事業環境の変化の中で、その環境に適切かつ柔軟に適応し、競争力の回復を図るべく、ターゲットを中高級品タオルおよび脱・従来タオル製品に定め、消費者ニーズを的確に反映した商品を提供することで、国内市場及びアジア・欧米等の海外市場において顧客の強い支持を獲得できる消費者視点に立った生産・流通体制を構築することである」（日本タオル工業組合連合会，2001，p. 6）と述べている。

　こうした基本目標は、タオルメーカーが、自らの中核能力や経営風土に即して、「極タオル」「拡タオル」「脱タオル」路線を通じての差別化戦略を行なうことを意味している[2]。「極タオル」による差別化には、中高級タオルへの特化、ニッチ（すきま）製品市場への参入、短納期・多品種少量生産の徹底という方向、同業者間あるいは関連業者を巻き込んだ合併やグループ化の方向、海外生産に向けてのシフトという方向が考えられる。

　「拡タオル」戦略は、タオル事業に関連した介護用品、生活雑貨、アパレルなどの分野に積極的に進出していくという方向である。そして「脱タオル」戦略は、まさに多角化戦略であり、タオルに代わる事業を新規に開拓していくと

いう方向である。

この章で扱う、タオルメーカーの田中産業とドイツに拠点をもつ NPO ダイアログ・イン・ザ・ダークの協働による新しいタオルの開発の事例は「極タオル」路線であり、これまでタオル業界が見過ごしがちであったモノづくりの視点を、あらためて再認識することになった事例でもある。

2. 今治タオルプロジェクト

今治タオルの産地再興をめざすために、2006 年度から今治タオルプロジェクトがスタートしている。これは今治商工会議所が実施主体になり、四国タオル工業組合、今治市との連携により、今治タオルのブランド構築に向けたプロジェクトであり、経済産業省の JAPAN ブランド育成支援事業（JB 事業）にもなっている。2006 年度以降、クリエイティブディレクターとして佐藤可士和を迎え、年度ごとにユニークな事業を行なっている。佐藤は、今治タオルのブランド構築に対して、「単なるブランドマークを制作するのではない、現場の生の声を聴き、課題を見つけてこそ、はじめて将来なりたい産地イメージを象徴するマークが生まれる。でも、生まれたマークに命を吹き込むのは、僕ではなく産地の皆さんですよ[3]」と説明している。

これまで JB 事業は、今治タオルブランド推進委員会を中心に検討されてきた。また、産地全体で JB 事業に取り組み、愛媛県繊維産業試験場や関連業界との連携を深めるために、四国タオル工業組合内に 4 つの委員会を置くことになった。新製品開発委員会、人材育成委員会、輸出振興委員会、産地構造改革委員会の 4 つである。

まず 2006 年度には、産地全体で共有できるようなコンセプトを構築しながら、個別メーカー 3 社の協力による、新商品開発や展示会を行なうことが計画された。さらに、今治タオルの認知度を高めるために、産地全体の広報として、プロモーション活動を積極的に行なうことが挙げられている。このような事業計画のもと、まず実行に移されたのは、佐藤によるブランドマーク＆ロゴの制作である。ネーミングについては、ストレートでグローバルでデザイン的にも展開しやすいという理由から、「imabari towel」が採用された。また、独自の品質基準制度を導入し、2007 年 2 月 15 日にはプレス懇談会を開催している。

第5章　企業とNPOの協働によるDIDタオルの開発

　2007年度は、インテリアライフスタイル2007において、今治見本帳100を発表したり、デザイナーズコラボ商品の発表を行なっている。また、タオルソムリエ資格制度を新たに設け、9月には第1回ソムリエ試験が行なわれている。そして9月以降、伊勢丹新宿店で今治タオルを常設販売することになった。

　2008年には、4月と9月にそれぞれ第2回と第3回のタオルソムリエ資格試験が行なわれている。また、前年に続いて、インテリアライフスタイル2008において、ハイグレードな白いタオルを発表している。さらに、今治タオルメッセ2008を開催し、「今治生まれの白いタオル」「世界をつなぐ名入れタオル」「環境に優しいタオル」などを展示している。そしてこの年に、はじめてタオルマイスター制度を導入し、10月に4名のタオルマイスターを認定している。またこの年には、タオルの普及活動に関わる名誉タオルソムリエも8名に増加している。今後も、タオルソムリエ資格試験を継続的に実施しながら、国家資格と同程度の技術認定試験をもとに、タオルマイスターを認定していく予定であるという。

　こうした積極的PR活動が功を奏し、今治タオル産地の認知度は、ここ数年で急速に高まっている。四国経済産業局が行なった「四国地域における地場産業の知的財産活用方策に関する調査（2004）」では、「記憶が何となくある」（19.1％）、「今治は知っているが泉州は知らない」（9.0％）、「今治・泉州とも知っている」（8.5％）を合わせると、今治がタオルの産地であること知っている割合は36.6％であった。しかし、今治タオルプロジェクトの効果を調べるために今治商工会議所が行なった「タオルに関するアンケート調査報告書（2009）」では、「記憶が何となくある」（20.1％）、「今治は知っているが泉州は知らない」（18.5％）、「今治・泉州とも知っている」（11.6％）を合わせると、今治がタオルの産地であること知っている割合は50.2％に増加している。とりわけ、タオル産地として今治のみを知っている割合が、9％から18.5％に増加していることは、今治タオルプロジェクトの効果と考えることができる。

　「タオルに関するアンケート調査報告書（2009）」では、タオル産地「今治」の認知度以外にも、多くの項目を調査している。そのなかで、今後開発してほしいタオルとして、「吸水性の極めて高いタオル」（70.1％）、「肌触りが極めてやさしいタオル」（62.3％）、「すぐにふっくら感を取り戻すタオル」（42.1％）、

などが挙げられている。吸水性、肌触り、ふっくら感などを重視するタオルが求められていることがうかがえる調査結果である。しかし、タオルのもつ吸水性、肌触り、ふっくら感という要素は数値化できず、客観的データとして消費者に伝えることは難しい。後にDIDタオルを開発する田中産業の田中社長は、このあたりの事情を次のように述べている。

> わたしがこの業界に入って、タオル組合の青年部で愛媛県の繊維産業試験場なんかともいろいろやっていくなかで、たとえばタオルの柔らかさを表わす試験方法を考えようとかいろいろやっていたわけですが、なかなかそれは難しい。その弾力性を計ったりだとか、その摩擦で柔らかさを計ったりとか、そういういろいろな知恵をやっていたんです。でも、なかなかそれを数値として表わして、それが消費者にすぐにわかるようなものにはなかなかなりづらいというところです。やっぱりそういうのはちょっと難しいのかな、と思っていたところだったので、まあ一度あきらめていたんですよ。(田中良史インタビュー)

こうした背景のなかで、田中社長がダイアログ・イン・ザ・ダークの体験をすることが、新しいタオルの開発につながっていった。

第2節　ダイアログ・イン・ザ・ダークの活動

1. ダイアログ・イン・ザ・ダークの誕生[4]

　ダイアログ・イン・ザ・ダーク（DID）は、1989年ドイツで誕生した。発案者は、1955年ドイツのバーデンバーデンで生まれた哲学博士のアンドレアス・ハイネッケ（Andreas Heinecke）である。彼が南西ラジオに勤務していたときに、事故で失明した若きジャーナリストの教育係を担当することになった。そこで彼は、視覚障害者は健常者がもっていない可能性をもっていること、目が見えるがゆえに気づかなかったこともあることに気づかせられる。そこで彼は、視覚障害者の文化を知るためにフランクフルト盲人協会に移り、視覚障害者の社会参加を促進するプロジェクトを担当することになる。そして1988年

に、その協会で DID の原型ともなった試みを行なっている。それは、暗闇のなかにオブジェを置いて、触って鑑賞するというアイデアである。

このアイデアをもとに、1989年6月にフランクフルト美術館で初の DID を開催している。DID は、アテンドと呼ばれる視覚障害者のサポートのもと、8人1組でグループを組み、完全に光の遮断された暗闇の空間を進んでいくというプロジェクトである。ちなみに DID では、暗闇のなかで案内役をする視覚障害者をアテンドと呼んでいる。このプロジェクトは、視覚障害の疑似体験を通じて障害者に対する理解を深めるために企画されたものではない。まっくらななかでの対話（Dialog in the Dark）と呼ばれていることからもわかるように、年齢や立場や障害の有無を超えた、フラットでオープンな対話やコミュニケーションを重視することが目的である。

現在 DID は、ドイツ、イタリア、イスラエルで常設展示場を有し、フランス、イタリア、イギリス、アメリカ、ハンガリー、メキシコ、日本、ブラジル、韓国を含む25ヵ国で、130以上の一時的な展示会が開催されている。そして、ヨーロッパを中心に世界で600万人以上が体験している。

1989年の立ち上げ当初は、DID についてさまざまな誤解があったという。そして、つねに資金調達の問題に直面した。初期の頃は、政府の助成を受けたり寄付に頼る部分が大きかったが、しだいに自ら収入源を確保できるようになった。現在の収入源は3つあり、第1は展示会の入場料、第2は DID コンセプトをもとに海外で展示会を開催する場合のフランチャイズ料、第3は企業での教育や研修での利用料である。たとえば、ダイムラー・クライスラーや BMW の企業研修プログラムにも DID が活用されている。

DID の目的のひとつは、視覚障害者の社会参加であったが、創設以来6000人以上の雇用を確保できたという。DID の成功に続いて、ハイネッケ博士は、オーマ・コーエンとともに、聴覚障害者の雇用創造のための組織であるダイアログ・イン・サイレンス（Dialogue in Silence）を立ち上げている。フランクフルトとパリに続いて、イスラエル、メキシコ、スイス、香港、シンガポールなどでも同様の展覧会が開催されている。

2. DIDジャパンと日本での展示会

　日本では、DIDの展示会は、1999年にはじめて東京ビッグサイトで開催され、それ以降毎年のように開催され、3万6000人以上がDIDを体験している。DIDジャパン代表の金井真介がダイアログ・イン・ザ・ダークのイベントを知ったのは、1993年である。『日本経済新聞』1993年4月27日付夕刊の海外トピックスに、DIDのイベントが紹介されていたのを読んだことがきっかけである。その当時、商品開発のマーケティングやコンサルタントをしていた金井は、DIDプロジェクトの斬新な発想に衝撃を受けたという。それは、暗闇のなかでは、障害者＝助けられる側、健常者＝助ける側という立場が一瞬にして入れ替わり、両者が対等な関係をつくり上げるという点である。

　さらに、ハイネッケ博士が「暗闇は人を元に戻すメディアである」と表現したように、健常者にとっては、暗闇体験が視覚以外の感覚を呼び戻し、自分にもともと備わっていた五感を再認識する機会になる。それ以降、ローマでの実体験を経て、1999年11月2日から3日まで、日本での開催が実現した。はじめてDIDを知ってから、日本での開催までに7年近くが経っている。その当時は、欧州での拠点づくりが先で、日本での開催についてはハイネッケ博士の許可を得られなかったこと、日本でDIDの意義を理解してくれるスポンサー探しに苦労したこと、また当時はバリアフリーという言葉もなく、周囲の人の理解が得られず、障害者を見せ物にするとか、お化け屋敷と誤解されることもあったこと、などがその理由である。

　日本では、黎明プロジェクトというタイトルで、2日間東京ビッグサイトで開催されている。それ以降、毎年短期での開催を行なってきているが、2009年3月からは、東京青山ではじめて長期開催を行なっている。この展示会の具体的手順は、以下のようなものである[5]。

　ネットでチケットを予約した人は、まず受付で身分を証明するものを提示する。今回の開催では、定員8名で1日約20ユニットという設定である。入場5分前には、時計や装飾品など光るものはすべて外して、入口で自分の身長に合った白杖を選ぶ。簡単な説明の後、障害者のエスコートのもと、暗闇のなかでの約60分間の体験に入る。暗闇に入って木や枯れ葉を踏みつぶす感触を味わいながら進んでいくと、小鳥の鳴き声と小川のせせらぎの音が聞こえてくる。

第5章　企業とNPOの協働によるDIDタオルの開発

仲間一人ひとりが交代に手を携えながら、自分の手でその水の冷たさを体感する。そして垣根をくぐると、アテンドである視覚障害者の祖父の家という設定の縁側にたどりつく。その縁側に仲間8人が座り、奥の座敷のちゃぶ台の上にある果物、ランドセル、上履きなどを回していきながら対話をする。そこには2人乗りのブランコがあり、順番に乗るという体験も行なう。

　家を出て上り坂を上がると、今度は丸木3本の橋を渡るという経験をすることになる。そしてアテンド行きつけのバーという設定で、8人が輪になって座り、ドリンクを注文する。そのバーにも、もうひとりの視覚障害者のアテンドがいて、注文どおりまちがいなくドリンクを配り、ワインやビールをこぼさずに注ぐという離れ業をする。ここでも8人が暗闇のなかで乾杯し、ドリンクを飲みながら、仲間どうしで対話をすることになる。60分のイベントとしてはこれで終了であるが、実際の時間よりも短く感じる人が多いという。最後に眼を光に慣れさせることと、気持ちを落ち着かせるために、薄明かりのなかで仲間どうしが感想を述べ合う時間がある。スタッフのあいだでは、癒しの場と呼ばれているコーナーである。

図表5-2　ダイアログ・イン・ザ・ダーク・ジャパンの展示会場

出所：DIDジャパン提供。

　この展示会を通して体験者は、日常生活のなかで視覚に依存する部分がいかに大きいかを実感しながら、他方では視覚以外の聴覚、触覚、臭覚、味覚などの感覚の可能性を発見する。しかしその目的は、不自由さを体験する障害者疑似体験ではなく、何よりもアテンドを含めた仲間どうしのコミュニケーションの重要性を再認識することである。また視覚障害者が、暗闇のエキスパートとしてその時々に健常者をエスコートしてくれることの温かさを感じることである。

　DIDのコンセプトについては、完全な暗闇空間、グループでの活動、視覚障害者がサポートを務める、という3つの共通項目だけはユニバーサルで世界

共通である。しかし、それを具体化する方法は、その土地の文化や特徴を活かしたコンテンツを加味することが可能である。

　DID は、暗闇のなかでの展示や訓練を提供することで視覚障害者の雇用創造につなげるソーシャル・フランチャイジング企業（social franchising company）である。実際ハイネッケ博士は、2005 年にはアショカ財団のシニアフェローになっている典型的な社会起業家である。アショカ財団は、1980 年にウィリアム・ドレイトン（William Drayton）によってアメリカ・ワシントン DC で設立され、これまで世界 60 ヵ国、1800 人以上の社会起業家を支援している。アショカ財団は、革新的なアイデア、問題解決能力、社会起業家精神、倫理的感覚の 4 つの基準を満たした社会起業家を発掘してきたが、DID はこの基準を満たした革新的な試みである。そして DID ジャパンの金井真介も、「日本でもソーシャル・エンターテイメントという新しい領域を拓き、人と社会のあり方を新しくしたいと夢見ている」（金井，2009）と述べているように、新しいタイプの社会起業家といえる。

第 3 節　ダイアログ・イン・ザ・ダーク・タオルの開発

1. 仲介者を通じての両者の出会い

　ダイアログ・イン・ザ・ダーク・タオルの開発のきっかけは、田中産業株式会社の田中良史社長と、ダイアログ・イン・ザ・ダーク・ジャパン（DID）の金井真介代表が、共通の知人を通じて出会ったことからはじまった。共通の知人は、株式会社ワコールの国内グループ企業のひとつであるワコールアートセンター株式会社のチーフプランナー、松田朋春である。ワコールアートセンターは、ワコールの 100 ％出資の企業であり、文化の事業化をめざして東京・青山にオープンした複合文化施設スパイラルの事業運営管理を行なっている企業である。

　松田が今治の地域再生に関わる委員会のメンバーであったこともあり[6]、「実は、こういうおもしろいことがあるんだけど、一回体験をしてみないか」という松田からの提案で、2007 年 10 月に田中はダイアログ・イン・ザ・ダークのイベントを体験している。この体験の前に金井代表とも会っているが、そ

図表 5-3　DID タオル開発の過程

日時	各アクターの行動と出来事
1985	今治市が日本一のタオル生産量
1989	ドイツでダイアログ・イン・ザ・ダーク誕生
1999/11	ダイアログ・イン・ザ・ダーク・ジャパン第1回目開催（東京ビッグサイト）
2006/6〜	今治タオルプロジェクト開始
2007	田中良史代表取締役社長に就任
2007/10	田中社長ダイアログ・イン・ザ・ダークの体験
2008/6	ダイアログ・イン・ザ・ダーク・タオルをインテリアライフスタイルショーに出展し発売開始
2008/7	伊勢丹新宿店でダイアログ・イン・ザ・ダーク・タオル先行販売
2008	ダイアログ・イン・ザ・ダーク・タオルがグッドデザイン賞受賞
2009/1	タオルに関するアンケート調査報告書で今治タオル認知度増加

の時点では DID が NPO 法人として、最終的には視覚障害者の雇用をめざしている団体であるという認識はなかったという。たんに暗闇を体験するイベントを主催する団体ではないかという認識である。

そのときのイベントは、学校を探検しようというテーマで、改造した赤坂小学校校舎で2時間弱のあいだ、完全遮光の暗闇のなかではじめて会った7〜8人と一緒にさまざまな体験をするというものである。体育館に忍び込んでボール遊びをしたり、職員室に忍び込んで冷蔵庫のジュースを飲んだり、校庭に出て風を感じたりするなかで、「いままで視覚というものが自分の感覚のなかでいかに大きな影響をもっていたか、あるいは逆にいうと、邪魔をしていたかということと、五感のバランスが見ることに頼っていた部分を、ちょっとバランスをうまく直してくれるような感覚を受けた」（田中良史インタビュー）という。

DID の体験を通じて、田中はアテンドの鋭い触感や肌の感覚に尊敬と関心をもったという。そして、アテンドのスキルを社業に活かせないかという松田の声掛けもあり、DID との共同事業がスタートすることになる。しかし、共同事業の初期段階では、相手先ブランドで販売される製品の製造受注（OEM 受注）や自社企画の商品生産に、この共同事業の結果をフィードバックしてい

くことが目的であった。すなわち、自分たちのつくったタオルが本当に消費者に喜ばれるタオルかどうかの評価に協力してもらおうというレベルであった。そしてDIDには、開発費として謝礼を支払う予定であった。しかし、途中から話はどんどんと発展していき、肌触りのよい究極のタオルを共同でつくろうというレベルまでふくらんでいった。

　田中社長は、「NPO法人であるとか、ボランティア団体とか、そういうものにできれば関わりたくない。けっして奉仕が嫌だとかいうわけではないんですけども、何となく、近寄りがたいというか、あるいは近寄ったがために、時間とかお金を要求されるんではないか」(田中良史インタビュー)ということで、NPOとの協働については懐疑的であった。しかし、仲介者である松田の助言もあり、DIDとの協働を決断することになる。

　この決断の背景には、田中産業とDIDの両者が、協働へのメリットを認識していたことが大きい。DIDとしては、第1に、新しいタオルの開発に対して、視覚障害がプラスの価値を生み出すという認識である。さらに、将来的には常設の展示空間をつくることで、アテンドとして雇っている視覚障害者の安定雇用につなげたいという期待ももっていた。そのための事業収益源として、この共同開発を位置づけていた。

　他方、田中産業としては、その当時のモノづくりのジレンマの解消のきっかけになるのではないかという期待があった。前述したように、そのジレンマは、数値化できないタオルの情報を数値化しようとする試みである。これまで、タオルの良し悪しを測るために、吸水性や脱毛率などのタオル特性、耐光・洗濯・汗・摩擦などの染色堅牢度、破裂強さといった物性などの品質基準が使われていた。しかし、タオル本来の柔らかさ、風合い、拭き心地といったものを数値で表わして、消費者にもわかるようにすることは、非常に難しい作業であった。

　とくに、タオルを触らずに購入するネット販売やカタログ販売の比重が大きくなっているなかで、柔らかさや風合いの基準を消費者に示すことができないことへのジレンマに直面していた。こうしたなかで、なかばあきらめていたときに、DIDと出会っている。そして、DIDのアテンドと一緒に、タオルの拭き心地や触り心地など、いままで数値化できなかった部分をデザインしようと

第5章　企業とNPOの協働によるDIDタオルの開発

してはじめたのが、この共同開発である。

2. タオル・テイスティングとオリジナルタオルの開発

　最初に、20歳代から50歳代の男女合わせて10名のアテンドに、タオル・テイスティングを依頼している。ボランティアではなく、賃金を払って業務に関わってもらう形態である。10名の内訳は、視覚障害者8名（川端、新村、瀬戸、曽根、檜木、松村、森川、若菜）と、バースセラピストで五感ソムリエの志村季世恵、それに金井真介代表である。テイスティングの対象になったタオルは、風合いの異なる10種類のバスタオルである。テイスティングは、DIDのアテンドが名づけた言葉で、通常モニターテストといわれるタオルの味見のことである。

　テイスティングは、たんに10種類のタオルを机に並べて、触った感触を評価するのではなく、家にもち帰り、風呂あがりに体を拭いたあとに評価をしてもらうやり方にしている。また、一度使ったら洗濯をして、繰り返し最低10回程度は使い、毎回評価をしてもらうという方式をとっている。これは、タオルの風合いは洗濯によって変化する可能性があり、実際の生活に近いかたちでタオルの風合いを評価したいという意図からきたものである。アテンドのひとりとしてタオルのテイスティングに関わることになった檜木は、「アテンドとして新しいタオルの開発に関われたことについては、はじめての経験だったのですごくうれしかったし、やっているときはとても楽しかった」（檜木インタビュー）と述べている。

　次は、アテンドの評価をもとに、長所を伸ばし短所をなくす方法で究極の1つのタオルに絞り込むという段階である。すなわち、10種類のタオルのなかから評価の高いもの5種類に絞り、この5種類のタオルを最低10回以上使ってもらいながら、良いところを伸ばし悪いところを消していく作業を根気強く続けていく。開発当初は、1種類の究極のタオルに絞り込むという意図であったが、好みなどもあり、最終的に3種類のタオルに絞り込むことになった。好みに関しては、アテンドの多くが早い段階で好きなタオルを1種類に絞り込んでいるが、男性と女性で好みがかなり違っていたという。

　開発プロセスを通して、DIDアテンドの鋭くて独特の表現によるタオルの

評価を、最終的にモノづくりに落とし込んでいくのに非常に苦労している。たとえば、「このタオルは冷たいから嫌だ」とか「このタオルは癒される」という独特の表現をしている。また、タオルの吸水性に関して、データ上は同じ数字を示している2種類のタオルでも、「肌についている水滴がタオルに入っていく感じがいい」とか「吸われ方・拭かれ方がこっちのほうがいい」といった言葉で表現している。こうした言葉を具現化し、製品開発に落とし込むのは難しい作業であった。

　また初期の段階で、「これはいいはずだ」とか「これは市場で人気がある」という商品の評価が低かったり、逆にもとの素材はさほど良くないのに評価が高いということもあった。たとえば、最初の段階で、糸に撚りをかけずに織り上げた無撚糸のロングパイルのタオルやオーガニックコットンを使ったタオルに対して、アテンドは否定的評価を下している。もちろんアテンドに対しては、何のタオルであるかはまったくいわないで評価してもらっている。無撚糸のタオルにしてもオーガニックコットンのタオルにしても、原料綿の種類や加工の仕方によって品質や風合いは異なるけれども、これまでの常識とは違う評価がなされることが多かった。こうした戸惑いと反省について、田中は次のように述べている。

> 既存の概念で、市場がこうなんだからというのを抜きにして話ができたので、われわれも戸惑いましたけれども、結果的にはそれがよかったというか。われわれがあくまで、タオルってこんなもんだと、マーケットに押し付けていた分、いわゆるプロダクト・アウトしていた部分があるのかな。マーケティングを本当にしてこなかったのかな、という反省もありました。逆に、そこまでわれわれが技術をもっていたのに、それを正当にというか、正面からみていなかったのか。全部やったことがあることなのに、それをうまく組み合わせて、いちいちそのテストをして、という作業を、いままでしていなかった反省はあります。(田中良史インタビュー)

　逆に、アテンドとしてタオルの開発に関わった視覚障害者は、自分たちの常識的な感覚が、タオルメーカーにとっては新しい発見であったことに驚いてい

第 5 章　企業と NPO の協働による DID タオルの開発

図表 5-4　DID タオルとブランド下げ札

出所：田中産業株式会社提供。

る。視覚障害者のひとりである檜木は、「僕たちテイスティングをしたメンバーが集まって意見を集約をしたときに、自分たちのなかではごくごく普通な感じで、『あれ、ゴージャスな感じがしたよね』とか、『あのタオルはもふもふな感じ』、『ああ、わかるわかる』とかいっているけれども、それを伝えると、逆に驚かれることがあって、そのギャップがおもしろかった」（檜木インタビュー）と述べている。

　タオルの風合い以外の開発アイテムに関しても、アテンドの意見を参考にしている。まず、タオルのデザインについては、視覚障害者との共同開発であることを重視し、すべてのタオルを白の無地にしている。また、ブランドロゴの刺繍については見本を作成したが、刺繍部分の使用感が悪いというアテンドの意見もあり、ブランド下げ札のみになった。ブランド下げ札は、使用するときにはすでに取り外されているという前提で付けることになった。さらに、タオル本体に縫着するネームについては、タオルの使用感を極力損ねないような材質が選ばれた。

　Imabari Towel のネームは、今治タオルプロジェクトの一環であり、今治タオルのブランド発信に向けて作成されたものである。2006 年からスタートし、独自の認定基準に合格した最高品質のタオルであることを保証するネームである。しかし、このネーム自体が硬いこともあり、アテンドには不評で、取り付けを断念し、下げ札で対応している。

　パッケージについてもさまざまな案が出されたが、最終的にはマクドナルド

図表 5-5　DIDタオルのパッケージ

出所：田中産業株式会社提供。

のシャカシャカチキンのパッケージをイメージして、紙製のものが採用された。シャカシャカチキンのように、パリパリの袋のなかからフワッとしたタオルが出てくるのが、斬新でおもしろいというアテンドの意見が最も多かった。売り場では、紙に入れ、手に触れないまま売ることも考えたが、やはり感触が重要ということで、デパートではレジで袋に入れることにしている。アテンドとしては、黙って買っても家で紙を開けたときにはかならず満足できるタオルであることを強調したいという思いからの発想であった。

3. ダイアログ・イン・ザ・ダーク・タオルの製造過程

　一般にタオルの品質や風合いは、次の6つの要素で決まるといわれている[7]。①タオルに使う綿花の種類、②紡績、③糸のつくり方（糸加工）、④織り方、⑤後加工、⑥縫製、の6つである。まず、材料になる綿花の種類に関しては、数値で表わせる繊維の太さ（緯度）と、繊維の長短（繊維長）が関係する。この繊維の長短によって、超長繊維綿、長繊維綿、中長繊維綿、中繊維綿、短繊維綿の5種類に分類され、一般的に繊維長が長い綿が高級綿と考えられている。そして、最も高級な超長繊維綿は、全世界で年間に生産される綿花2000万トンのうちの0.5％程度だといわれている。エジプト綿や海島綿（シーアイランドコットン）もこの種類に属する。

　しかし、タオルに関しては、高級ブラウスに使用するような高級綿を使用したからといって、良い結果は得られなかったという。田中社長は、「ひとつの表現が柔らかいタオルといっているんですけれども、柔らかければ何でもいいというわけではない。今回、男女を含めて10人の開発メンバーの意見として、柔らかければいいという結果ではありませんでした」（田中良史インタビュー）と述べている。これは、高級綿を使った柔らかいタオルが好まれたかというと、

そうでもなかったことを表わしている。

　ちなみに、今回製品化したダイアログ・イン・ザ・ダーク・タオル3種類のうち、最もグレードの高いLargo（ラルゴ）は、アメリカ産綿花のなかで最高級といわれるピマ綿を使用している。またModerate（モデラート）は、エジプト産の最高級綿花である超長繊維のギザ88を主原料に使用している。そしてAllegro（アレグロ）は、アメリカ産のサンホーキン綿を主原料に使用している。もちろんタオルメーカーが糸をつくるわけではなく、すでに紡績会社にあるもの、さまざまな紡績会社をあたるなかで自分たちの希望の糸を使えたもの、定番の糸を少し改良してもらったもの、などがある。紡績会社のほうで新たにつくってくれたものもある。いずれにしても、自分たちの思い込みだけで紡績会社に注文することは、極端なロットの増加につながる可能性もある。

　糸をつくる紡績のなかでは、綿花のなかに含まれる夾雑物や、短い繊維を除去する工程として、カード工程とコーマ工程がある。紡績糸は、すべてカード工程を経ていて、コーマ工程は、さらに繊維の均一度を上げるための工程である。また、紡績の方法に関しても、リング紡績、空気紡績、さらには都築紡績の開発したTNS方式などがある。さらに、糸の番手や撚り回数も関係する。数字上は同じスペックでも、紡績会社や工場によって仕上がりに差が出てくることから、紡績会社の選定が大きなウェイトを占めていた。

　糸加工は、糸を染め、糊付けをする方法に関わる工程である。ダイアログ・イン・ザ・ダーク・タオルの場合は白の無地であることから、糸自体の色のまま生地を織っておいて後で白くすることも、先に糸を白くしておいてタオルを織ることもできる。どちらの方法をとるにせよ、最終的には同じ白いタオルができるが、糸染の有無によって風合いに差が生じたという。

　織りの段階では、タテ密度とヨコ密度、タテ糸とヨコ糸の太さや種類、パイルの長さなども、タオルの風合いに関係することになる。後加工については、糊抜きや不純物を洗い落すさいの洗い方や時間や温度、使用する薬剤の種類が影響するし、乾燥のために乾燥機に入れるときの方法や時間や温度によっても差が生まれる。最後の縫製の段階では、周りの縫製をするのにどのようなかたちのものをどのように縫製すればよいかが関係する。

　以上が、タオルの風合いや品質が決まる仕組みであるが、どの項目に関して

も、まったく新しい試みがなされたわけではない。これまでの染色の技術の蓄積、織り・加工技術の蓄積のなかで行なってきたことを、組み合わせただけである。この点について、田中社長は次のように述べている。

> 最終的にわれわれの結果として出たのは、声高にたとえば「世界初の」とか、「いままでになかった」というものはなくて、原料のことであるとか、糸のつくり方であるとか、原料にもいっぱいいろんな種類がありますよね。糸のつくり方にもいろんな種類があって、織り方にもいろんな種類があって。それを、これとこれとこれをこう組み合わせていけば、こういうタオルになったというかたちで、それぞれをみていくと、特別にいままでなかったような新しいことはないんです。だから、いままでうちがつくっていたそれぞれの工程を分けると、それぞれやっていたことなんですけれども、いままで、こうこうこうこう組み合わせて1つのタオルになったのが、これとこれとこれとこれを組み合わせたら評価が高かったとか。だから組み合わせ方の違いです。もちろん原料から吟味しましたけれども、結果的にはそういう結果だったんですね。(田中良史インタビュー)

そして幸運だったのは、田中産業が染色工場を系列としてもっていることから、染色まで一貫して、さまざまな試みをすることができたことであるという。

第4節　企業とNPOによるバリアバリュー商品の開発

ダイアログ・イン・ザ・ダーク・タオルは、2006年6月11日から13日まで開催されたインテリア・ライフスタイルという展示会で、「触る展示会」として公開された。そして、7月16日から伊勢丹新宿店で先行発売をしている。素材・織り方・加工の異なる3種類のタオル(ラグロ・モデラート・アレグロ)で、各タオルともバスタオルとフェイスタオルを揃えている。

販売は、店頭販売とオンラインショップが中心であるが、店頭販売に関しては伊勢丹新宿店と数ヵ所程度である。タオルの特性上、店頭での商品説明が不可欠であることから、売場そのものを限定せざるをえないという理由からであ

第5章　企業とNPOの協働によるDIDタオルの開発

る。ダイアログ・イン・ザ・ダーク・タオルがタオル全体に占める割合はまだ1％未満であるが、オンラインショップでの売上げと合わせると、現在までに当初の販売予想の10倍以上の売上げを出しているという。とくにリピーターが多いというのも特徴のひとつである。そして製品に対するクレームもゼロである。さらに2008年度にはグッドデザイン賞を受賞している。一方、DIDに対しては、2008年6月発売前に、テイスティング料、協力費として、アテンドに対して報酬を払っている。その後は、ダイアログ・イン・ザ・ダークをブランド商標ととらえ、販売価格の5％を、ブランド使用料としてDIDに支払っている。

　田中産業とダイアログ・イン・ザ・ダークは、この協働を通じて相互にメリットがあることを認識している。田中産業にとっては、触り心地や拭き心地といった風合いにこだわった良いタオルの商品化につながり、視覚障害者との共同開発という点での宣伝効果も得ることができた。ダイアログ・イン・ザ・ダークもまた、ブランド使用料収入によって視覚障害者の安定雇用という目標への第一歩を踏み出すことが可能になった。さらに視覚障害者もまた、企業との共同開発という経験を通じて、自らの優れた触感や感性を再認識するきっかけになった。

　この意味ではこのケースは、企業とNPOがWIN-WINの関係であったことを示している。しかし、最初からこうした関係が築かれたわけではない。視覚障害者の発する感性に満ちた言葉や文化を、企業内の言葉に置き換えることで共同開発につなげていくことは、かなり難しい作業である。しかし、たんに社会貢献の一環として関わるのではなく、ダイアログ・イン・ザ・ダークというNPOのもつ専門性を尊敬し、評価したことが成功の理由である。

　企業とNPOの協働という言葉からは、寄付というかたちでの金銭的支援、物品・場所・社員ボランティアの提供などの非金銭的支援をイメージしがちであるが、そうした関係は長続きしない。田中もDIDとの協働に関して、次のように述べている。

　　僕も視覚障害者を助けてやろうとか、ボランティアとか慈善事業としてやろうという気持ちはけっしてなくて、NPOだというのも後から知ったぐ

図表5-6　ダイアログ・イン・ザ・ダーク・タオル

出所：田中産業株式会社提供。

らいだし、そのDIDという活動が、実は視覚障害者の雇用安定のための団体だったのも知らなかったぐらいなので。本当にその魅力を感じて協力をお願いした。それがたまたまNPOだったし、裏側にそういう活動支援が別にあっただけで。だからお互いにプラスになるようなことをやらないと、そういう協力体制は成り立たない。（田中良史インタビュー）

さらに、田中産業とDIDによるタオル開発に対しては、バリアバリューデザインという評価がなされている。バリアバリューデザインは、ユニバーサルデザインについて積極的に発信している赤池学が命名した言葉である。障害者を社会的弱者の視点でのみとらえる福祉支援から、障害者のもつプラスの価値をモノづくりに反映した思想である。これまでのバリアフリーデザインが、障害者にマイナスになる部分を除くという視点であったのに対して、障害者のもつスキルや能力を活かした製品開発である点が特徴である。DIDタオルのような市場はニッチ市場ではあるが、今後ともこうした市場は成長していく。田中社長は、DIDタオル市場の今後について、次のように予想している。

ご存じのとおり、国内の繊維メーカーというのは、非常にいま、苦労しているんですよね。そのなかで、一般的にタオルといいながら、やはり売上げ的には苦労しているところがあって、そういう意味では使用者を限定したというか、未知なのだけれども、それはけっこう大きなものになってく

第 5 章　企業と NPO の協働による DID タオルの開発

図表 5-7　NPO の専門性を活かした企業との協働

時期	製品名	NPO	企業ほか	NPO の専門性
1999	エスローテ（立体格子状接触体回転円板）	APEX	積水アクアシステム（株）	途上国（インドネシア）の排水処理技術（田中直）
2000	バルーンシェルター	ピースウインズジャパン	（株）帝人テクノプロダクツ	現地に精通し建築のプロで技術に詳しい人材（今井弘）
2000	純米酒「円融」	環境保全米ネットワーク	（株）一の蔵	環境保全米の認定についての知識
2002	ノンフロン冷蔵庫	グリーンピース・ジャパン	松下冷機（パナソニック）	地球温暖化やノンフロンに関わる技術（松本泰子）
2004	玄関ドア「ピクシア」	ユニバーサルデザイン生活者ネットワーク	トステム（株）	ユニバーサルデザインについての理解
2007	GEL-COO ま	シビックメディア	（株）GEL-Design 札幌市役所 円山動物園	市民ジャーナリズム（杉山幹夫）
2008	DID タオル	ダイアログ・イン・ザ・ダーク・ジャパン	田中産業（株）	視覚障害者の豊かな感覚

出所：インタビュー調査をもとに筆者作成。

るものというのは、ひとつの市場としてはやはりあるのかなという気はしているのですよね。（田中良史インタビュー）

　図表 5-7 からもわかるように、ここ数年、NPO のもつ専門性を活かすような協働が、少しずつ現われている。たとえば、本書でも取り上げている NPO 法人シビックメディアの市民ジャーナリズムとしての専門性（第 7 章）、NPO 法人桐生地域情報ネットワークの地域情報に関する専門性（第 6 章）、なども同じケースである。そこでは、NPO の専門性を発掘し、企業との橋渡しをする戦略的架橋の役割が不可欠である。DID タオルの開発の場合は、ワコールアートセンターの松田朋春がその役割を果たしている。組織あるいは人が、戦略的架橋として機能するためには、その組織や人への正当性が他組織から得ら

れていること、架橋のために必要な能力をもっていること、組織内の支持が得られていること、が必要である。ワコールアートセンターの松田朋春は、戦略的架橋の役割を十分に果たしたといえる。

【謝辞】
　田中良史・田中産業社長（2009年1月31日）や、アテンドの檜木氏（2009年3月28日）には、長時間のインタビュー調査に応じていただいた。また、四国タオル工業組合からも資料を提供いただいた。なお、本研究の実施にあたり、科学研究費補助金基盤（c）（2）（19530368）の助成を受けた。

注
(1) 今治綿業の先覚者については以下のシリーズが詳しい。「四国開発の先覚者とその偉業：9 今治綿業の先覚者たち」『四国経済連合会会報』2007年6月号。
(2) 「極タオル」「拡タオル」「脱タオル」については以下を参考にした。「今治タオル産地の地盤沈下阻止に向けての緊急提言（要約）」いよぎん地域経済研究センター、2001年3月。
(3) 「平成18年度 JAPAN ブランド育成支援事業（今治タオルのブランド構築）かわら版」no. 1、2006年11月28日。
(4) ダイアログ・イン・ザ・ダークの誕生や発展については、主に以下の資料を参考にした。DIALOG IN THE DARK ホームページ（http://www.dialogue-in-the-dark.com/）、金井（2004; 2009）、「まっくら展覧会　インタビュー」『日経ヘルス』2006年10月、「特別座談会：DIALOG IN THE DARK」『月刊ニューメディア』2008年1月号。
(5) 2009年3月28日の筆者の体験をもとにしている。そのユニットでは、7人の参加者のうち3人がリピーターであった。
(6) 今治タオルプロジェクトの参加クリエーターは、総括コーディネーターが富山達章（有限会社インタープランニング）、ブランドイメージデザインとロゴデザインが佐藤可士和（株式会社サムライ）、新製品開発が名兒耶秀美（アッシュコンセプト有限会社）、鵜飼麻方（1101）、宮城荘太郎（宮城デザイン事務所）、ひびのこづえ（ひびのこづえ事務所）、松田朋春（株式会社ワコールアートセンター）である。松田朋春は今治タオルプロジェクトでも関わっている。
(7) 第2回タオルソムリエ研修会（平成21年2月3日東京会場）での田中良史の講演「感性価値の創造――視点を変えたモノ作り」での資料と講演録をもとにまとめた。

参考文献
今治商工会議所（2009）「タオルに関するアンケート調査報告書」。
金井真介（2004）『DIALOG IN THE DARK』特定非営利活動法人ダイアログ・イン・ザ・ダーク・ジャパン。
―――（2009）「暗闇人の温もり見えた」『日本経済新聞』3月11日付。
四国タオル工業組合（2006）「平成18年 JAPAN ブランド育成支援事業（今治タオル

のブランド構築」かわら版 no. 1-no. 4。
竹本豊（2004）「地場産業における空洞化検証とその対処方策――『戦意喪失型』企業群に焦点をあてて」『第16回研究集会報告集』広島大学地域経済システム研究センター。
日本タオル工業組合連合会（2001）「タオル業界構造改革ビビョン――消費者視点に立ったタオル業界の再生に向けて」日本タオル工業組合連合会。

第6章

NPOと企業の協働によるコミュニティ放送局設立

東　俊之

　本章では、NPOと企業とのコラボレーションによるコミュニティ放送局（コミュニティFM局）設立の事例を取り上げる。今日、地方分権化の進展や住民意識の向上によって、住民参加型の地域活性化が注目されるようになってきている。これまで、地域活性化やまちづくりの担い手は、主に行政であった。行政主導による地域振興がさかんに行なわれてきた。しかし、行財政の悪化や「小さな政府」化、地方分権化の推進により、地域運営を行政まかせにはできない時代になってきている。たとえば、田中豊治は、分権化社会の進展にともない、住民・行政・企業・NPO・個人などのさまざまな地域主体が複合化し、協働システムを構築することが、「まちづくり」にとって重要であると指摘している（田中, 1999）。

　さまざまな主体による地域活性化政策の一例として、コミュニティ・ビジネスが注目を集めている。「ビジネス」といっても、金儲けが主目的ではなく、地域の抱える問題を解決するために、地域住民が主体となり、ビジネスを通じてコミュニティの再生や活性化をしようとする事業が、コミュニティ・ビジネスである。

　コミュニティ放送局もまた、コミュニティ・ビジネスとしての側面をもつ。すなわち、地域情報や防災・災害情報の提供、また地域の問題解決に、重要な役割を果たしているといえよう。そして今日、政府の規制緩和やコミュニティ放送局の重要性についての認識の向上により、コミュニティFM局の開局が相次いでいる（金山編, 2007, p. 29)。1995年の阪神淡路大震災を契機として、コミュニティ・メディアの役割が見直されるようになり、地域情報の発信源としての役割が重視されるようになっているのである。

　当初のコミュニティFM局の多くは、行政が出資者として名を連ねる第3セ

第6章　NPOと企業の協働によるコミュニティ放送局設立

クター方式であったが、現在では、民間主導で開設されることが多くなっている（同上）。なかでも、2003年のNPO法人京都コミュニティ放送による「京都三条ラジオカフェ」の開局以降、NPO法人によるコミュニティFM局の運営が増えてきている。また、株式会社形態をとっているコミュニティFM局でも、NPO法人が開設から運営に直接参画している事例も多く見受けられる[1]。NPO法人が主体となって運営しているコミュニティFMは、既存の商業ラジオ放送とは異なる番組編成を行ない、また、第3セクター方式のコミュニティFMのような、防災や広報を中心とした放送とも異なる、独自のミッションにもとづいて番組づくりを行なっている。

しかし、多くのコミュニティFM局、とくにNPO法人が主体となるコミュニティFM局では、資金難によって経営的に苦戦している放送局が多い。そのため、株式会社形態で放送局を立ち上げ、地元企業や行政組織とNPO法人との協働によって事業が進められる場合も見受けられる。ここに、組織間コラボレーションの必要性が生まれている。

本章では、群馬県桐生市のコミュニティFM局「株式会社FM桐生」の開設におけるNPOと企業との協働を取り上げ、コミュニティ・ビジネスにおけるコラボレーションの要因を探っていきたい。

第1節　コミュニティ・ビジネスとコミュニティFM

1. コミュニティ・ビジネスとは

地域コミュニティの疲弊が叫ばれて久しい。そのなかで、地方分権化の進展や住民意識の向上によって、住民参加型の地域活性化が注目されるようになってきている。これまでの行政主体の地域活性化ではなく、市民が主体となり、ビジネス手法を用いて、地域が抱える課題を解決し、地域の活性化を実現しようとする活動がさかんになってきている。こうした活動は、コミュニティ・ビジネスと総称されている。

コミュニティ・ビジネスについて、金子郁容は、「コミュニティに基盤をおき、社会的な問題を解決するための活動であり」、その特徴を「ミッション性」「非営利追求性」「継続的成果」「自発的参加」「非経済的動機による参加」であ

図表6-1　定款に記載された特定非営利活動の種類(複数回答)2008年12月31日現在

号数	活動の種類	法人数	割合(%)	(参考)H20.09月末比増加数
第1号	保健・医療又は福祉の増進を図る活動	20,098	57.8	317
第2号	社会教育の推進を図る活動	16,705	46.0	314
第3号	まちづくりの推進を図る活動	14,805	40.8	309
第4号	学術、文化、芸術又はスポーツの振興を図る活動	11,917	32.8	263
第5号	環境の保全を図る活動	10,304	28.4	202
第6号	災害救援活動	2,331	6.4	36
第7号	地域安全活動	3,589	9.9	63
第8号	人権の擁護又は平和の推進を図る活動	5,664	15.6	113
第9号	国際協力の活動	7,125	19.6	127
第10号	男女共同参画社会の形成の促進を図る活動	3,048	8.4	40
第11号	子どもの健全育成を図る活動	14,697	40.5	296
第12号	情報化社会の発展を図る活動	3,151	8.7	70
第13号	科学技術の振興を図る活動	1,698	4.7	45
第14号	経済活動の活性化を図る活動	4,698	12.9	142
第15号	職業能力の開発又は雇用機会の拡充を支援する活動	6,616	18.2	211
第16号	消費者の保護を図る活動	1,982	5.5	53
第17号	前各号に掲げる活動を行う団体の運営又は活動に関する連絡、助言又は援助の活動	16,602	45.7	328

注1：1つの法人が複数の活動分野の活動を行なう場合があるため、合計は100%にならない。
注2：第12号から第16号までは、改正特定非営利活動促進法施行日（平成15年5月1日）以降に申請して認証された分のみが対象。
出所：内閣府『NPOホームページ』(http://www.npo-homepage.go.jp/data/bunnya.html、2009年3月31日アクセス）。

第6章　NPOと企業の協働によるコミュニティ放送局設立

ると指摘している（金子，2003，pp. 23-24）。こうしたコミュニティ・ビジネスがもつ特徴は、そのままNPO法人の特徴と重なっている[2]。換言すると、コミュニティ・ビジネスとして有効性を発揮できる分野は、そのままNPOが活躍する領域であるといえ、そして、NPO法人がコミュニティ・ビジネスの主たる担い手であるともいえる。また、1998年に施行された「特定非営利活動促進法」（いわゆるNPO法）によって定められている特定非営利活動のなかにも、「まちづくりの推進を図る活動」が含まれており、また、同活動を活動分野と定めるNPO法人は、2008年12月現在で全法人の40％を超えている（図表6-1参照）。NPO法人として、地域活性化を目的とする場合が多いのである。

　しかしながら、NPO法人がすべての活動を担うには限界がある。ヨーロッパでは政府による支援体制（パートナーシップ体制）が整っているが（雨森，2007）、欧米に比べてわが国では不十分である。財政的安定を確保することは、NPOの存続にとって不可欠であるが、実際はNPO法人として活動するうえでの最大の難問が資金の確保となっている[3]。そこで、よりコミュニティ・ビジネスを円滑に展開するために、NPO法人、企業、行政、あるいは社会福祉法人や宗教法人などの他の非営利法人などとの、マルチセクター間でのコラボレーションが必要となってくる。

2. コミュニティ放送局

　昨今、コミュニティ・ビジネスのひとつとして、コミュニティ放送局に注目が集まっている。とくに、1992年に制度化された超短波放送用周波数（FM）を使用し、地域（コミュニティ）に密着した情報を提供するコミュニティFM局への関心が高まっている。1992年、北海道函館市に、「FMいるか」がコミュニティFM局の第1号として開局して以来、政府の地域情報化政策推進と相まって注目を集めており、2009年4月2日現在では227局が放送を行なっている[4]。

　コミュニティFM局の役割として、金山智子が「地域情報の提供、防災・災害時の情報伝達、地域の活性化、まちづくりといった目的を地域密着型のメディアとして果たしてきた」（金山編，2007，p. 191）と指摘するように、コミュ

ニティFM局はコミュニティの問題解決の一翼を担っている。コミュニティFM局の活動特徴として、「災害放送」「地域密着」「市民参加」が挙げられるが、とくに、阪神大震災や新潟中越地震、台風や水害といった自然災害時に、災害情報の提供媒体としてコミュニティFM局が果たした役割は大きく、コミュニティFM局としても災害放送を重要視している。また、災害情報の提供媒体として、コミュニティFM局の重要性が広く社会に認識されるようになっている。

　制度化された当初は、放送免許の許可は厳しく制限されていた。民間放送局の開局資格をもち、地方自治体が出資する第3セクター方式を含む株式会社に限定されていた（同上，p. 161）。しかし、1998年12月に特定非営利活動促進法（NPO法）が施行されて以降、日本においてもNPO活動が注目されるようになり、コミュニティFM局の運営主体として、NPO法人が許可を受けた。それが「京都三条ラジオカフェ」である。それ以降、NPO法人が運営するコミュニティFM局は数を増やし、2009年4月現在では12局が放送している。また、株式会社の形態をもちながら、実質的にはNPO法人が大きく運営に関わるコミュニティFM局も多い。こうしたNPO主導のコミュニティFM局は、「様々な活動を展開している市民活動団体が放送というツールを利用して、自身の活動のアウトプットを積極的に行っている」（深尾，2005，p. 91）という特徴をもつ。NPOは、社会貢献活動を通じての社会的な問題の解決が、その目的である。換言すれば、事業それ自体が目的であり、その目的に沿ったかたちで組織が形成される。すなわち、ミッション（使命）を実現するために設立された組織がNPOであるといえ、その問題解決のための有効なツールが、コミュニティFM局であったといえよう。

　このように、コミュニティFM局は今後も増加すると考えられる。しかし、コミュニティFM局は、厳しい経営状況にある（金山編，2007，p. 32）。運営費の大半である広告やスポンサー収入の単価が県域ラジオと比べて低く、他のローカルメディアとの競合環境のなかで、継続的にスポンサーを確保することは容易ではない。とくにNPO法人が運営するFM局は厳しい状況である。NPO法人の特徴から、たとえば出資の制限などによって基本的な経営資源の入手に制約が課せられ、また、前述したように、特定の社会的使命をもつNPOは、

そのミッションの範囲内で活動することが求められる。その結果、株式会社形態のコミュニティFM局よりも、活動展開が制限されている。

実際には、NPO法人として開局をめざしていたが、経営的な不安定さから株式会社として放送局を立ち上げ、運営面をNPO法人が担当するというケースも見受けられる。しかし、NPO法人が単独で株式会社法人を立ち上げるには多くの困難をともなうのである。こうした困難克服のためには、地元企業や行政との協働が必要になると考えられる。

そこで、次節以降では、実際にコミュニティFM局を企業との協働によって立ち上げ、運営をNPO法人が担っているケースを取り上げ、コミュニティFM局におけるNPOと企業のコラボレーション、さらにはコミュニティ・ビジネスにおけるコラボレーションを検討したい。

第2節　コミュニティ放送局——FM桐生

1. 桐生市の現状とFM桐生

群馬県桐生市は、関東平野の北端、群馬県の東部に位置し、桐生織などの繊維産業で栄えた都市である。しかし、繊維産業の衰退や、少子高齢化など地方都市の抱える問題が、バブル崩壊後に顕著になってきた。とくに、他の地方中小都市と同様に、中心市街地の衰退が激しく、商店街はシャッターを閉ざしたままの空き店舗がめだつようになっている。

そのなかで、中心市街地の商店街の一角に、コミュニティ放送局が2007年7月に開局した。これが株式会社FM桐生である。FM局を通じて地域活性化をめざした事業展開を行なっている。FM桐生は、以下の地元の優良企業9社が出資し、市民参加型のコミュニティ放送局をめざしている。

発起人としての9社
　・桐生瓦斯株式会社
　・株式会社ミツバ
　・株式会社両毛システムズ
　・桐生信用金庫

図表 6-2　FM 桐生の概要

```
商　号：株式会社 FM 桐生
設立日：2007年1月24日
代表者：代表取締役　塚越 紀隆（桐生瓦斯株式会社　代表取締役）
資本金：4700万円
所在地：群馬県桐生市本町5丁目365番地1桐生ガスプラザ3F
呼出符号（コールサイン）：JOZZ3BN-FM
周波数：77.7MHz
送信出力：20W
送信所：群馬県桐生市仲野3丁目6番32号　桐生ガス本社屋上
演奏所：群馬県桐生市本町5丁目365番地1桐生ガスプラザ3F
放送エリア：桐生市街地周辺地域
```

・豊田産業株式会社

・小倉クラッチ株式会社

・株式会社山田製作所

・合資会社オリエンタル

・メディアランド・ウィング株式会社

　そして、「みんなで作るFM桐生」をテーマに、「情報を発信したい市民が、同じ思いを持つ方々と一緒に番組を作って放送してください。私たちは、皆さんが情報を発信しやすくなるような仕組み作りや、そのサポートを担い、皆さんのお手伝いをしてゆきます」というコンセプトを打ち立てて活動を行なっている。

　このコミュニティ放送局の特徴として、地元桐生市にある企業が出資者となり、「特定非営利活動法人（NPO法人）桐生地域情報ネットワーク」が運営主体となっていることが挙げられる。一般に、企業と行政が共同出資している第3セクター方式のコミュニティ放送局が多いが、FM桐生においては、行政（群馬県や桐生市）はラジオ番組を提供するユーザーにすぎない。また、大手新聞社や放送局も、出資者には名を連ねていない。こうしたことによって、行政や大手マスコミから独立した番組づくりが可能となり、自立した番組づくりが行なわれいる。

　そして、「みんなで作るFM桐生」を実現するためのいくつかの「仕掛け」

第6章　NPOと企業の協働によるコミュニティ放送局設立

図表6-3　FM桐生番組表

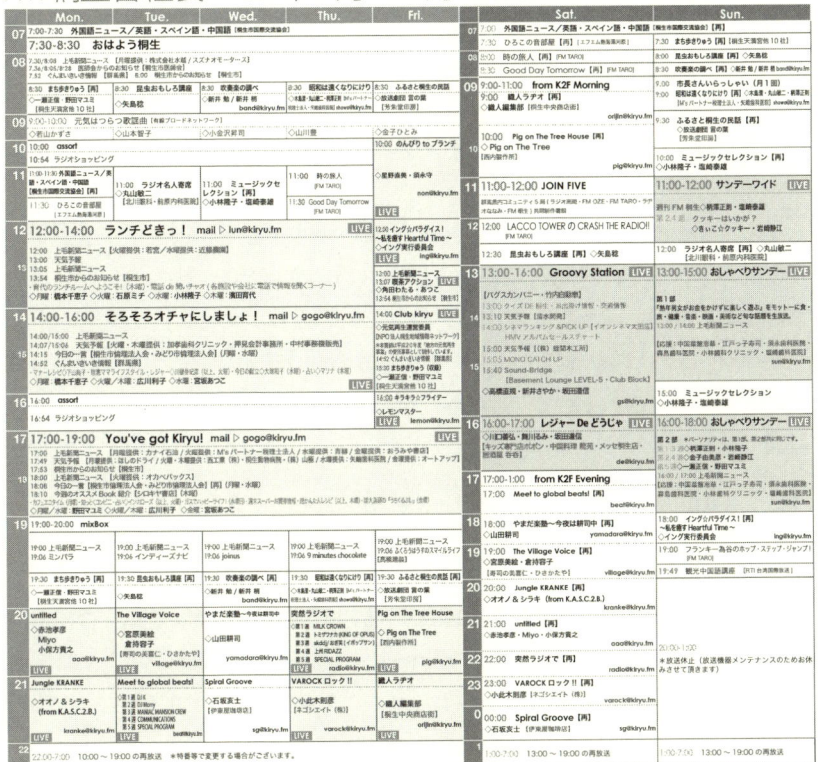

を行なっている。まずは、「市民が自ら発信する番組の放送」である。放送時間を開放し、市民が自由に情報を発信できるようにしている。番組の特徴として、他のコミュニティFM局と比較しても生番組が多く、FM桐生オリジナル作成の番組も多い。とくに、桐生地域の文化や歴史、自然を取り上げた番組を数多く制作している。

そして、通信と放送の融合、さらには既存メディアとの連携により、多くの市民を巻き込んだコミュニティの活性化を計画している。ブログやソーシャル・ネットワーキング・サービス（SNS）、ポッドキャスティングなどを駆使し、メディアミックス型のラジオ局をめざしている。FM桐生は、市民が情報

を発信できるひとつの「場」であると考えられている[5]。

前述したように、FM 桐生は地元桐生市の優良企業 9 社が出資者として名を連ねているが、このなかには、大手放送局や新聞社などの既存メディアは含まれておらず、群馬県や桐生市といった行政組織も含まれていない。その FM 桐生の中心的役割を担っているのが「特定非営利活動法人　桐生地域情報ネットワーク」（以下、NPO: KAIN と表記）である。この NPO が中心となって FM 事業を運営している。

そして FM 桐生は、資金提供を超えた NPO と企業のコラボレーションを実現している。とくに、桐生ガス株式会社（以下、桐生ガスと表記）は、FM 桐生の起業から運営にいたるまで、積極的に関わっている。

FM 桐生のケースを詳細に分析するために、NPO: KAIN と桐生ガスについて、それぞれ検討する。そして、地域活性化の手段としてのコミュニティ放送局の開設に関わる、NPO と企業とのコラボレーションの成功要因を明らかにしたい。

まずは、NPO: KAIN の活動に注目しよう。

2. NPO の活動──特定非営利活動法人　桐生地域情報ネットワーク

「特定非営利活動法人　桐生地域情報ネットワーク」（NPO: KAIN）は、情報化を通じての群馬県桐生地域のまちづくりを主目的として設立された NPO 法人である。NPO: KAIN は、歯科医である塩崎泰雄ら数名を中心に、1984 年、愛するまち桐生を残そうという思いから設立された企画集団「渡良瀬クラブ 21」からはじまっている。その後、1985 年には、パソコン通信ネットワークである「渡良瀬ネット」の運用を開始し、1994 年には、1500 人もの会員数を有する北関東一のパソコン通信ネットワークへと発展した。さらに、任意団体「桐生広域インターネット協議会」（1995 年）を経て、2001 年に NPO 法人格を取得し「特定非営利活動法人　桐生地域情報ネットワーク」へと発展している。

主たる活動としては、パソコン通信やインターネットの普及活動、ホームページの作成などであった。現在では、NPO 法人として「情報化を通してひとづくり・まちづくり・お手伝い」を活動目標に、①IT の普及啓発活動、②文化歴史の蓄積発進、③情報インフラの環境整備の提言と実践、という 3 つの柱

第 6 章　NPO と企業の協働によるコミュニティ放送局設立

図表 6-4　特定非営利活動法人　桐生地域情報ネットワーク　年表

昭和59（1984）年	「渡良瀬クラブ21」：まちづくり企画集団として誕生
平成7（1995）年	任意団体『桐生広域インターネット協議会』
平成13（2001）年	「特定非営利活動法人　桐生地域情報ネットワーク」
平成16（2004）年	有限会社ブレス設立
平成18（2006）年	八丁ヤーン株式会社設立
平成19（2007）年	株式会社 FM 桐生設立

から、多岐にわたる活動を行なっている。

　こうした活動の根源にあるのが、「コミュニティ・プラットフォーム」と「コミュニティ・アーカイブス」という概念である。コミュニティ・プラットフォームとは「NPO などの『新たな活動の場』」（塩崎, 2002）であり、公民館や図書館といった既存施設などのハード面と、町内会や PTA といった市民団体などのソフト面を有効に活かすため、また「生活者の顔の見えるサイズの空間領域で人間関係を復活する」（同上）ために、IT を応用して構築された「新しい隣組」である。そして、「地域固有の文化・歴史・人物・産業・環境などあらゆるものを後世に残し伝え、町の文化遺伝子を大切にする心や思想を、高齢者や体験者から聞き取り、それを編集・蓄積するプロセスから醸成する作業そのものを『地域の文化遺伝子の蓄積』（コミュニティ・アーカイブス）」（同上）と定義し、活動している。

　具体的には、以下のような活動を行なっている（塩崎, 2005, および塩崎インタビュー）。

〈地域文化・歴史の保全蓄積発信事業〉
- ミレニアムプロジェクト（平成13年度事業）
- 新あすへの遺産（桐生市老人クラブ連合会、群馬大学学生との協働事業／平成14～16年度事業）
- 八丁撚糸機保存会（平成16年度事業）
- 高齢者が伝える食の知識『粉食と山野草』事業

〈情報化に関する事業〉
- まちなか情報サロン『ファイバーカフェ』

・各種パソコン教室
　・『織人』発刊
　・P2Pコンソーシアム
　・愛・地球博覧会
　・FM桐生
〈インキュベーション事業〉
　・群馬県若年就職支援センター東毛サテライト
　・文化の芽・市民レポーター育成事業
　・地元の元気再生事業（内閣府／平成21年度）
　・にっぽんe物産市（経済産業省／平成21年度）
　・群馬大学工学部JSTプロジェクト（脱温暖化と未来の街きりゅう構築プロジェクト）参加

　NPO: KAINの活動の特徴として、多くが他組織との協働によって行なわれていることが挙げられる。たとえば、「新あすへの遺産プロジェクト」は、桐生市老人クラブ連合会、群馬大学学生らとの協働で進められた。こうした協働を可能にしているのが、「『弱さ』を武器とした連携による智の集積・派生・発火」（NPO: KAIN提供資料）である。すなわち、NPO: KAIN自らがすべてを成し遂げようとするスタンスではなく、自らの「弱さ」を認め、他者の協力を求めようとする姿勢が、新たな協働活動の礎になっている。自分たちだけで問題を解決しようとするのではなく、周りからの智恵を活用することによって成長しているのである。さらに、このようにして団体間や個人間に信頼関係が生まれることにより、人的ネットワークが形成され、新たな活動展開が可能となっている（図表6-5参照）。
　一方で、前述したように、財政的安定を確保することはNPOの存続にとって不可欠であり、最大の難問である。財源確保の方法のひとつとして、NPO本体とは別に収益法人を立ち上げるNPO法人が増えてきている。NPO: KAINでも、2004年に有限会社ブレス、2006年に八丁ヤーン株式会社を立ち上げている。企業設立のねらいとして、NPO: KAIN代表の塩崎は「財源の枯渇が一番の悩みですので、設立した会社が稼いでくれたらその一部を、NPO: KAIN

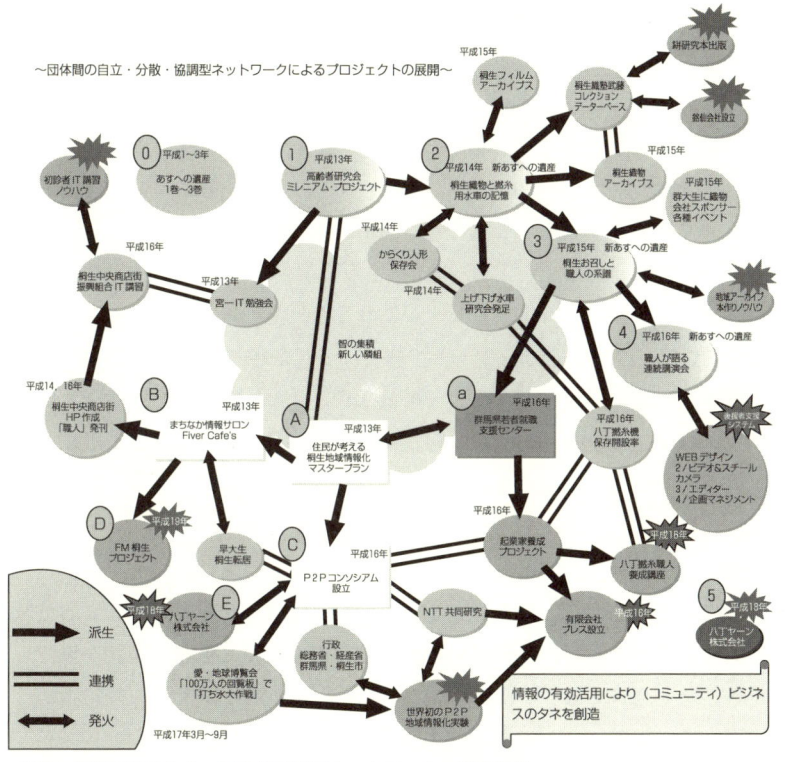

第 6 章　NPO と企業の協働によるコミュニティ放送局設立

図表 6-5　「弱さ」を武器とした連携による智の集積・派生・発火について

〜団体間の自立・分散・協調型ネットワークによるプロジェクトの展開〜

出所：非営利活動法人　桐生地域情報ネットワーク、提供資料。

の運営資金に当てて、安定した運営を考えています」(塩崎泰雄インタビュー)と述べている。

そして 2007 年 1 月に、株式会社 FM 桐生が、桐生地域に所在する企業 9 社の出資によって設立され、運営を NPO: KAIN が担うようになった。NPO: KAIN にとって FM 桐生は、これまでの活動 (「地域文化・歴史の保全蓄積発信事業」と「情報化に関する事業」) の延長線上に位置づけられている。NPO: KAIN のもつミッションを実現するための手段として、コミュニティ放送があるといえる。また、収入源を確保するためにも重要であると考えられる。

FM 桐生における NPO: KAIN の主な役割は、番組の製作ならびに管理である。FM 桐生と NPO: KAIN とは、番組制作の業務委託というかたちでつなが

っている。FM桐生は、株式会社として放送免許・放送システム・スタジオなどの場所を有しているだけであるという。「ハードを備えた『FM桐生』とコンテンツを提供する『NPO桐生』〔NPO: KAIN〕という役割」(NPO: KAIN 提供資料)がかたちづくられている。また、番組制作の一部をアウトソースするかたちで、関連企業ともNPO: KAINがつながりをもっている。さらに、これまでのNPO活動でつちかってきた人的ネットワークを、番組コンテンツづくりでも有効に利用している。たとえば、「新あすへの遺産プロジェクト」で協働した桐生市老人倶楽部連合会は、FM桐生の番組制作にも協力している。

FM桐生と平行して、NPO: KAINが中心となって、ポータルサイトの運営を行なっている。前述したように、FM桐生はラジオ放送だけでなく、並行的にネットコミュニティを運営することにより、より市民が参加しやすいコミュニティ放送局になることをめざしている。そのコミュニティ運営ならびにコンテンツ提供を、NPO: KAIN が担当している[6] (図表6-6参照)。

3. 企業の参画——桐生ガス

すでに述べたように、FM桐生はNPO: KAINが中心となり運営にあたり、地元企業9社が出資者として参画している。そのなかで中心的役割を果たしているのは桐生ガスである。以下では、FM桐生における桐生ガスの参画について検討してみよう。

桐生地域の都市ガス事業会社である桐生ガスは、大正14年に設立された。現在、群馬県桐生市を中心に、近隣のみどり市(笠懸・大間々地区)、太田市(薮塚・大原地区)に都市ガスを供給している。

10年以上前に、地方のガス会社がケーブルテレビに参画することが流行した。ガス事業とケーブルテレビ事業の双方ともに、政府からの許認可事業であり、また地域密着型事業であることから、多くのガス会社がケーブルテレビ事業への参画を検討した。その頃、実際には事業化しなかったものの、桐生ガスも計画にはあがっていた。それとともに、FM局事業も検討されたが、これも事業化にはいたらなかった。

しかし、地域貢献、地域活性化のための方法を、桐生ガスは模索し続けていた。そのなかでコミュニティFM局が計画される。2003年頃、NPO: KAINの

第 6 章　NPO と企業の協働によるコミュニティ放送局設立

図表 6-6　FM 桐生の運営体制

FM桐生の運営体制

ハードを備えた「FM桐生」＆コンテンツを提供する「NPO桐生」という役割。

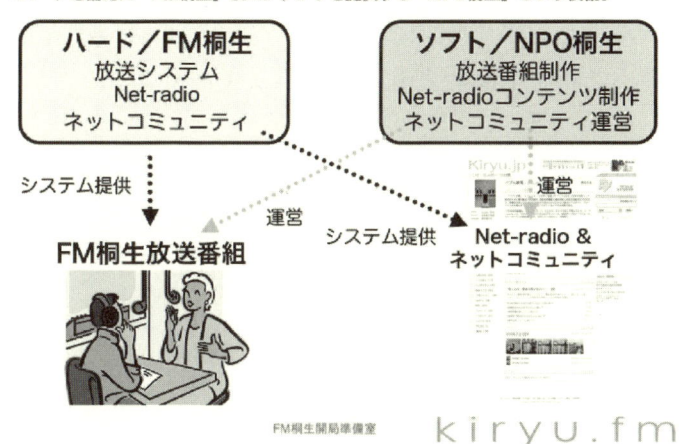

ハード／FM桐生
放送システム
Net-radio
ネットコミュニティ

ソフト／NPO桐生
放送番組制作
Net-radioコンテンツ制作
ネットコミュニティ運営

システム提供　　　運営　　　システム提供

FM桐生放送番組　　　Net-radio ＆ ネットコミュニティ

kiryu.fm

出所：非営利活動法人　桐生地域情報ネットワーク、提供資料。

　代表である塩崎と桐生ガス社長である塚越紀隆との何気ない会話のなかで、塚越から「『まちのために、何か楽しいことができるといいね』という話があり、それが〔FM 桐生の〕始まりだった」（塩崎，2006）という。桐生ガス側からすると、社会・地域貢献活動の一環として、コミュニティ放送局事業が位置づけられるかもしれない。また、桐生市の中心商店街内に所有する「桐生ガスプラザ」の活用方法を模索しており、桐生ガスプラザ内にスタジオを設置することで利用が進むことも、事業化を後押しすることとなった。くわえて、ガス会社が FM 事業を行なうメリットとして、災害時の非常放送として利用できることが挙げられる。コミュニティ放送局を活用することにより、実際に地域が必要とする情報を的確に提供できる。たとえば、地震などでガス供給が停止した場合に、該当地域にいち早く情報を提供することができるだろう。桐生ガスにとっては、既存のガス事業を支援するための事業として、このコミュニティ放送局は有効であったのである。

　しかし、最大の推進力となったのは、やはり地元桐生に対する「熱い思い」

ではないだろうか。桐生ガスの社是には、創業時より「地域貢献」がうたわれていた。都市ガス事業は「地場産業」の最たるものである。ガス供給設備をもって他地域に移ることは当然できない。「地場とともに生きる。地域が活性化しないとダメ」(桐生ガス社長・塚越紀隆インタビュー)という価値観が、組織内に形成されていたと考えることができる。企業による地域貢献を超えた積極的な活動は、こうした素地があったからこそ生まれたといえる。

　また、社長の塚越は、学生時代と桐生ガスに入社後の10年くらい桐生を離れて、あらめていい町だと思うようになったという。故郷があることのすばらしさを感じたようである。だが、他の地方都市と同様、旧市街地の空洞化が進み、桐生の中心地でも空き店舗がめだつようになっていた。実は、現在FM桐生のスタジオとして使われている桐生ガスプラザも、もとは都市銀行の支店であった建物である。銀行撤退後、空き店舗だった建物を何とか利用しようと考え、桐生ガスプラザが誕生した。こうした活動からも、桐生に対する熱い思いを感じることができる。

　桐生ガスは、たんなる出資者という立場を超えたFM桐生との関係をもっている。たとえば、FM桐生の代表取締役は、桐生ガス社長である塚越紀隆が務めている。また、桐生ガスが中心となり、信頼できる地元会社を出資者として募っている。桐生内の優良企業の経営者ネットワークを利用し、発起人を集めている。そして、2～3年後にFM桐生が事業として安定し、独り立ちできるようにサポート活動を行なっている。資金面での援助だけでなく、人づくりの側面にも支援するようである。桐生ガスは、けっして、FMから利益を得ようと考えているわけではない。地域に継続して必要だと考え、桐生市の活性化につながると考えたからこそ、コミュニティFM局の立ち上げに参画したのである。

　このように、FM桐生に出資した9社のなかで、桐生ガスがとくに積極的にFM桐生に関わりをもっている。コミュニティ放送事業は、桐生ガスが一方的に事業を考えていたわけでなく、またNPO: KAINが協力を求めてきたわけでもない。いわば、両者の思いが重なって、「自然発生的」に誕生したのである。

第3節　ミッション共有と信頼醸成からはじまるコラボレーション

　以上、FM桐生を通じて、NPOと企業のコラボレーションによる地域活性化の事例を紹介した。では、われわれはこの事例から、何が学べるのであろうか。はじめにNPO: KAINと桐生ガスとの関係を時系列的に追いながら、その成功要因を探っていこう。

1. 第1段階：計画以前

　FM桐生が計画される以前から、NPO: KAINは「情報化を通してひとづくり・まちづくり・お手伝い」を活動目標に、さまざまな活動を行なっていた。前身の「渡良瀬クラブ21」「桐生広域インターネット協議会」を含めると、20年以上も桐生地域の活性化活動を行なっている。そうした活動は、「NPOの事業は「『弱さ』を武器とした連携による智の集積・派生・発火」という考えのもと、多くの組織や個人と連携をもちながら進められていた。そのなかで、桐生ガスの塚越との関係も築かれていった。そして、活動を続けることによって、塩崎ならびにNPO: KAINが多くの信頼を獲得していった。さらに、その信頼によって個人や組織との新たな関係が生まれ、人的ネットワークが形成されていくことになった。

　一方、桐生ガスもまた、地域活性化の必要性を強く認識していた。その一例として、10年ほど前に地域ガス会社がケーブルテレビを設立することが流行した際に、桐生ガスでもケーブルテレビへの参画が検討された。そして、同様にFM局を立ち上げることも検討されていた。そのときは事業化にはいたらなかったが、地域のガス会社として、地域活性化は不可欠であり、社会貢献が必要であるという認識は、以後も変わらなかった。

　これまで述べてきたように、NPO: KAINの塩崎と桐生ガスの塚越は、愛するまち桐生の現状に危機感をもっており、ともに地域活性化が不可欠であるという意識をもっていた。この思いが、ミッション（使命）として、コミュニティFM局事業が計画される前から共有されていたと考えられる。

　この段階では、コラボレーションが行なわれているわけではない。まだ

NPO:KAIN と桐生ガスの関係はあったものの、協働にはいたっていない。しかしながら、NPO の活動を通じて、塩崎ならびに NPO: KAIN に「信頼」が生まれている。信頼がひとつのきっかけとなり、コラボレーションがはじまっているのである。

2. 第 2 段階：計画から設立まで

　コミュニティ FM 局の計画は、自然発生的に誕生したといえる。2003 年頃に、まったく別の要件で塩崎が桐生ガスを訪れた際に、塚越との何気ない会話から FM 桐生の計画がはじまっている。前述したように、以前から桐生ガスのなかでは FM 局の事業化が検討されていた。しかし、ネックとなったことが「ヒト」であった。

　一方、NPO: KAIN は、コミュニティ FM 局がひとつの武器となると考えていた。高齢者向けには、インターネットよりもラジオ局のほうが有効なコンテンツという側面がある。しかし、NPO が単独では、やはり「カネ」での問題があった。だが、NPO: KAIN には人材がいる。たとえば、現在 FM 桐生で企画・番組編成を担当している小保方貴之、技術面や経理面を担っている野口健二、ハードウェアを担当している木村英一など、NPO: KAIN は人材豊富であった。それは、NPO 活動によってできあがった人的ネットワークであった。

　そこにコラボレーションが起こる素地が発生した。計画はあるが人材が不足している企業と、人材はあるが資金が不足している NPO の、お互いのニーズがマッチしたところに、協働がスタートしたといえる。

　資金面や場所の提供は、桐生ガスが役割を果たしている。FM 桐生の出資者は、桐生ガスの塚越のネットワークを利用し、桐生の有力企業が発起人として名を連ねている。また、スタジオ施設の提供も行なっている。しかし、番組コンテンツやポータルサイト運営などのソフト面は、NPO: KAIN にまかせている。それぞれの組織がそれぞれの役割を担っており、棲み分けができている。こうした役割分担が確立したことも、成功要因となったひとつといえる。

　第 2 段階では、お互いの不足する資源を補完するために、コラボレーションが発生したといえる。だが、そこには前段階で蓄積されていた信頼が大きく作用している。企業の立場からすれば、ソフト面全般を NPO にまかせておくこ

第6章　NPOと企業の協働によるコミュニティ放送局設立

とには抵抗があることが一般的であろう。しかし、塚越はそれほどの心配はなかったという。なぜならば、NPO: KAIN ならび塩崎に信頼があったからである。そして、同じく前段階から共通のミッションを有していたからこそ、スムーズに話が進んでいったと考えられる。

3. 第3段階：設立後

株式会社FM桐生が設立されたのが2007年1月、放送が開始されたのは2007年7月である。

FM桐生の放送によって、NPO: KAIN の地域活性化活動は、いままで以上の反応を得ている。その反面、コミュニティFM局の運営では、資金面、マネジメント面をはじめ、さまざまな問題が発生している。NPO的な考え方と企業的な考え方とのギャップにも苦労している。そして、会社としてのルールづくりの必要性を感じている。そこで、桐生ガスをはじめ、出資企業には「営業マン」となってほしいという希望を、NPO: KAIN はもっている。

たしかに、FM桐生は、桐生ガスからマネジメント面でのサポートや助言を受け、さらには増資を受けている。しかし、企業とNPOの協力体制をつくり上げる点で、まだ十分ではないという。FM桐生を事業化する前には予想できなかった問題が発生しており、それにともなって、新たな関係構築が必要となってきている。そこで、企業とNPOという枠を超えた相互学習が必要となる。企業とNPOのコラボレーションを成功させる勘所は、「企業とNPOとが徹底的に話し合うこと」(FM桐生・小保方貴之インタビュー) であるという。なぜなら、「NPOの論理」と「企業の論理」の違いがあり、協働して事業を行なっていくためには、こうした論理の差異を乗り越えることが必要だからである。

以上のように、第3段階において、NPO: KAIN と桐生ガスとのコラボレーションは、いままでのように相互に資源を補完し合う関係から、ひとつの組織として立ち上げたFM桐生という新たな場をともに発展・永続させる関係になってきている。そのために、新たな共有ビジョンの構築が必要となってくるといえよう。

このように、桐生ガスは、NPO: KAIN の活動、ならびに代表である塩崎と、

FM桐生事業をはじめる前から、仕事上でのつながりを多くもっていた。そして、それまでのNPO: KAINの活動を通じて信頼が生まれ、協働することになったと考えられる。コミュニティFM局が計画された後、桐生ガスは、株式会社の設立と場所・資金の提供を行ない、運営面ではNPO: KAINにまかせている。また、番組スポンサーとしてFM放送に協力している。くわえて、NPOと企業の運営方法の差異に苦慮するNPO: KAINに対して、企業としてのコミュニティFM局の運営にアドバイスを与えているのである。

4. コラボレーションの成功要因

では、本事例での成功要因は何だったのだろうか。まず、NPOと企業のあいだで、ミッションの共有ができていたことが最大の成功要因であるといえよう。NPO: KAINと桐生ガスは、ともに桐生地域活性化・地域貢献をミッションとして挙げていた。これは、けっしてコミュニティFM局の開局を前提としてミッションのすり合わせをしたわけではない。NPO: KAINの代表である塩崎と、桐生ガス社長の塚越の、愛する桐生の将来を「何とかしたい」という熱い思いからミッションが生まれ、またこのミッションにもとづいて、コミュニティFM局事業が進んだのである。どちらか一方が、たとえば利潤を追求しようとしていれば、こうしたコラボレーションは生まれていなかっただろう。桐生に対する熱い思いがあったからこそ、コミュニティ放送への積極的な関わりが生まれたと考えられる。

また、双方にとってメリットがあったことから、協働がスタートしたと考えられる。NPO: KAINにとって、このコミュニティ放送事業は、NPOとしてのミッションの延長線上にあり、「情報化を通してひとづくり・まちづくり・お手伝い」という活動目標を具体化するための一手段と考えられた。また、これまでの活動によって蓄積された人的ネットワークを活用することが可能であったことも、コミュニティ放送事業への参画を後押ししたと考えられる。一方の桐生ガスでは、ガス事業の特異性から地域貢献が不可欠であること、また桐生ガスプラザの活用方法を考えていたこと、さらに災害時の緊急連絡用にコミュニティ放送局を活用できることなどが、放送事業へコミットした要因と考えられる。

第6章　NPOと企業の協働によるコミュニティ放送局設立

　しかし、両者にとってメリットがあるからということだけでは、コラボレーションが成功するとはかぎらない。FM桐生の場合、NPO: KAINと桐生ガスとの役割分担が明確であった。それは、お互いの足りないところを補うための役割分担であるといえよう。すなわち、資金援助やスタジオの提供などのハード面は桐生ガスなどの企業が担い、番組コンテンツやポータルサイト運営などのソフト面をNPO: KAINが担っている。それぞれが、それぞれのもつ得意分野で力を発揮することにより、コミュニティFM局が生まれたといえるであろう。さらに、「企業には金銭的な余裕が、NPOには気持ち的な余裕がないと、コラボレーションは成功しない」(FM桐生・小林隆子インタビュー) という。いくらそれぞれ資源補完が必要になるからといっても、得意分野に余裕がなければ、コラボレーションにはいたらない。とくに、NPOと企業とのコラボレーションによる新規事業の立ち上げには、両者に余裕があることが不可欠であるといえよう。

　このように、コラボレーションを促進するいくつかの要因が考えられるが、実際に協働活動が展開したのは、「信頼」が醸成されていたことが大きい。では、なぜ信頼を得ることができたのであろうか。その理由として、NPOとしての一貫した活動が認められたことが挙げられる。「渡良瀬クラブ21」から20年以上続くNPO: KAINの活動によって、多くの信頼が生まれ、また桐生ガスをはじめ、多くの企業、NPO、行政との関係が築かれた。その信頼によって、コミュニティFM局を計画していた桐生ガスは、NPO: KAINとの協働をはじめるにいたったのである。そして、これまでの活動のなかで生まれた人的ネットワーク[7]を利用することによって、市民参加型ラジオ局の開設が可能になったと考えられる。NPOは、いくら成長を遂げ、通常の経営体（企業組織）と見分けができないほどになっても、ヒトとヒトの集合により成り立つヒューマン・オーガニゼーションであるという特徴は変容しない（田尾, 2004）。そこで、いくら組織が拡大したとしても、もともとボランタリー精神をもった人々の集まりであったという原点に立ち返り、一般に経営資源と呼ばれている「ヒト・モノ・カネ・情報」のうち、ヒトの部分、つまり人的資源の確保が活動の鍵となる。多くの人材がNPOに集まることにより、組織として新たな知識を創造することができる。これまで築きあげてきた人的ネットワークは、コミュニテ

ィ FM 局を開局する際にも、大きな武器となったのである。

5. コミュニティ・ビジネスにおける協働の検討

　以上、本章では、「地域活性化における NPO と企業の協働」について検討してきた。FM 桐生を事例として、コミュニティ FM 局開局における NPO と企業のコラボレーションが、どのように進んだのか論じてきた。最後に、検討範囲を拡大して、コミュニティ・ビジネスにおける協働について考察しておこう。

　コミュニティ・ビジネスにおける協働を検討するにあたり、あらためてコミュニティという概念を簡単に検討しよう。マッキーヴァー（MacIver, R. M.）は、コミュニティとは、人々が共同生活する領域（村や町、あるいは国家など）であり、またその領域に独自な共通の諸特徴（習慣、伝統、言葉づかい）を有していることが、その必要条件であるという（MacIver, 1917）。すなわち、「地域性」と「共同性」から、コミュニティは成り立っていると考えられる（船津, 2006）。

　前述したように、コミュニティ・ビジネスとは、「市民が主体となりビジネス手法を用いて、地域が抱える課題を解決し、地域の活性化を実現しようとする活動」であり、主たる担い手として NPO が考えられる。しかし、NPO が単独で活動するには問題も多い。そこで、他組織とのコラボレーションが必要になってくる。

　では、協働を進めるにあたり、何を考えなければならないのか。ここではやはり「地域性」と「共同性」を考えなければならない。たんに組織間がお互いの利益のためだけに結びついているのでは、コミュニティ・ビジネスにおける協働は成功しないだろう。コラボレーションを行なう「地域性」を考え、地域のために何をなすべきか、そのミッションを共有することが不可欠である。さらに、その地域の一員として、ともに活動しているという「共同性」が、互いに生まれることが必要である。コミュニティの成員として信頼し合える仲間意識が、コミュニティ・ビジネスにおける協働を考えるうえで欠かせないものである。

　また、コミュニティには、事例で取り上げたような NPO や企業だけでなく、

第 6 章　NPO と企業の協働によるコミュニティ放送局設立

行政組織や学校組織、また宗教組織など、さまざまな担い手が存在している。「コミュニティ」という分析枠組みを用いて、いろいろなアクター間のコラボレーションを検討することも必要だろう。

【謝辞】
　本章は、特定非営利活動法人　桐生地域情報ネットワーク代表・塩崎泰雄氏をはじめ、多くの関係者の方からのインタビュー、提供資料、ならびに現地調査により作成したものである。インタビューは以下の年月に行なった。
・2006 年 3 月　桐生地域情報ネットワーク・塩崎泰雄氏
・2006 年 6 月　桐生地域情報ネットワーク・塩崎泰雄氏、桐生瓦斯株式会社・塚越紀隆氏
・2007 年 2 月　桐生地域情報ネットワーク・塩崎泰雄氏、小保方貴之氏
・2008 年 3 月　FM 桐生・塩崎泰雄氏、小保方貴之氏、小林隆子氏
　ご多忙のなか、調査に協力していただいた皆様に対し、ここに記して感謝を申し上げる。なお、いうまでもなく、本章についての誤謬は、すべて筆者の責任に帰するものである。

注
(1)　金山編（2007）の巻末に、2006 年 12 月 20 日までに開設されたコミュニティ FM 局の一覧が掲載されており、事業形態（3 セク、純民間、NPO の別）も記載されている。
(2)　たとえば Salamon（1992）は、①公式に設立されたもの、②民間組織である（非政府機関）、③利益を配分しない、④自主管理、⑤有志によるもの、⑥公益のためのもの、という 6 つの要素を挙げている。
(3)　このことは、内閣府の調査（『平成 17 年度市民活動団体基本調査報告書』）において、71.5％もの法人が資金不足を運営上の課題として挙げていることからも明らかである。
(4)　日本コミュニティ放送局 Web ページ（http://www.jcba.jp/、2009 年 4 月 10 日アクセス）。
(5)　2009 年より、FM 桐生は、放送局という枠組みではなく、「コンテンツ制作会社」を基本コンセプトとして活動している。
(6)　2009 年 5 月現在、FM 桐生 HP（http://www.kiryu.fm）、FM 桐生ブログ（http://www.blog.kiryu.jp）、桐生 SNS（http://www.sns.kiryu.jp）を活発に運営している。
(7)　塩崎は「この指とまれ型プロジェクト」「緩やかな連携」といった言葉で表現している。

参考文献
雨森孝悦（2007）『テキストブック NPO　非営利組織の制度・活動・マネジメント』東洋経済新報社。

深尾昌峰 (2005)「NPO・ボランティアとメディア——オルタナティブメディアの可能性」川口清史・田尾雅夫・新川達郎編『よくわかる NPO・ボランティア』ミネルヴァ書房。
船津衛・浅川達人 (2006)『現代コミュニティ論』放送大学教育振興会。
本間正明・金子郁容・山内直人・大沢真知子・玄田有史 (2003)『コミュニティビジネスの時代——NPO が変える産業、社会、そして個人』岩波書店。
金子郁容 (2003)「それはコミュニティからはじまった」本間正明・金子郁容他著『コミュニティビジネスの時代——NPO が変える産業、社会、そして個人』岩波書店。
金山智子編 (2007)『コミュニティ・メディア——コミュニティ FM が地域をつなぐ』慶応義塾大学出版会。
木下征彦 (2005)「地域社会における『老・壮・青』の協働と高齢者の生きがい——群馬県桐生市の文化伝承プロジェクト『新・あすへの遺産』を事例として」『生きがい研究』第 11 号。
MacIver, R. M. (1917) *Community*, 3rd ed., Macmillan and co. (中久郎・松本道晴監訳『コミュニティ』ミネルヴァ書房、1975 年)
Salamon, L. M. (1992) *America's Nonprofit Sector*, Foundation Center. (入山映訳『米国の「非営利セクター」入門』ダイヤモンド社、1994 年)
塩崎泰雄 (2002)「コミュニティーアーカイブズを通した都市の記憶の再生」『都市計画』第 51 巻第 4 号。
塩崎泰雄 (2005)「NPO 活動の自立とボランティアの挟間——桐生地域における市民活動とその課題」『地域学研究』第 35 巻第 3 号。
——— (2006)「〈視点オピニオン 21〉コミュニティー FM　産官学民の参加が目標」『上毛新聞』4 月 19 日付。
田中豊治 (1999)「分権型社会におけるまちづくり協働システムの開発」『組織科学』第 32 巻第 4 号。
田尾雅夫 (2004)『実践 NPO マネジメント——経営管理のための理念と技法』ミネルヴァ書房。
吉田忠彦 (2004)「ミッションと経営理念」田尾雅夫・川野祐二編『ボランティア・NPO の組織論』学陽書房。

参考 HP
FM 桐生 web ページ (http://www.kiryu.fm/pcindex.html) 2009 年 3 月 31 日アクセス。
特定非営利活動法人桐生地域情報ネットワーク web ページ (http://www.npokiryu.jp/) 2009 年 3 月 31 日アクセス。

第7章

クロスセクター協働による地域ブランドの向上

佐々木利廣

　企業とNPOの関係、あるいは行政とNPOという関係については、多くの理論的研究やケースが蓄積されつつある。しかし、企業と行政とNPOという3つの異種組織が、協働しながら新製品を開発し、商品化した事例については、まだ先行事例も少なく、これからのテーマである。

　本章では、大学発ベンチャーとして、高機能ジェル素材に関わるさまざまな新規事業を立ち上げている株式会社GEL-Design社、ウェブシティさっぽろなどを運営している情報発信の専門NPOのシビックメディア、それに札幌市の経済局や円山動物園という行政、という3つの異なる種類のアクターが、協働しながら「GEL-COOま」という保冷剤付きランチボックスを商品化し、札幌スタイルという地域カルチャーを発信しているケースをもとに、トライセクター協働の過程と成果について考えることにする。

　まず、大学発ベンチャー企業である㈱GEL-Design、シティプロモーションを中心にWEBを通じて情報発信をしているNPO法人シビックメディア、産業振興や地域振興の支援に関わった札幌市経済局、そして円山動物園というアクターの説明をする。その後、こうした異種組織のコラボがどのような過程でユニークな商品開発にまでつながったかを記述していくことにする。

第1節　クロスセクター協働への注目

　ここ数年、クロスセクター協働についての理論的・実証的研究が増加しつつある。その背景には、企業・政府・NPOなどの単一セクターだけでは解決できない複雑な社会課題が多発していることがある。資源リサイクル、地域振興や地域活性化、環境教育、子育て支援、障害者支援、福祉支援、ホームレス支

援などの社会課題は、行政の責任だけで問題解決できるわけではない。また、市場メカニズムにまかせることで解決することにも限界がある。さらに、NPOの社会解決機能が注目されているが、NPO単体での問題解決能力には限界がある。

こうしたなかで注目されはじめたのが、クロスセクター協働という概念である。クロスセクター協働 (cross-sector collaboration) は、「ふたつ、あるいは、それ以上のセクターに所属する組織による、情報・資源・活動・実行能力 (capabilities) の連結 (linking) あるいは共有 (sharing) を通じて、単一のセクターの組織が達成しえなかった結果を共同で達成すること」(Bryson, Crosby and Stone, 2006, p. 44) と定義されている。クロスセクター協働で扱う領域は、①企業とNPOの協働、②企業と行政の協働、③行政とNPOの協働、④企業とNPOと行政のトライセクター協働 (trisector collaboration)、の4つに区分することができる[1]。いうまでもなく、本章で扱うのは、④トライセクター協働である。トライセクター協働の分野としては、資源リサイクル分野での協働、環境教育分野での協働、コミュニティ再生分野での協働、産業振興分野での協働などが多い。本章で扱うケースは、札幌スタイルという地域ブランドを通じての、産業振興に向けての協働である。

トライセクター協働については、それ以外の2者間の協働と何が違うかについて、さまざまな議論がある。しかしここでは、その議論には深入りせずに、以下の3つの基本的前提をもとに議論を進めていく。

第1は、トライセクター協働といっても、その背後には2者間のダイアド型協働が基盤になっているという点である。企業とNPO、行政とNPO、行政と企業といった関係が基礎にあって、行政－企業－NPOという3者間の協働が成立していると考える。

第2は、行政、企業、NPOというアクターを招集し、3者間の協働関係をマネジメントするような架橋組織 (bridging organizations) の役割が重要であるという点である。これは、触媒組織あるいは戦略的架橋 (strategic bridging) といった概念で言及されることもある。行政がこの架橋組織の機能を果たす場合もあれば、NPOが果たす場合もある。

第3は、トライセクター協働をプロセスとして考えるという視点である。プ

ロセスとしての協働化（collaborating）については、アクター・ネットワーク論、協働の窓の理論、資源ベース理論などが提起されている。ここでは組織間協働化論をもとに、課題の明確化 - 目標の明確化 - 実行と評価、という3つのステージを経て協働化が進むと仮定することにする[2]。こうした前提をもとに、第2節以降のケースを考えることにする。

第2節　協働アクターの歴史と行動

1. GEL-Design の設立と GEL-COOL の商品化

2004年に創業された株式会社 GEL-Design は、高機能ジェル素材の潜在的価値を実質的価値に転換することを目的にした、大学発ベンチャー企業である。もともとジェルは、弾力のある高分子網目が液体成分を含んだゼリー状の素材であり、成分のほとんどが水でできていて、外部刺激に応答し、生体にもやさしいという特徴を有している。紙おむつに使われる吸水性ポリマー、ソフトコンタクトレンズ、衣料品・化粧品など、多方面で使われているが、軟らかく壊れやすいという欠陥を有していた。この欠陥を、二重網目によって克服したのが高機能ジェルである。この高機能ジェル素材という技術シーズと、市場ニーズを組み合わせることで、GEL-Design はユニークな商品開発を手掛けている。

創業者の附柴裕之は、大学院時代の研究テーマであるジェルの研究成果を実用化したいという思いから、2004年9月に有限会社 GEL-Design を設立している。附柴は、北海道大学大学院理学研究科博士前期課程修了後も、医学生物学研究所に籍を置きながら、大学の研究室で研究を続けていた。「わだかまりをもって先には進めないということと、自分が本当にやりたいものがあるのであればそれを追求する必要がある」と考え、勤務先の医学生物学研究所社長に相談したときに、「会社に籍を置き給料も払うけど、好きにやっていい」という寛大な処置をしてもらったことが背景にある。しかし、いずれ起業したいという希望をもっていた彼は、「せっかくなら、むしろ会社に帰ってこないで、自分の好きなことがあるのであれば、それをやってしまえばいい」という医学生物学研究所社長の言葉に背中を押され、創業の決断をする。この時期は、大学発ベンチャーブームの時期でもあり、多くのバイオベンチャーが創業している。

図表7-1　GEL-COOL（ミュンヘンシリーズ）と初雪

出所：札幌市役所経済局提供。

　シーズ中心のベンチャー創業が多いなか、附柴氏はニーズがあると思われているときに、「勢いでつくってしまえ」ということで創業している。
　創業をする際にまず考えたのは、安定的に資金が入ってくる仕組みをつくることであった。その一番の近道は、自社ブランド商品の開発と販売であった。これが「GEL-COOL」という商品である。この時期は、企業からの研究開発の委託業務を通じてある程度の収入を得ていたが、業務が不安定で、毎回違う仕事をせざるをえないことから、継続的に続けるのは無理だと判断している。
　GEL-COOL誕生のきっかけは、2005年3月頃に社員が偶然参加した異業種交流会での、主婦との何気ない会話からである。創業時から経営に参加している管理担当取締役の大垣伸介は、異業種交流会で子育て支援事業をしている主婦に、ジェルの活用についてとりとめもない会話をする。その会話のなかで聞いた「ジェルというとまず保冷剤を連想します。フルーツを冷たいままおいしく食べたり、夏場の食中毒防止のため弁当箱に保冷剤をつけているが、子どもはその保冷剤を捨てたりなくしてしまうのが悩みの種。もし保冷剤と弁当の蓋が一緒になっていてかわいければ買うのに」という主婦の一言が、開発のヒントになっている。この話を聞いた附柴は、すぐに開発に着手し、モニター試験、ヒアリング、インターネット試験販売、アンケートなど、徹底したユーザー・オリエンテッドな商品改良を経て、2006年3月に保冷剤付きランチボックスGEL-COOLの販売を開始している。構造は、蓋の内部に保冷ジェルが封入さ

第7章　クロスセクター協働による地域ブランドの向上

れていて、蓋を凍らせることで、外気温25℃の環境で4時間以上、食材を15℃以下に保つことができる。2006年6月には、グッドデザイン賞にも選ばれ、GEL-Designの名刺代わりの商品として定着しつつある。またGEL-Designは、化粧品事業も行なっており、附柴裕之の妻である附柴彩子自作の基礎化粧品を改良し、薬事法の認可を受けて、2006年10月に販売を開始している。たとえば、紙石鹸「初雪」や、Savon de Siestaなどの手づくり石鹸などである。これらの商品も、札幌スタイル認証製品になっている。

2. 市民ジャーナリズムとしてのNPO法人シビックメディア

　シビックメディアは、元新聞記者であった吉村卓也が、札幌という地で市民ジャーナリズム（civic journalism）を根づかせたいという思いからスタートしたNPO法人である。市民ジャーナリズムとは、市民それぞれがジャーナリストの意識をもち、自ら地域について調べ、表現し、社会に向けて発信していく行為を通じ、コミュニティーに対する理解を深め、住みよい社会をつくっていこうというものである。市民ジャーナリズムで産業振興をしたいという希望をもっていた杉山幹夫も、この理念に賛同し、2002年にシビックメディアが設立されている。現在、専務理事の杉山と事務局員3人がフルタイム勤務であり、ほかに理事が5人、シビックメディア会員が30名程度のNPOである。

　シビックメディアの活動の中心は、市民の目で札幌を伝える地域サイト「ウェブシティさっぽろ」の制作運営、地元に暮らす人々が札幌の魅力を伝える観光サイト「ようこそさっぽろ」の制作運営、市民が札幌市内の情報を取材・編集・制作した番組を発信するインターネット市民放送局「そら色ステーション」の運営、などである。いずれも、行政とパートナーシップを組み、企業や大学と連携しながら、企業で事業化が難しく行政が市民の立場で発信することが難しい情報を発信しようという点では共通点がある。こうした考えは、従来の自治体Webサイトとはかなり異なっている。たとえば杉山は、「ウェブシティさっぽろ」の基本的方向として次のような指摘をしている。

　　ウェブシティさっぽろを、市民によるシティプロモーションと位置づけて、それもシティプロモーションを市民自身がやることが、外に向かって憧れ

を喚起して、内に向かって自覚を喚起するという状態になるし、やっている人自身が、そのまちの運営者として成長するというのが、市民によるシティプロモーションの考え方だったんです。(杉山幹夫インタビュー)

　彼は大学を卒業後、広告代理店で働いたり、ITベンチャーの広報をするなかで、自分は一企業の広報をしたいわけではないことに気づく。そして、生まれ故郷でもある札幌というまちをあらためてみると、そのまちが世界的にみてもユニークで、新しいことをはじめやすいまちであることを再認識する。そして、社会を変えるような新しい担い手が生まれる可能性のある札幌全体のプロモーションをすることが、自分の研究と仕事の両方につながると考えた。そして、シティプロモーションというときに、「中間的な立場を担保しながら、まちの公共性を担保しながら、議会制民主主義のかたちをとりながら、本当の総意でまちが動くかたちにできるかみたいなところを考えていたら、『そうか。ウェブをつくってあげればいいんだ』と思ったときに、ちょうどウェブの編集者がいないのでどうするという話がきてしまったので、ではやりましょうという感じで、何か、そういう出会いがあったということです」(杉山幹夫インタビュー)という。
　2002年12月には、札幌市市民まちづくり局からの受注で「Webシティさっぽろ」がスタートする。さらに2003年6月には、札幌市観光局からの受注で「ようこそさっぽろ」というサイトもスタートする。特徴的なのは、どちらのサイトも、運営や編集方針について対等な立場でオープンに話し合う方式をとっていることである。すなわち、市民の意見とアイデアと参加によって成長していくサイトを目標に、「ウェブシティさっぽろ運営委員会」と「ようこそさっぽろ運営委員会」が機能している。シビックメディアは、「Webシティさっぽろ」と「ようこそさっぽろ」の受託業者であるが、同時に、それぞれの運営委員会の委員でもある。こうした仕組みを札幌市役所が準備していることで、運営委員会の委員は、それぞれが対等な関係を保ちながら、情報発信が可能になる。
　このようにシビックメディアは、産業振興のためにつくられたNPOである。そして、Webを自己認識のツールとして考えたときに、一企業でWebをつく

る場合でも、NPO法人を運営する場合でも、あるいはひとつのまちのホームページをつくる場合でも、その組織のホームページをつくることは、自分自身を鏡でみるような自己認識をすることができる運営者を増やすことでもある。こうして生まれたNPO法人シビックメディアは、後述するように、異種組織間の協働を促進する触媒としての役割を果たすことになる。すなわち、架橋組織としての役割である。

3. 産業振興の触媒としての札幌市役所経済局

　札幌市役所のなかで、クロスセクター協働に関わってきたのは、経済局産業振興部ものづくり支援担当課ブランド推進担当である。この部署は、地域ブランドを進めるために必要な施策を構想し実行する部署のひとつである。これまで札幌市が、地域ブランドのひとつとして推進してきた事業が札幌スタイル推進事業であり、この地域ブランド「札幌スタイル」の理念に合致する製品を「札幌スタイル製品」として認証し、プロモーションのバックアップ、販路拡大のバックアップ、資金繰りのバックアップなどを行なっている。行政として札幌スタイル推進事業を行なっているのは、経済局産業振興部ものづくり支援担当課ブランド推進担当の石崎明日香である。彼女は、区役所勤務を経て、2005年に経済局に入局後、2006年8月から札幌スタイル担当になっている。本章で取り上げる保冷剤付きランチボックス「GEL-COOL」の特別企画商品「GEL-COOま」も、札幌スタイル認証製品である。

　札幌市は、推進する地域ブランド施策である札幌スタイルのコンセプトを、次のように表現している。

　　自然と都市が共生する、次の時代の生活像を追及する活動であり、質の高い生活を実現するために優れたものを探し出しつくり出し、デザイン・開発から生産、流通、そして生活形成につながることである。(「札幌スタイル　コンセプト再構築に向けた札幌市の資源整理」)

　さらに、札幌スタイルの目的として、「札幌のまちのブランド力を活かし、さまざまな企業や人材が連携してビジネスを産み出していく、ネットワーク型

の産業を育てることにあり」、「札幌の暮らしの魅力を商品化するユニークで創造性の高い企業群が活躍し、札幌市民のみならず、国内外から支持されている」(同上) ことを、めざすべき将来ビジョンと考えている。

　省庁内部で、札幌スタイルという地域ブランド事業がスタートしたのは2004年であるが、そこにいたるまで、多くの試みがなされている。まず1989年に、全国市町村に配分された1億円のふるさと創生資金を基金にして、1991年からは、2年に1度、世界から優れたデザインを募る「札幌国際デザイン賞」がはじまっている。この国際的催しは、第6回まで続いている。ちなみに、第6回の応募総数は200点 (国内166点、海外34点)、入賞数は28点であった。2000年度からは、こうした取り組みの成果を活かすかたちで、デザインを活用した産業振興を考える係長レベルの庁内横断的なワーキンググループが発足している。

　ここでの議論をもとに、2001年から経済局産業開発課において「Made in 札幌グランプリ」事業がスタートしている。これは、札幌で生まれ、機能的・デザイン的に優れ付加価値が高く、誰からも親しまれる魅力的な新製品を募集し、顕彰するという事業である。この事業は、新産業創出を目的としたものであったが、2004年経済局産業企画課にブランド推進担当係が設置されたこともあり、これまで個別に行なっていた事業を、札幌スタイルというキーワードで集約し、札幌のライフスタイルや札幌のもつ価値を発信するブランディング事業としてスタートしている。こうした札幌ブランドの発掘・構築・普及・定着は、2004年9月に公表された「札幌新まちづくり計画 (2004年度〜2006年度)」のなかにも盛り込まれており、札幌市の施策のなかでも重要なものとして位置づけられていた。

　2008年9月には、札幌スタイルをより強力に推進する体制として、各種事業を担う有識者による意見交換の場である札幌スタイル推進会議を設置し、この会議のもとで、ブランドを管理する実行組織としてブランドマネジメント委員会、ブランドの核をつくり企業の販路拡大と販売促進を支援する認証制度、企業の販路拡大を支援するための情報共有を図る認証製品販路拡大支援部会、商品アイデアを集め企業に提供することで企業と人材のマッチングを図るコンペティション、札幌市立大学を中心とした商品開発の実験的プロジェクト、な

第7章　クロスセクター協働による地域ブランドの向上

どが動いている。

前述のように、札幌スタイルという事業自体は2004年からはじまり、2004年度は28点、2005年度は17点が札幌スタイル製品として認証されているが、この時期は、札幌スタイルというブランドをわかりやすく視覚化したブランド・アイコンになるような商品がほとんど生まれていない。市民はもとより、行政内部でも、札幌スタイルという事業についての認知度はさほど高くない時期である。

図表7-2　札幌スタイルのロゴ

出所：札幌市役所経済局提供。

しかし、2006年認証製品である保冷剤付きランチボックス（GEL-COOL）をはじめ、野外の景色になじむレジャーシート（さくらシート）、雪の結晶石鹸（初雪）、木製玩具（木のZOO）などが、少しずつ札幌スタイル認証製品として認知され、ブランド・アイコンとしても機能するようになってきた。

また、2008年9月から12月までのあいだ、ブランドマネジメント委員会において、札幌市の都市イメージをあらためて整理しながら、札幌スタイルというコンセプトに厚みをもたせるための作業が行なわれた。そのキーワードは、雪と交流の2つである。雪のおかげで札幌というまちは水が豊かであり、市域の63％を占める豊かな森林で水を蓄え、都心の暮らしを支えてくれる。札幌の雪は、軽くてふわりとしていてあたたかさのある明るい雪である。くわえて、札幌のまわりには、雪を楽しむことのできる場所がたくさんある。このように、ブランドマネジメント委員会は、雪は札幌を支えるすべての源であると整理をしている。また、札幌は明治以降の開拓でできたまちというイメージがあるが、実際はそうではないという。人が住みはじめたときから、本州、オホーツク、大陸という3つの文化が絶えず交流するところから、独自の文化を形成してきたのが札幌であり、毛皮や昆布など、独自の天然資源を元手に、大陸や本州と積極的に交易することで、豊かな経済圏を有していたことも強調している。

行政の立場から札幌スタイルという地域ブランドを育てながら、企業間のネットワークづくりを支援している経済局産業振興部の石崎明日香は、「この事

業はシティプロモーションと産業振興を同時にやるという、けっこうわがままな事業であり、産業振興施策としてこういう視点があることが、少しずつ認知されてきた」(石崎明日香インタビュー) という。

4. 長期低落傾向であった円山動物園の再生

　円山動物園は、札幌スタイルホームページ運営委員会のメンバーではないが、2007 年 4 月 5 日のキックオフミーティング以降、「GEL-COO ま」の商品化のパートナーとして関わることになる。しかしそれ以前にも、札幌市役所はもちろん、NPO シビックメディアとも関わりがあったことが、「GEL-COO ま」商品化の基盤になっている。円山動物園は、組織としては札幌市役所環境局に属し、部長職として園長と種の保存担当部長がいる。園長のもとに、施設の維持管理や事業を行なう経営管理課と、動物の飼育を担当する飼育課がある。このなかで、「GEL-COO ま」商品化に直接関わったのは、経営管理課経営係長の北川憲司と、飼育課の河西賢治である。

　円山動物園は、1951 年 5 月に札幌市円山児童遊園として開園し、9 月には札幌市円山動物園に改称している。それ以降、敷地の拡充や熱帯動物館の新設をはじめとする施設の拡充が推し進められ、入園者も増加している。さらに、姉妹都市の交流や熱帯植物館、類人猿館、世界の熊館など、大規模な動物展示施設の建設が進められ、1974 年には入園者が 124 万というピークを迎える。しかし、1974 年を境に入園者数は長期低落傾向にあり、2005 年にはどん底の 49 万人まで減少した (図表 7-3 参照)。また収支も、有料入園者の減少とともに悪化の一途をたどり、赤字が毎年 6 億円、累積で 90 億円近くにまでになっていた。

　こうしたなかで、2005 年 7 月に、43 名の職員の半数近くによる動物飼料持ち帰り事件が発生している。この事件を契機に、円山動物園が抱える課題や問題を明らかにしながら、再生の道を探るという動きが活発化するようになる。たとえば、園長在任期間の短期化や、組織内セクショナリズムの蔓延などによって、トップマネジメント集団による長期的ビジョン策定や、迅速なリーダーシップの発揮が阻害され、経営的視点から動物園を運営するという体制になっていなかったことが明らかになった。こうした課題を解決しながら、長期低落

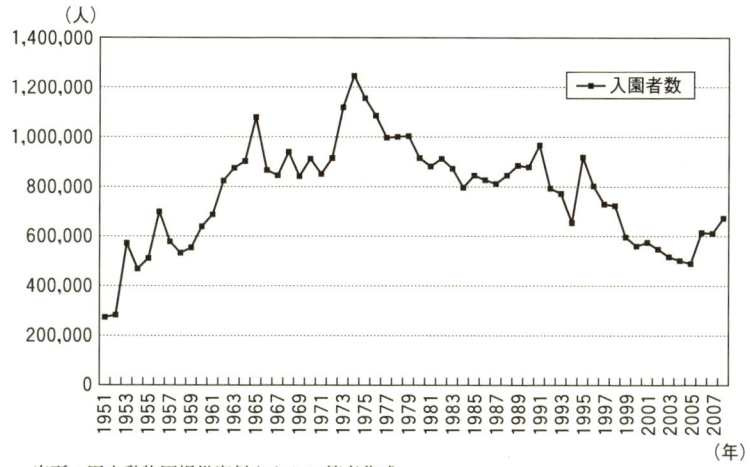

第7章　クロスセクター協働による地域ブランドの向上

図表7-3　円山動物園の入園者の推移

出所：円山動物園提供資料をもとに筆者作成。

傾向にあった円山動物園を再生するという目的で、2006年には園長と経営管理課課長と経営管理課係長の3名が同時に替わることになる。

3名の再生チームがまずはじめたのは、動物園の理念やコンセプトを明らかにすることであった。それまで園内には、設計思想の異なる動物舎が何の脈絡もなく建設されており、今後全体としてどの方向に進むかというビジョンも不在であった。ちなみに、1988年に「円山動物園長期総合計画」が完了して以降、この種の理念・ビジョンや長期計画が策定されたことはなかった。

こうして彼らは、2006年から1年をかけて、円山動物園基本構想を策定している。北川はこういっている。

> 飼育員のなかから志のある人間を10人くらい集めて、検討チームみたいなのをつくって、夜な夜な1年間議論してきたんですよね。何が本物の動物園なんだ、われわれが市民の税金で動物を飼うという意味は何なんだ、ということを、とことん議論して、どういう動物園が本物の動物園なんだ、おれたちは、旭山のまねするわけじゃないよね、じゃあ、円山は何をめざすんだということを、とことん1年議論してつくり上げたという感じですね。（北川憲司インタビュー）

2006年3月に完成した基本理念は、「ひとと動物と環境の絆をつくる動物園」というものである。そのための3つの目的を挙げている。第1は、レジャー施設から脱却して札幌市の環境教育の拠点になることである。第2は、北海道の生物多様性確保の基地になることである。第3は、いろいろなメッセージを伝えるメディアになることである。

　こうした基本構想のもと、2009年までの3年間でさまざまな試みがなされている。たとえば、2008年4月には、クオリティの高い商品を販売するオフィシャルショップができている。また、園内環境整備のため、コカコーラ直営のカフェやセブンイレブンも新たに開店している。イベントの数も、2006年以前の年間20本程度から100本以上に増加している。イベント増加にともない、マスコミなどへの露出も急激に増え、ニュースリリースは最低でも週1回、多いときは週3回、25社ぐらいのマスコミに流している。その7割は、NPOや企業とのコラボに関する記事であるという。こうした再生策が軌道に乗りはじめ、入園者数は2008年度見込で70万人まで回復するまでになった（図表7-3参照）。2006年からの円山動物園の再生過程のなかで、事例として取り上げる「GEL-COOま」商品化のプロジェクトも生じている。

第3節　「GEL-COOま」商品化までのプロセスと効果

1. 札幌スタイルホームページ運営委員会でのアイデア

　前述したように、「札幌スタイル」というのは、多様な組織や人の有機的ネットワークをもとに、札幌というまちがもつブランド力を活かすようなビジネスを生み出すことを目的にした地域ブランドである。この地域ブランドである札幌スタイルを育てていくことで、市内企業においては経営革新・高度化・競争力強化につながり、消費者においては札幌に愛着や誇りをもつ人が増え、域外からの注目や憧れも増加する。そして、業種や立場を超えた企業や行政、さらにはNPOとのコラボレーションが生まれることで、ネットワーク型の産業が発展し、札幌というまちの付加価値が増大することを目的にしたものである。現在、札幌スタイルカタログとして、60種の札幌スタイル認証製品が登録され、一部は札幌スタイルショップでの展示販売や札幌スタイル・ショーケース

第7章　クロスセクター協働による地域ブランドの向上

で展示されている。

　こうした札幌のまちのブランドを高める札幌スタイルを、事業として推進するために、2007年4月5日に札幌スタイルホームページ運営委員会のキックオフイベントが開かれた。これはまだ正式の運営委員会ではなく、プレ運営委員会とでもいえる会合であった。主な参加者は、委員会の実質的コーディネーターであるNPO法人シビックメディアの杉山幹夫、株式会社GEL-Design社長附柴裕之、株式会社佐藤デザイン室佐藤 斎（ひとし）、山内ビニール加工株式会社、札幌市経済局の石崎明日香などである。サイト設置主体であり事務局でもある札幌市経済局の石崎明日香の問題提起のあと、議論は札幌スタイルのホームページは何のためにあるのかという点に集中した。最終的には、消費者がみて買いたいなと思えるようなページづくりをしなければ、という方向で一致した。こうした方向性の一致の背景には、後に述べるような参加者間の協働経験が影響している。

　こうした議論のなかで、チャリティ商品「GEL-COOま」の開発につながるきっかけを提供したのは、NPO法人シビックメディアの杉山幹夫であった。1ヵ月先のゴールデンウィークは、円山動物園が入場者が2万人と一番多い時期であるが、その円山動物園をわれわれが応援できないだろうか、という問いかけであった。

　　最初はお弁当とさくらシートをピクニックセットにして売ったらどうとか、ピクニックだったら逆にスイーツもいいんじゃないとか、GEL-COOLのなかにスイーツなんかを入れて売ったらどうとか。じゃあ、スイーツで杏仁豆腐とかだったら熊の顔がいいよねといったときに、杉山さんが、ウェブシティさっぽろにすでにこのイラストがあるんだよと、紹介してくれた。これいいねえと盛り上がっているときに、それだったら、蓋のほうに付けちゃえよという感じで、附柴さんがおもしろいからやりますというような結論に達して、その日は終了したんですね。（石崎明日香インタビュー）

　杉山が紹介したのは、円山動物園ホッキョクグマ担当飼育員の河西賢治さんが着ていたTシャツに描かれた、ピリカ顔のイラストだった。彼の提案は次

159

図表7-4　ピリカTシャツと「GEL-COOま」

出所：札幌市役所経済局提供。

の2つであった。1つは、円山動物園はホッキョクグマの自然繁殖に成功した全国でも珍しい動物園であるのに、毎年入場者が減少している。札幌市民として何か支援をしないと、後で後悔するという点である。もう1つは、ゴールデンウィークに向けてビジネスチャンスになるという点であった。

2.「GEL-COOま」の開発・販売・完売

　GEL-Design附柴は、杉山の提案に敏感に反応し、版権も全部処理してやりますといって、翌日には直筆イラストのシロクマ顔弁当箱写真を経済局石崎に送っている。そしてGEL-Designの国重が「2ヵ月はかかります」というなか、附柴は「ゴールデンウィークに出すことに意味がある。間に合わないのであれば意味がない」といって、5月3日発売を指示している。

　その後、附柴社長と担当者の国重を中心に、ピリカのイラストの版権をもっているパル・コーポレーション株式会社との調整を行ないながら、商品コンセプトを固めている。冷たいままに保てる保冷弁当箱の特徴と、シロクマのイメージがフィットするだろうという点、シロクマが絶滅危惧種であることから、製造個数も2000個に限定する点、円山動物園応援企画として、1個につき魚1匹をホッキョクグマにプレゼントするという点、円山動物園にいるララとデナリというペアに合わせて、「GEL-COOま」もオスとメスの両方の顔を用意

第 7 章 クロスセクター協働による地域ブランドの向上

するという点、などが決められた。

このなかで、「GEL-COO ま」の蓋に描かれたピリカ・イラストに関していえば、このデザインは、お蔵入りのデザインであった点がおもしろい。円山動物園オフィシャルショップのグッズとして、パル・コーポレーションが考えた２種類のＴシャツのうちのひとつが、ピリカ顔のＴシャツであった。最終的には、別のリアルなシロクマのＴシャツが選ばれたが、シロクマ担当飼育係の河西が、それ以降もピリカ顔のＴシャツを着ていた。このあたりの事情を、シビックメディアの杉山は次のように説明している。

> シロクマの担当の河西君がやはり、ものすごく愛情をもって育てていて、自分もそれを着るんだといって着ていたんです。たまたま、円山動物園をプロモーションしようということで、うちのスタッフが写真を撮って、顔とそっくりだという感じで、どーんと出してというのがあって。非常にもったいないし、クリエイティブなものだから、これをできれば復活させてあげたい、というのがあって、絶えず何かにつけ、Ｔシャツの河西君を表に出すように、わたしたちはしていたんですよ。（杉山幹夫インタビュー）

また、製造個数を限定 2000 個にする点、オスとメスの両方の顔を用意するという点については、社内で以下のようなストーリーがあったという。

> 最初、僕はこれを、少なくとも 2000 はつくらないと利益にならないので、最低 2000 個ぐらいかなといったら、はじめてつくるものなので 500 個でいいですかとか、そんなのやる意味ないですよ、売れなかったらどうします？　絶対売れるから大丈夫だといって、最低 1000 で、わかりましたとなった。次に、デザインについても、デザイナーと打ち合わせをして、顔のサイズを決めようとしたときに迷っていたんですよ。女性はみんな、「こっちがいい」というんですけれど、向こうのデザイナーの社長は「こっちがいい」ということで、アンバランスになった。僕に「どっちがいいですか」というから、「これがいいなあ」「うーん」といっているんで、「じゃあ、わかった」、どっちに決めるかのエビデンスを僕が取ればいいと

思って、社内をばあっと回っていたんですよ。男性 6 人、女性 6 人に聞いたら、非常におもしろいことに、男性は全部大きいのがいいといい、女性は全部小さいほうがいいというんです。しかも、これ何か違うんですかといってから、ほとんどわからないのにそっちを選ぶので、これはおもしろいので、基本コンセプトに 1 個プラスしようと。オスとメスがいることに。だから、1000 個といったのを、こうやって 2000 個に無理やり拡大したんです。1000 ペアということで。とりあえず 2000 個でセットで売るから、セットでほとんどの人が買うはずなので、単価が 2000 円になる。(附柴裕之インタビュー)

さらに、「GEL-COO ま」1 個につき魚 1 匹をホッキョクグマにプレゼントするというアイデアは、国重の発案である。「絶滅危惧種ホッキョクグマを守るために、GEL-COO まは円山動物園を応援します」というのがキャッチフレーズであった。さらに「お魚贈呈式」もしたいということで、6 月 30 日に円山動物園で「お魚贈呈式」が開かれ、ホッキョクグマに 1000 匹の魚(ウグイ)をプレゼントしている。

発売日に関しては、Web 作成などもあり、発売日を遅らせることになる。そして結果的には、5 月 22 日に「GEL-COO ま」が販売されている。ゴールデンウィークには間に合わなかったが、1 ヵ月強というスピード開発であった。「GEL-COO ま」の商品化について、附柴は次のように話している。

僕は基本的に企業家なので、最終的に事業として何らかのプラスが必要だと。事業性として、まずあるかどうかということは、つねに考えているんです。事業になるというときの要素として、まず円山動物園を応援するという社会的な大義があります。それから、ホッキョクグマはけっこう愛らしい動物で、それでいて地球温暖化の犠牲になっているという面もあって、これが人の感情を非常に動かす。それから、イラストがシンプルですばらしいんです。あれはインパクトが大きくて。(附柴裕之インタビュー)

「GEL-COO ま」は、5 月 22 日の発売初日には、オンラインストアで 200 個

第 7 章　クロスセクター協働による地域ブランドの向上

図表 7-5　「GEL-COO ま」商品化までのプロセス

	各アクターの行動と出来事
2002/7	NPO 法人シビックメディア設立総会
2002/12	札幌市役所からシビックメディアに Web の依頼
2004/9	GEL-Design 創業
2005/3	「GEL-COOL」の開発開始
2006/3	「GEL-COOL」の発売開始
2007/4/5	札幌スタイル運営委員会のキックオフミーティング
2007/4末	「GEL-COO ま」の商品サンプル完成
2007/5/22	「GEL-COO ま」オンラインストアで発売
2007/6/30	円山動物園でお魚贈呈式
2007/7/28	オンラインストアで完売

出所：インタビューをもとに筆者作成。

売れ、7 月 28 日には、ウェブ販売だけで 2000 個が完売になっている。GEL-COOL 事業は、北海道シリーズ、ミュンヘンシリーズ、earth シリーズ、GEL-COO まシリーズがあり、事業そのものとしては成り立っていくだろうが、「GEL-COO ま」シリーズだけを考えると、動物園への寄付（2008 年で約 50 万円）、デザイン企業へのロイヤリティなどを引くと、わずかにプラスという数字であるという。販売個数は 2009 年 6 月までで「GEL-COOL」全体で約 6 万個、そのうち 2.5 割から 3 割が「GEL-COO ま」シリーズであるという。しかし、札幌というまちをよくしたいと思う組織・人が、オープンで水平的なコラボレーションを行なうことで、札幌らしい商品が産まれ、さらに札幌スタイルという地域カルチャーまで創造している、稀有なケースである。

第 4 節　クロスセクター協働の分析

1. ダイアド型協働を基礎にしたトライセクター協働

図表 7-6 は、「GEL-COO ま」が生まれるまでのアクター間の事前の相互関係を図示したものであるが、こうしたトライセクター協働の基礎には、アクター間のダイアド型協働の経験が影響していることが多い。

まず、札幌市と NPO 法人シビックメディアの関係は、2002 年 12 月からスタートしている。このとき、行政という立場で産業振興の仲介役を果たしてい

図表 7-6　アクター間の組織間関係

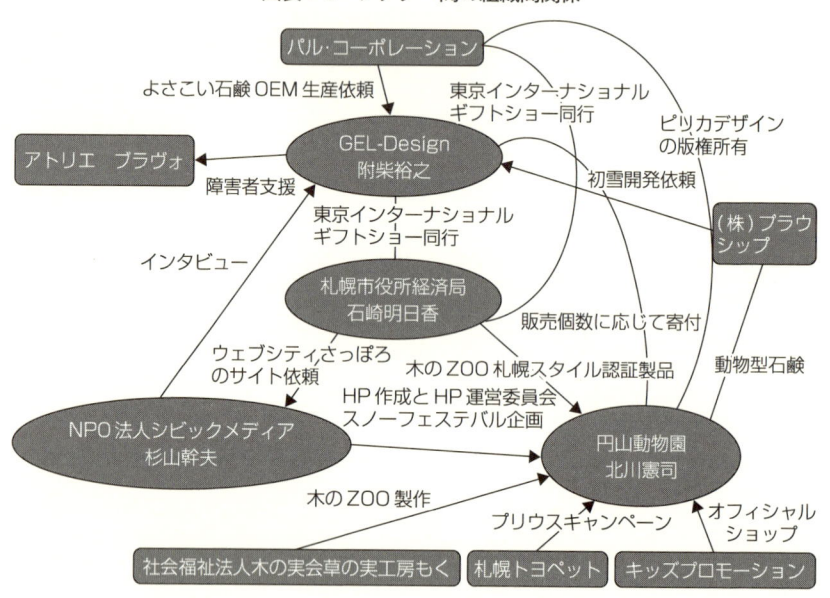

札幌市は、シビックメディアに対して Web の発注を行なっている。シビックメディアの杉山は、新しく立ち上げる「ウェブシティさっぽろ」を、市民によるシティプロモーションと位置づけたいと提案し、合意を得る。それ以降、「ウェブシティさっぽろ」のサイトを使って札幌スタイルのブランド形成を行なうという仕組みができあがった。

札幌市とシビックメディアの関係は、「ウェブシティさっぽろ」という Web サイトのたんなる発注先と受注先という関係ではない点も興味深い。すなわち、シビックメディアは、この Web サイトの受託業者でありながら、運営委員会の委員でもあるという関係が用意されている。この仕組みは、札幌市役所が用意したものであり、委員長は市役所の課長であるが、運営委員会ではそれぞれが対等な関係を保つことができる。これが、市民ジャーナリズムを育てるうえで有効な仕組みとして機能していると考えられる。

この「ウェブシティさっぽろ」の編集を行なう運営委員会のやり方に興味を抱いた石崎は、その仕組みをほかでも活かしたいと思うようになる。これが、

「GEL-COOま」のアイデアが生まれた札幌スタイルホームページ運営委員会につながることになる。このように、行政とNPOが、初期の段階からたんなる業務委託関係や下請関係に終わらず、共同で札幌というまちのよさを発信していくことで一致していた点は大きい。さらに、杉山と石崎の個人的信頼関係も、協働関係の発展にプラスに作用していると思われる。

シビックメディアとGEL-Designの関係は、2007年2月の附柴社長へのインタビューがきっかけになって発展している。シビックメディアでインターンシップ研修をしていた研究所所員が、GEL-Design附柴社長をインタビューする機会があり、その席に同席した杉山と附柴社長とが、札幌に対して共通の思いをもっていることで意気投合した。それ以降、シビックメディアがGEL-Designを支援するという関係が続いている。

さらに、シビックメディアと円山動物園との関係も深い。もともと円山動物園のホームページの作成や運用をサポートしていたのがシビックメディアであったが、そのなかで、ホームページ編集を運営委員会方式にしながら、動物園の経営会議に近いレベルまで発展させた功労者は、シビックメディアである。

また札幌市経済局は、日本最大のパーソナルギフトと生活雑貨の国際見本市である東京インターナショナル・ギフト・ショーに札幌スタイル認証製品を出展しているが、その商談に参加したのがGEL-Designであり、パル・コーポレーションであった。また、円山動物園と社会福祉法人木の実会草の実工房もくとの共同で制作されている「木のZOO」のシリーズも札幌スタイル認証製品であり、経済局と円山動物園との間には関係が形成されていた。

このように、2007年4月までに、札幌市経済局 - シビックメディア、シビックメディア - GEL-Design、シビックメディア - 円山動物園、札幌市経済局 - GEL-Design、といったダイアド関係が、すでに形成されていた。こうしたパッケージができた状態で、札幌スタイルホームページ運営委員会が開催されている。このケースから明らかな点は、トライセクター協働といっても、その基礎は、行政 - NPO、企業 - NPO、行政 - 企業といった関係が前提になっていることである。もちろん、この組織間関係の背後には、個人間の信頼関係があることはいうまでもない。

2. クロスセクター協働に架橋組織が果たした役割

　もうひとつ興味深い点は、異なったアクターをつなげる触媒的を果たした組織や人が、複数いたことである。この点について、経済局の石崎は次のように述べている。

> 　役所だけ、企業だけとかのコラボレーションは、なかなか難しい気がするんです。逆に、わたしたち経済局と動物園というコラボレーションの場合だったら、杉山さんというちょっと中間の人がつないでくれたし、逆に動物園とGEL-Designだったらわたしのような人がつないでいるし、かならず、ちょっと違う立場でつなぎ合うみたいなところがすごく大事なのかなと思っていて。時々、自分がコーディネーターにもなり、プレイヤーにもなる。それがかならずコーディネーターのみということではないんだろうという気がしています。（石崎明日香インタビュー）

　このケースで、組織と組織、あるいは人と人をつなぐ役割を果たしたのは、行政である札幌市役所経済局の石崎と、NPOであるシビックメディアの杉山である。石崎は、これまでの行政主導による産業振興からは少し距離を置いたかたちで、札幌スタイルという地域ブランドを通して、企業間のネットワークづくりをしようとしてきた。また杉山は、「ウェブシティさっぽろ」や「ようこそさっぽろ」といったWebサイトを媒介にして、組織と組織、人と人をつなぐ役割を果たしてきた。そして、Webサイトを媒介にしたことで、ヒエラルヒー型の調整ではなく、むしろスター型あるいはウェブ型の調整が可能になった。こうした機能をNPOが果たしたケースは、さほど多くはないように思われる[3]。

　附柴は、「ウェブシティさっぽろ」や「ようこそさっぽろ」といったWebサイトをみたときに、軽いカルチャーショックを受けたという。そして、こうしたWebサイトが果たしている機能として、次のようなことを指摘している。

> 　素直に思ったのが、普通の人がいいたいことをいえる、知りたいことが知れるというか、そういうひとつの情報の壁をなくすような、そういったこ

とができる場として機能しているということです。それが本来、お互いに必要だとか、お互い協力すべきような人たちを、つないでいる役割をして、世の中のニーズに応えていくための連携を生んだり、結果的に産業振興につながる、そんなような仕組みになっているのかなという気はします。(附柴裕之インタビュー)

そしてシビックメディアについては、附柴の以下のような指摘が興味深い。

新しくものをつくろうとするとき、クリエイティブな仕事、創造活動をしようとするときに、絶対不可欠なひとつの役割があって、それは異なる領域とか、もう全然、普通だったら接点のないような人にまたがって、そういう人たちをうまくつなぐような、人なのか組織なのか、仕組みというのが絶対に必要と。それをたぶん、シビックメディアが果たしたのではないでしょうか。(同上)

また、触媒としての行政の役割について、石崎は次のように説明している。すなわち、行政が触媒と機能するためには、「どれだけ情報収集ができるかというところと、逆に、もうひとつ、〔とんでもない人ととんでもない人をつなげるという〕混ぜる危険を見極められるかという、その人間観察力というんでしょうかね、それが必要だと思います」(石崎明日香インタビュー)。
　少なくとも、このケースにおいて、シビックメディアと札幌市役所は、中立的立場を維持しながら、ホームページ運営委員会というネットワークの場を設定し、接点のない関係主体をつなげながら必要な情報を提供していくという、架橋組織の役割を果たしたといえる[4]。

第5節　組織間協働化モデルから見た「GEL-COOま」成功の要因

1. 社会課題の認識の共通性

　これまで、トライセクター協働の具体的内容について、ダイアド型協働と触

媒組織をもとに論じてきた。それでは、事前の助走期間を含めて、2006年から2007年にかけての札幌スタイル認証製品「GEL-COOま」の商品化をめぐる協働の成功要因は、どこにあるのだろうか。

　第1の要因は、札幌というまちが抱えている社会課題について、各アクター間の共通認識が存在したという点である。すなわち、各アクターが抱く社会課題の共通性である。札幌は、人口190万人（全国5位）、労働力人口が90万人であり、豊かな自然環境、都市機能、居住空間を有した都市である。また、事業所数は7万4191事業所であり、その9割が中小企業である。そして、卸・小売業、サービス業、飲食店・宿泊業など、第3次産業が中心的な役割を担っている。このように、大きなビジネスチャンスをもたらすような巨大市場が控えている。

　それにもかかわらず、札幌のまちの規模と経済力のアンバランスがめだつのも事実である。ほかの地域にはない新しい産業が育つという段階にはいたらず、雪印やサッポロビールなどの既存大企業も、本社や工場を札幌から移転するという状況が続いている。

　こうした状況のなかで、既存大企業とは違う新しい産業の担い手を生み出す施策が必要であることは共通認識としてあるが、現状の支援策は、既存の産業ごとの縦割り支援策であり、これまで十分な成果をあげてこなかったという反省がある。こうした課題の認識は、経済局の石崎やシビックメディアの杉山も共有していた。さらに、大学発ベンチャーとして創業したGEL-Designの附柴も同じ認識をもっている。このあたりの認識について、杉山は以下のように述べている。

> ホームページの運営自体が自己認識のツールだし、自分のうちがお金を稼げていないということを認識したら、バイトでも何でもするしかないわけで。だから、札幌の企業集団がこのまちはだめだと、産業が弱すぎるということに気がついて、補助金をもらうのに走るのではなくて、外貨を獲得するような商品を開発しないと、もう本当にこのまちで生きていけないんだということを自覚してもらうためには、運営委員会に参加して、自分で情報行脚になってもらうしかないというのが、当時の石崎さんと経済局の

担当との一致点だったので、それでやろうと。(杉山幹夫インタビュー)

　このように、札幌というまちが抱えている社会課題について、各アクターが共通に認識していることが、協働の原動力になっている。そして、唯一運営委員会の委員ではない円山動物園も、同じような認識をもっていた。前述したように、円山動物園再生のために北川が異動してきた頃の入園者は、年間49万人と史上最悪の数字であった。そして、毎年6億円の赤字を計上していた動物園が生き残るためには、「動物園はメディアである」という考え方で再生を図るしかなかったという。札幌のものづくり、産業振興、障害者福祉、高齢者福祉、農業振興を、動物園が応援しようという戦略である。こうして、動物園グッズをつくるのであれば、札幌のものづくりと連動させようという考えが浸透していくことになる。こうした基盤ができつつあるなかで、「GEL-COOま」商品化の話が石崎を通じて北川に伝わる。円山動物園は運営委員会のメンバーではないが、「全員暗黙の了解で円山動物園はくわわるはずだし、くわわらなければならないし、否定することは絶対ないだろうという認識だった」(附柴裕之インタビュー) という。

2. 共通ビジョンとしての札幌スタイル

　第2の要因として、各アクターが抱く将来ベクトル、あるいは将来ビジョンの共通性を挙げることができる。「GEL-COOま」商品化に関わったアクターは、札幌の現状についての認識だけでなく、向かうべきビジョンや方向性も共通している。関わった人すべてが、札幌というまちのすばらしさを実感し、特別な思い入れをもっていた。そして、これまでの伝統的産業振興策ではないやり方で、札幌というまちをプロモーションしようと考えていた。すなわち、多様なアクターが共有する共通ビジョンとしての札幌スタイルである。
　たとえば、シビックメディアの杉山は、「札幌スタイル」のブランド形成の方向として、「ウェブシティさっぽろ」というサイトを使いながら、シティプロモーションの一環として進めたいと考えている。そして、「ウェブシティさっぽろ」のなかに「札幌スタイル」というコーナーをつくっている。
　円山動物園の北川も、動物をレジャーとしての見せ物にするのではなく、彼

らがもっているメッセージをきちんと伝えていく動物園にしたいと考えている。北極圏からホッキョクグマ、ジャングルからオラウータンなど、世界中のあらゆるところから動物が集まっている。そして、環境問題の犠牲になっている動物を通じて、環境問題をメッセージとして発信することが、動物園の機能であると考えている。また、札幌スタイル認証製品である「木のZOO」も、動物のかたちをしたかわいい積み木というメッセージではなく、環境にやさしい道産の間伐材を使っていることを、メッセージとして発信しようとしている。北川は、「商品をメッセージとともに伝えていくことを、われわれは基本にしているので、そのなかで『GEL-COOま』というのは、それとぴったり合うということですね」(北川憲司インタビュー)と述べ、「GEL-COOま」の商品化プロセスが、メディアとしての動物園の方向と一致していることを強調している。

　札幌市経済局の石崎もまた、旧来の産業振興から少し離れたところで、札幌らしいものづくり、プロモーション、人的ネットワークの構築の仕方、ブランド形成ができないかを考えている。そして、スタイルにこだわり、ひとつのカルチャーを形成することを強調する。「GEL-COOま」商品化に関する以下のコメントは、各アクターの将来ベクトルが共有されていることを例示している。

　　みんな、儲けよう、得をしようだったり、「GEL-COOま」をつくりたくって、あの会議を開いたわけではまったくないし、たまたま動物園を応援しようというなかで生まれたことなので。もちろん、たまたまといっても、生まれる環境は全部整っていたと思うけれども。みんな、「ああ、よかったねえ」「何かかわいくできたね」「売れたんだ、すごいね」「全国に知られているんだね」、何かみんなそういう気持ちで、旅立つひな鳥たちを見守る親鳥たちのような感覚でできたのは、おもしろかったなと思うんですよね。そういう共有と共感、発信みたいなのが、うまくつながっていっているのと、動物園を応援したいねというところで、ブレなかったなとは思います。(石崎明日香インタビュー)

　そして、最も重要なことは、「GEL-COOL」「GEL-COOま」などの製品の認証それじたいが札幌スタイルではなく、「多様なチームで、ものがつくられて

いったり、ことが起こっていくこと自体が札幌スタイルだという認識です。プロダクトの認証の名前が札幌スタイルなのではなくて、そうやってものが起こっていくこと、ことが起こっていくことが札幌スタイル」（北川憲司インタビュー）であることである。

3. 運営委員会方式による実行システム

　第3の要因として、多様なチームが自主的に参画でき、それぞれが自由に議論し、実行に移せるような、フラットでオープンなコミュニケーションの場が用意されていたことである。

　その典型が、運営委員会方式である。ホームページ運営委員会方式は、市民ジャーナリズムを標榜したシビックメディアの「Webシティさっぽろ」や「ようこそさっぽろ」で機能していた方式である。この方式は、円山動物園でも、ホームページ運営委員会として採用された。副園長を編集長に据え、若い飼育員が何でも話せる風通しがよい組織をめざしている。最終的には、ホームページ運営委員会がひとつの経営会議のように機能するまでになったという。

　こうしたホームページ運営委員会方式の有効性を、肌で実感していたからこそ、シビックメディアの杉山、GEL-Designの附柴、札幌市経済局の石崎、円山動物園の北川のそれぞれは、札幌スタイルホームページ委員会のキックオフミーティングでも、すぐにフラットでオープンなコミュニケーションが可能になったと思われる。そして、絶妙のタイミングも作用して、会議の席で「GEL-COOま」のアイデアが生まれ、すぐさま実行されることになる。こうした一連の組織間協働化の過程は、図表7-7のようにまとめることができる。

　「GEL-COOま」の商品化以降、新たなアクターとの協働が進行中である。博多にある知的障害者通所授産施設「JOY倶楽部プラザ」のアート制作グループである「アトリエ　ブラヴォ」（通称アトブラ）との協働である。これは、障害者自立支援法により、障害者を取り巻く環境が変化していくなか、彼らを応援し、アーティストとして経済的にも自立できるようなオリジナルグッズをつくろうという趣旨ではじまった。現在は、絵を使ったTシャツや手ぬぐいだけで、日常生活でつねに使われるような製品はない。彼らの絵のすばらしさ、彼らを支えている人や、取り巻く社会の価値観に感動した附柴は、GEL-COOL

図表7-7　組織間協働化の過程

	社会課題の共通認識	将来ビジョンの共有	実行システム
GEL-Design	社会的ニーズ志向の商品開発	事業性と社会性(CSR)の両立	運営委員会と類似する経営会議の体験
札幌市経済局	縦割り型産業振興策の限界	シティプロモーションと産業振興の同時達成	札幌スタイルホームページ運営委員会
円山動物園	入園者の減少と動物園再生	メディアとしての動物園による再生	動物園ホームページ運営委員会
NPOシビックメディア	規模と経済力のアンバランス	市民ジャーナリズムによる産業振興	ウェブシティさっぽろ運営委員会 ようこそさっぽろ運営委員会

出所：筆者作成。

に彼らが描いた絵を乗せた商品を開発中である。

　このように、「GEL-COOま」が生み出した協働の波は、さまざまなかたちで波及しつつある。そして、何よりも重要なことは、消費者だけでなく、「GEL-COOま」をつくっている人や販売している人が、この製品に愛着を感じていることである。たとえば、「GEL-COOま」をつくっている人たちが、「あの製品はつくっていて本当に楽しい、そういう製品はほかにない」という感想をもらしているという。このつくり手の声が、限定商品であった「GEL-COOま」定番化に向けての、決断のきっかけになった。

　また、販売店のフロアスタッフの多くも「GEL-COOま」を購入し、使う側として消費者に勧めている。さらに、GEL-Design社のスタッフにも、多くのユーザーがいる。とくに子どものいるパートタイマーの使用率が非常に高い[5]。このケースは、関わるアクターが楽しいことをしながら社会とつながっていることが、協働の基盤になっている。附柴は、「GEL-COOま」ヒットの理由を次のようにまとめている。

　　考えた人たちが楽しくて、つくった人間が楽しんでいて、売るほうも楽しくて、つくるほうも楽しくて、使うほうも楽しい。そして、紹介するほうも楽しい。みんな楽しいというキーワードでつながっている。（附柴裕之

第7章　クロスセクター協働による地域ブランドの向上

から情報提供)

　この事例は、楽しさを軸にしたクロスセクター協働の典型的な事例なのである。

【謝辞】
　杉山幹夫（NPO法人シビックメディア、2009年2月6日）、附柴裕之（株式会社GEL-Design、2009年2月6日）、石崎明日香（札幌市経済局、2009年2月6日、2009年8月26日）、北山憲治（円山動物園、2009年2月6日）の各氏には、それぞれ長時間のインタビュー調査に応じていただいた。また、附柴氏と石崎氏からは、メールで多くの追加的情報を提供いただいた。なお、本研究の実施にあたり、科学研究費補助金基盤（c）（2）（19530368）の助成を受けた。

注
(1)　4つの領域(arena)それぞれについての文献レビューについては、Selsky and Parker（2005）が参考になる。
(2)　組織間協働化ステージである、課題の明確化 - 将来目標の明確化 - 実行と評価、の詳細については、佐々木（2001）を参照。
(3)　河井孝仁によれば、情報化に関わる活動をしているNPOは、インフラ整備型、デバイド是正型、安心・安全型、メディア・ポータル型、地域自律型、コミュニティ創発型に類型化できるが、シビックメディアはメディア・ポータル型の代表的事例であるという。なお、本書第6章で取り上げた桐生地域情報ネットワークは、地域自律型の代表的ケースであるという（河井、2007）。
(4)　山倉健嗣によれば、「架橋組織が有効であるかどうかは、架橋組織への正当性が他組織から得られるかどうか、それに見合った能力を架橋組織が持っているかどうか、また組織内の支持が得られるかどうかにかかっている」（山倉、2001）という。札幌市役所とシビックメディアは、架橋組織としての機能を果たしたといえる。
(5)　具体的には、以下のようなエピソードがあるという。「あるとき先生が、とってもかわいいお弁当箱見つけたの、と『GEL-COOま』をみんなにみせていたとき、うちの子はとってもうれしかったようです。ただ、お母さんがそれをつくっている会社で働いている、と自慢したかったのが、恥ずかしくていえなかったみたい」、「洗った後は3頭並べて顔がみえるように乾かしています。こうするとかわいくて心があたたかくなります」、「『GEL-COOま』が、雑誌などに紹介されているのをみるたび、使っている子どもが喜びます」（附柴裕之から情報提供）。

参考文献
相原基大・横山恵子（2008）「国際人道支援分野における戦略的協働の事例分析——人道目的の地雷除去支援の会（JAHDS）とジャパン・プラットホーム（JPF）」『経済学研究』（北海道大学）第58巻第1号。

河井孝仁 (2007)「情報化と NPO」大阪大学 NPO 研究情報センター『NPO 白書 2007』。
経済産業省北海道経済産業局 (2008)「CHALLENGER——北海道の大学発ベンチャー起業家 30 人の挑戦」。
小島廣光・平本健太・樽見弘紀・後藤祐一 (2008)「NPO，政府，企業間の戦略的協働——霧多布湿原トラストと北海道グリーンファンド」『経済学研究』(北海道大学) 第 57 巻第 4 号。
小島廣光・畑山紀・大原昌明・樽見弘紀・平本健太 (2008)「NPO，政府，企業間の戦略的協働——北海道 NPO バンク」『経済学研究』(北海道大学) 第 58 巻第 2 号。
後藤祐一 (2008)「NPO・政府・企業間の戦略的協働に関する実証研究——ツール・ド・北海道の事例分析」『経済学研究』(北海道大学) 第 57 巻第 4 号。
佐々木利廣 (2001)「企業と NPO のグリーン・アライアンス」『組織科学』第 35 巻第 1 号。
——— (2003)「企業と NPO のコラボレーション—— JAHDS のマインアイ共同開発」『経営論集』(明治大学) 第 50 巻第 2 号。
——— (2009)「企業と NPO の協働——松下とグリーンピースによるノンフロン冷蔵庫開発」京都産業大学ソーシャルマネジメント教育研究会編『ケースに学ぶソーシャル・マネジメント』文眞堂。
札幌市役所 (2009)「札幌スタイル　コンセプト再構築に向けた札幌市の資源整理」。
山倉健嗣 (2001)「アライアンス・アウトソーシング論の現在」『組織科学』第 35 巻第 1 号。
吉村卓也・杉山幹夫 (2004)「『札幌』を発信するシビックメディアの試み」『地域政策研究』第 27 号。
横山恵子 (2003)『企業の社会戦略と NPO』白桃書房。
吉田孟史編 (2008)『コミュニティ・ラーニング』ナカニシヤ出版。
Austin, J. E. (2000 a) "Strategic Collaboration between Nonprofits and Businesses", *Nonprofit and Voluntary Sector Quarterly*, vol. 29, no. 1.
——— (2000 b) *The Collaboration Challenge*, Jossey-Bass.
Bryson, J. M., B. C. Crosby and M. M. Stone (2006) "The Design and Implementation of Cross-Sector Collaborations: Propositions from the Literature", *Public Administration Review*, Dec.
Gray, B. (1989) *Collaborating*, Jossey-Bass.
Sagawa, S. and E. Segal (2000) *Common Interest, Common Goods*, Harvard Business School Press.
Selsky, J. W. and B. Parker (2005) "Cross-Sector Partnerships to Address Social Issues: Challenges to Theory and Practice", *Journal of Management*, vol. 31, no. 5, Dec.
Westley, F. and H. Vrendenburg (1991) "Strategic Bridging: The Collaboration between Environmentalists and Business in the Marketing of Green Products", *Journal of Applied Behavioral Science*, vol. 27, no. 1.

第8章

共創をめざす地域と大学のコラボレーション

加藤 高明

　これまでの大学は、地域社会の構成員でありながらも中立的な存在で、地域社会に対して距離を置いた存在であった。しかし現在では、地域と大学が連携しての教育活動や情報交換、人材育成、文化事業などを中心とするまちづくりが、各地で活発に行なわれている。本章では、地域と大学を取り巻く社会的環境の変化を受け、地域と大学がそれぞれの生き残りをかけて共創をめざすコラボレーションについて、取り組みの現状を示した後、今後の方向性を検討する。

第1節　大学の地域貢献活動参画の高まり

1. 地域の課題

　従来、国づくりや地方のまちづくりを先導してきたのは行政であった。しかし、地方分権や市町村合併により、市町村の役割が拡大する一方、厳しい地方財政の制約や少子高齢化の進展という流れのなかで、行政の牽引力は低下の様相を示している。また、地域の経済発展に大きく寄与してきた地元企業も、近年、産業構造の転換や海外移転、低経済成長の波のなかで、地域づくりへ注力する余裕はなくなってきているし、地域社会を支えてきた地縁組織も、高齢化や過疎化の影響により、その機能を十分に果たせない状況に陥っている。

　このような状況のなかで、地域社会の活性化には、いままで以上に民間団体との協働を活用した自助努力が重視されるようになってきた。そこで、NPOや市民団体が、その担い手として各地で活躍するようになってきたが、多くの若者を含む学生が継続的に集まるにぎわいの源泉であり、地域の知識・人材が集積する貴重な資源と認識される大学に、地域再生に対する中核的な役割を期待する気運が高まってきている。

図表 8-1　地域と大学が抱える課題

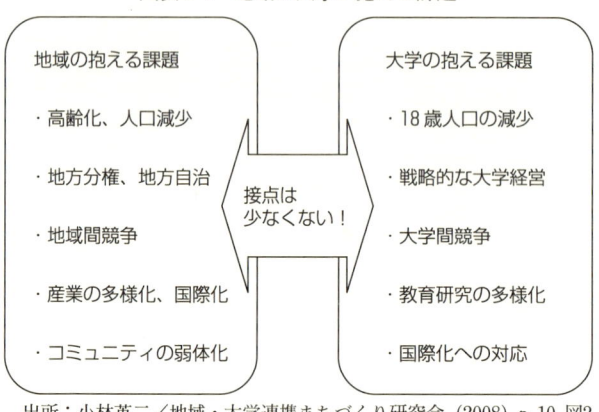

地域の抱える課題		大学の抱える課題
・高齢化、人口減少		・18歳人口の減少
・地方分権、地方自治	接点は 少なくない！	・戦略的な大学経営
・地域間競争		・大学間競争
・産業の多様化、国際化		・教育研究の多様化
・コミュニティの弱体化		・国際化への対応

出所：小林英二／地域・大学連携まちづくり研究会（2008）p. 10, 図2。

2. 地域の担い手としての大学

　大学も、社会の成熟や低経済成長、18歳人口の減少といった社会的環境の変化に直面し、生き残りのためには、その存在価値を再定義せざるをえない状況に置かれるようになった。そして大学は、立地する地域社会においてその存在意義を示し、地域とのコラボレーションによって共創的に連携・貢献する担い手としての姿勢をもちはじめたのである。

　図表8-1では、地域と大学がそれぞれ抱える課題が示されているが、それらの接点は少なくない。産業界同様に、同質的な課題を解決して淘汰から逃れるためには、双方が協力・連携することはごく自然ななりゆきであり、そういった点からも、地域と大学の協働による関係性は、今後ますます強化されることが予想される。

　地域と大学の連携をより活発化させる観点から、政策的にも後押しがなされている。政府の都市再生本部が、2005年12月に「大学と地域の連携協働による都市再生の推進」を都市再生プロジェクトとして決定し、また翌年2月には、大学などと連携した地域の自主的な取り組みに対して、省庁が連携して支援する「地域の知の拠点プログラム」を決定した。さらに、文部科学省の中央教育審議会でも、「我が国の高等教育の将来像」のなかで、大学の主要機能のひとつとして、地域貢献を位置づけている。

第8章　共創をめざす地域と大学のコラボレーション

図表 8-2　「大学と地域が連携したまちづくりワークショップ」の各取り組み

- 酒田（東北公益文科大）
  ・市民に開かれたキャンパス整備
  ・学生ボランティア活動（飛島の清掃など）
- 高崎（高崎経済大）
  ・学生によるNPO活動（若者の就職支援など）
  ・実践的教育・研究（中心市街地の活性化に向けたイベントなど）
- 宝塚（関西学院大、甲子園大、宝塚造形芸術大）
  ・実践的教育・研究（中心市街地の活性化に向けた社会実験など）
- 別府（立命館アジア太平洋大）
  ・国際化時代に対応した教員・学生構成を活かした地域との連携（学生の企画による市民交流イベント・留学生の出店など）
- 岩見沢（北海道教育大）
  ・芸術・スポーツによる地域振興
- 柏・流山（千葉大、東京大）
  ・留学生の受け入れ環境整備（情報サービス、共同住宅整備など）
  ・環境・健康をテーマとするまちづくり
- 瀬戸（大学コンソーシアムせと）
  ・留学生の受け入れ環境整備（ホームステイプロジェクト）
  ・学生による空き店舗の活用
- 豊橋（豊橋技術科学大、愛知大、豊橋創造大）
  ・広域的な防災活動
  ・実践的教育・研究（中心市街地への店舗開業など）

出所：首相官邸 Web サイト（http://www.kantei.go.jp/jp/singi/tosisaisei/siryou/daigaku/daigaku.html、2009年1月8日アクセス）。

3. 大学地域連携まちづくりネットワークと地域──大学の交流・連携支援ライブラリー

　各地域での取り組みをより効果的に進めたり、取り組みを全国に広げていくための具体的な活動も活発である。大学と地域が連携協働してまちづくりに取り組む地域間相互で、情報・意見交換を行なうことにより、各地域の自主的・自発的な取り組みを促進することを目的として、平成2006年6月に「大学地域連携まちづくりネットワーク」が設立された。これは、2005年10月・11月に「大学と地域が連携したまちづくりワークショップ」を開催した8地域の地方公共団体と大学が発起人となり、内閣官房都市再生本部の協力を得て、設立したものである。図表8-2は、「大学と地域が連携したまちづくりワークショップ」での、8地域の地方公共団体と大学による各取り組みを示したものである。

　「大学地域連携まちづくりネットワーク」の活動方法は、メーリングリストを利用した情報・意見交換と、全国大会などでの情報・意見交換が中心である[1]。2007年6月26日時点での参加団体数およびメーリングリスト参加者数[2]は図表8-3のとおりとなっている。

図表 8-3　大学地域連携まちづくりネットワーク

〈参加団体〉
地方公共団体	146 団体
大学・高等専門学校	198 団体
まちづくり団体など	30 団体
	374 団体

〈メーリングリスト参加者〉
地方公共団体	241 人
大学・高等専門学校	382 人
まちづくり団体など	54 人
国関係者	28 人
	705 人

　5 つの県を除き、他の都道府県からは 1 団体以上の登録がされている。参加団体の登録数（地方公共団体、大学・高等専門学校、まちづくり団体などの合計）が多いのは、36 団体の福岡県、31 団体の北海道、30 団体の兵庫県などである。また、地方公共団体の登録数が多いのは、10 団体の北海道、8 団体の長野県、大阪府、兵庫県、7 団体の岩手県、東京都、愛知県、福岡県となっている。大学・高等専門学校の登録数については、福岡県の 27 団体、兵庫県の 21 団体、北海道の 19 団体などが、他県に比較して多い。やはり、多くの団体が登録されている都道府県は、「大学地域連携まちづくりネットワーク」設立の発起人である 8 地域に関連しているか、その近隣の地域であるということがうかがえる。

　また、国土交通省は、大学などの立地に関する情報、地域と大学などとの連携に関する情報、地域と大学などとの情報交流の場を提供する Web サイト「地域 - 大学の交流・連携支援ライブラリー」[3] を 2004 年 9 月に開設した。1980 年度に国土庁（現・国土交通省）に設置された大学・短期大学などの高等教育機関の立地を円滑にし、その適正配置を促進するための「学園計画地ライブラリー」を見直し、機能転換を図ったものである。内容は次のとおりである。

　　地域側、大学側双方がお互いに必要な情報を提供し、かつ閲覧できる仕組みの構築。
　　　〈地域側からの提供情報〉
　　　　・大学などとの連携・交流により解決したい政策課題
　　　　・大学などとの連携事例など

第8章　共創をめざす地域と大学のコラボレーション

図表8-4　国土交通省「地域-大学の交流・連携支援ライブラリー」Webサイト

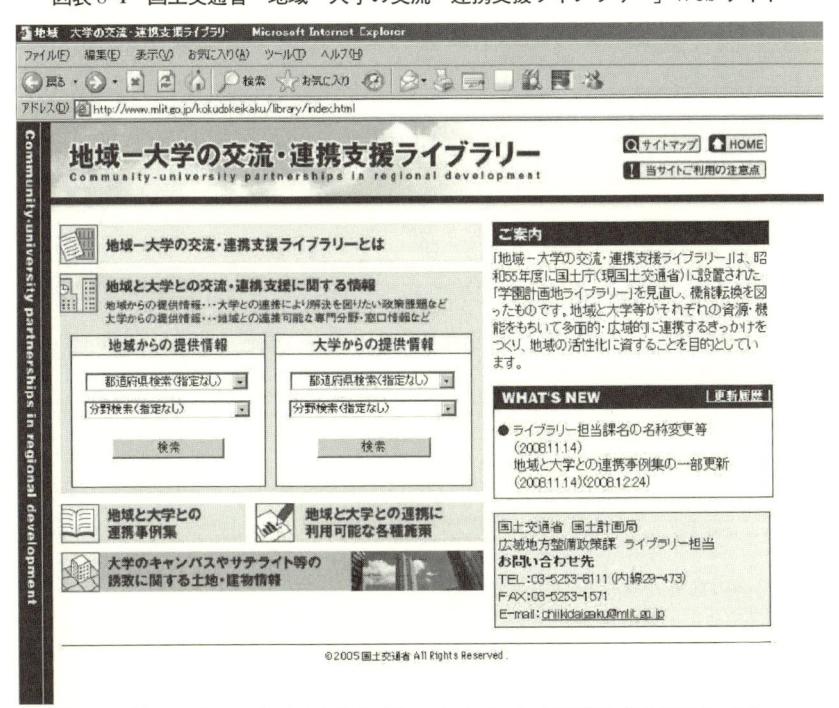

出所：http://www.mlit.go.jp/kokudokeikaku/library/index.html.（2009年1月8日アクセス）。

〈大学側からの提供情報〉

・地域との交流・連携窓口

・地域との連携が可能な専門分野・教員

・地域との連携事例など

〈地域と大学との連携事例集〉

〈地域と大学との連携に利用可能な各種施策〉

〈大学のキャンパスやサテライトなどの誘致に関する土地・建物情報〉

　地域、大学どちら側からでも情報提供のある「都道府県検索」および「分野検索」が可能となっている。図表8-4にトップページを示す。

第2節　多様化する地域と大学のコラボレーション

1. 地域と大学の連携・協働の取り組み状況

　現在、地域と大学のコラボレーションの実態はどのような状況にあるのであろう。ここでは、内閣官房都市再生本部事務局が2005年7月および2007年4月に行なった「大学と地域との取組実態についてのアンケート調査[4]」をもとに、取り組み状況の現状を示してみよう。なお、調査対象は全国の市区町村で、基本的には2007年4月の調査結果をもとにするが、必要に応じ、2005年7月の調査結果も参考にする。

〈アンケート結果〉
○大学と地域の連携体制について
(1)大学と連携事業を行なっていますか。
　回答のあった市区町村は856件で、次のような結果となっている。

現在行なっている	371件
今後予定している	56件
行なったことはあるが、現在は行なっていない	60件
行なったことがない	369件

(2007年4月のアンケート結果より)

　約5割の市区町村が大学と連携した事業を現在行なっているか今後予定しているが、具体的にはどのような事業において連携されるのかは、2005年7月の調査で次のように分類されている。
　①地域の政策課題等に関する調査・研究の委託、共同研究
　②教育支援活動（インターンシップ、ボランティア、学生相談など）
　③施設の相互利用、大学施設の住民への開放
　④市民を対象とした生涯学習講座、文化教養講座の実施、社会人の教育講座の開催
　⑤大学と地域産業の連携・起業支援

⑥審議会などへの大学関係者の委員委嘱
⑦大学などの施設の設置
⑧中心市街地の再生やまちづくり活動への参加
⑨その他（上記に分類されないもの）

　これらは連携件数が多いものから順に①②……となっているが、事業を複数連携する場合や上記以外に「包括」「まちづくり事業」など、個別事業に限定しない連携も存在している。

(2) 大学との連携を円滑かつ確実に進めるため、どのような庁内の連携体制を整備していますか。
　(1)で大学と連携した事業を「現在行なっている」「今後予定している」と回答した市町村が対象で427件の回答であるが、約7割が庁内体制を整えず、事業ごとに対応している。

(3) 大学との間に連携に関する協議のための組織を整備していますか。
　回答のあった市区町村は856件で、約8割が大学との間に協議のための組織を設置していない。

　上記(2)(3)のアンケート結果からわかるように、体制的な整備はまだこれからという段階で、担当者レベル間での運営により着手しているのが現状のようである。

○大学との連携に関する協定について
(1) 協定の締結件数
　連携に関して、大学と協定を締結した件数は次のとおりである。なお、協定の名称には、大学と交わした事業に関する「協定書」以外に、「契約書」「要綱」「覚書」「規約」「合意」「会則」「申合せ」「要領書」「宣言」「取決め」「意向書」のような名称も含まれている。
(2) 協定締結のトレンド
　年別に協定締結のトレンドを図表8-6に示す。なお、2007年は1～5月

図表 8-5　協定締結件数

2007 年（平成 19 年）4 月のアンケートでの協定締結件数	542 件
2005 年 8 月以降に大学と連携協定を締結した件数	275 件
2005 年 7 月より前に大学と連携協定を締結した件数	267 件
2005 年（平成 17 年）7 月のアンケートでの協定締結件数	250 件
うち本調査で協定名・協定締結日・連帯主体等を修正した件数	40 件

図表 8-6　協定締結のトレンド

年	協定締結件数	年	協定締結件数
2007	58	1997	2
2006	203	1996	8
2005	202	1995	3
2004	136	1994	3
2003	89	1993	2
2002	34	1992	1
2001	20	1991	3
2000	13	1990	3
1999	5	1989	0
1998	1	1988 以前	6

末までの件数である。

締結が最も古いのは 1978 年 4 月で、福岡県築前町と福岡大学との、農村の健康問題についての受託研究に関するものである。

2002 年以降、急激に連携の協定締結が増加しているが、18 歳人口が 1992 年の 205 万人をピークとして、2000 年には 151 万人に減少し、さらにその後も減少を続けるという動向に合致している。大学が生き残りを強く意識して、大学改革のひとつに地域貢献を積極的に取り入れ出した時期とみることができる。

都道府県別では、東京都の 163 件が飛び抜けて多く、大阪府 65 件、福岡県 50 件、埼玉県 49 件、神奈川県 45 件、北海道 34 件、愛知県 31 件と続いている。やはり、多くの大学が存在する大都市圏での件数が多くなっているが、埼玉県、神奈川県は、東京都内に所在する大学とも数多く締結している。

第8章　共創をめざす地域と大学のコラボレーション

図表 8-7　コラボレーションの具体例

地域	連携大学	取り組み	内　容
兵庫県宝塚	関西学院大学 甲子園大学 宝塚造形芸術大学	資源を活用した新たな魅力の創造	まちづくり交付金を活用した社会実験を共同で実施。宝塚の文化・資源を活かした魅力の創造に向け活動を展開。 ・学生などが運営するカフェで集客性を検証。 ・宝塚音楽学校旧校舎の利活用。
徳島	徳島大学	市民の書込みによるバリアフリー調査	徳島県「子育てNPO」と共同で、インターネット地図への市民の書込みを活用したバリアフリー調査を実施。
山口	山口県立大学	地域からの文化発信	まちなかに設けた研究室兼アンテナショップが発展し、服飾関係の有限会社を設立。
石川県野々市	金沢工業大学	まちづくりの課題解決	公民館の改装・活用方策など、まちづくりの課題について町から大学に提示。学生が授業の一環として提案し、行政と市民とが議論しつつ掘り下げ。
愛知県豊橋	豊橋創造大学	教育の一環として店舗を開業	カリキュラムの一部として、学生が中心市街地の空き店舗を利用したチャレンジショップを営業。卒業後、独立開業に発展。
那覇	沖縄大学	観光ガイド養成講座の開設	沖縄南部の広域市町村圏事務組合と共同で観光ガイド養成講座を開設。観光資源の掘り起こしによる個性豊かなまちづくりを推進。
高知	高知女子大学	学生が商店街を案内	まちづくり機関が、学生を中心市街地での介助、案内、清掃を行なう「エスコーターズ」として派遣。
青森	青森公立大学 青森明の星短期大学	しかへらぁ〜S（教える人の意）	まちづくり機関が主体となり、障害者への対応などの研修をした学生が、中心市街地で観光案内や街なか情報を発信。
山形県酒田	東北公益文科大学	教員・学生の自主的な清掃活動	景勝地の飛島クリーンアップ作戦など、教員・学生の自主的な取り組みにより、地域ボランティア活動を展開。
		垣根のないキャンパス	市民が自由に図書館や食堂を利用。
群馬県高崎	高崎経済大学	学生による若者就職支援事業	ゼミ活動からNPOへ活動を展開。群馬県の若者就職支援事業（ジョブカフェ運営）を受託事業として実施。
愛知県瀬戸	大学コンソーシアムせと ・名古屋学院大学 ・南山大学 ・愛知工業大学 ・金城学院大学 ・中部大学 ・名古屋産業大学	学生に触発され商店街が活性化	学生サークルによる空き店舗活用に触発され、商店街も学生の協力を得て空き店舗を活用。14件あった空き店舗が半減。
		愛知万博の一市町村一国フレンドシップ関連事業	万博の関連事業で、市がホームステイプロジェクトを実施して留学生などをもてなし。

大分県別府	立命館アジア太平洋大学	留学生らによる国際色豊かなまちづくり	商店街と協力し、留学生が空き店舗にジャマイカ料理店やインド料理店を開店。
		ホストファミリーとの交流	350世帯の登録ホストファミリーや県内6公共団体と友好交流協定を締結。
愛知県豊橋	愛知大学	大学創立時からの地域主義	創立時（昭和21年）直後から市民向け講座を開設。地域社会への貢献をモットーに172講座、2700人余の社会人の受講に発展。
兵庫県三木	関西国際大学	シニア特別選考	平成18年入試から60歳以上に「シニア特別選考」を実施。防災や福祉ボランティアなどの学習モデルコースを設け、社会活動のリーダーを養成。
千葉県柏・流山	千葉大学東京大学	外国人向け住宅、生活環境等の整備	留学生に対する、母国語での説明による生活情報サービスや、交流しやすい空間のある共同住宅の整備などにより外国人生活を支援。
		キャンパス内に実験住宅を建設	環境、健康をテーマに、シックハウス対応型住宅の建設や桜並木、健康をテーマとしたストリートなど、キャンパスと一体となったまちづくりを展開。
		キャンパスの桜並木を開放	
		大学の栽培指導に沿った健康志向のレストラン	
		ねたきり、転倒予防へ大学の研究成果の活用	

2. コラボレーションの動向と具体例

　実際にはどのようなコラボレーションが行なわれているのであろうか。内閣官房都市再生本部事務局が作成した資料「大学と地域の連携協働による都市再生について[5]」をもとに動向を整理して、具体例を示してみよう。

　まずは、大学とその周辺地域が、実践的な教育研究プログラムを中心として、市街地や商店街の再生などの経済的振興に取り組む連携である。学生が主体となり、アンテナショップを開設したり、空き店舗を利用してチャレンジショップを営業することで、活性化をめざす。まちづくり活動へ発展したり、事業化に対応する動きもある。また、学生・教員などの活力を活用する連携も行なわれている。地域の清掃活動や市街地での介助・案内を行なったり、新しいイベントを企画・運営したりする例がある。

　地域の空間整備という、広域的、包括的な連携も出はじめている。市民がキ

ャンパスを自由に散策したり、図書館や食堂を利用できるようにキャンパスに垣根をなくしたり、キャンパス周辺のまちづくりとの調和に積極的に関与するなどである。

　もともと大学は人材育成の場であるが、実践的な社会人教育を推進するために連携し、地域の担い手を育成しようとする動きもある。市民向け講座の開設や大学授業の公開はもとより、地元が抱える課題を教材にした、自治体、民間企業、NPOとも連携した教育プログラムの実践も行なわれている。

　ほかにも、シンクタンクとして地域の新規事業の創出や留学生などの受け入れ環境の整備、芸術・スポーツに関する施設の提供、地域固有の文化や資源を活かした都市ブランド創造など、コラボレーションの応用範囲は非常に幅広い。図表8-7に、具体例の一部を示す。

第3節　事例研究：「名古屋市昭和区桜山商店街活性化活動」

　本節では、自然発生的に地域商店街と大学が協働をはじめて、行政のお膳立てなしで協議会を立ち上げ、各種のユニークなイベントや取り組みで商店街活性化を成功させている名古屋市昭和区桜山商店街を取り上げ、プロセスや成功の要因を示してみよう。

1. 桜山商店街と名古屋市立大学連携のきっかけと再生コンセプト

　桜山商店街は、名古屋駅から地下鉄で15分、南東に位置する桜山駅を中心に広がる商店街で、周辺には住宅や多くの高校・大学、博物館、大学病院などが立地している。しかし、近年はにぎわいが薄れつつあり、空き店舗も生じている状況にあった。店舗数は28店舗で、概要[6]は図表8-8のとおりである。

　2004年に、名古屋市立大学経済学部岡田ゼミが、愛知県が主催した「地域の商店街活性化プラン」募集に応募して採用されたことが、連携のきっかけである。テーマは、「地域特性を取り入れたユニークな商標の創生とそれを生かした商品の開発」で、愛知県下の多くの商店街が、そのプランの実施を希望した。名古屋市立大学から徒歩数分と距離的にも近く、以前から大学祭の広告依頼などで緩やかに交流のあった桜山商店街が選定されたが、予算が付くもので

図表 8-8　桜山商店街の概要

名称	桜山商店街振興組合
理事長	土谷光男
地区	名古屋市昭和区桜山町・広見町
設立	昭和34年7月22日
組合員数	28人（ほかに準会員・特別会員あり）
役員数	9人（理事7人、監事2人）
組合事務所	あり
専従職員	なし

はなく、提案者と商店街のマッチングの機会を与えるというべき事業であった。提案をベースに、岡田ゼミの学生と桜山商店街振興組合とが連携してコンセプト策定の検討が開始され、商店街・地域の特性や課題の整理、街頭アンケート調査などの結果をもとにして、桜山商店街再生化の「テーマ」と「めざす姿」がまとめられていった。

一方、名古屋市では、商店街再生のコンセプトづくりを支援し、コンセプトにもとづく事業に対して助成を行なう「商店街再生事業」を、翌年の2005年から開始した。名古屋市内の商店街のなかから、商店街再生事業として桜山商店街が選定されたことで、愛知県と名古屋市との連携がとれ、商店街・大学・地域住民からなる商店街活性化活動が、具体的に進められることになったのである。

再生コンセプトは、「テーマ：地域に根ざした"縁側的な商店街づくり"」「めざす姿："商学連携により地域ブランドをつくりだす""地域の困った問題を解決するビジネスを地域住民と展開する"」が策定され、事業推進のための協議会「さくらやまを楽しむ会」が組織された。協議会は、名古屋市商店街再生事業委託業務支援のコーディネーターも参加し、次のようなメンバー構成[7]となっている。

・桜山商店街振興組合
・名古屋市立大学芸術工学部
・名古屋市立大学大学祭実行委員会
・名古屋市立大学学術推進室

第8章　共創をめざす地域と大学のコラボレーション

・椙山女学園大学岡田広司教授とゼミ生
・ＡＪＵ自立の家
・名古屋市シルバー人材センター
・昭和生涯学習センター
・長野県木祖村役場

2. これまでの主な取り組み

　再生コンセプトをベースに、これまで数多くの取り組みが行なわれてきているが、主な取り組みには次のようなものがある。

　①商店街シンボルマーク「さくらっぴー」の作成と商標登録
　②イルミネーション事業
　③商店街まつりの復活
　④絵本づくり
　⑤優良店舗審査
　⑥商店街の店「さくらやまーけっと」の運営

以下、それぞれについてみておこう。

①商店街シンボルマーク「さくらっぴー」の作成と商標登録
　各種事業への活用を目的として、地域の特徴を表わすシンボルマークを、市民と一緒に作成した。デザイン案は地元の小中学生を中心に公募し、商店街や学生、弁理士などで審査を行ない、名古屋市立大学芸術工学部の学生がリファインして完成した。その後、商店街としては珍しく、特許庁に商標の出願をして、2006年秋に商標登録されている。
　名称は一般公募を行ない、人気投票により「さくらっぴー」と命名された。アーケードや街路灯にもシンボルマークをデザインし、商店街一帯を「さくらっぴー」で装飾している（図表8-9）。

②イルミネーション事業

図表8-9　シンボルマーク「さくらっぴー」

出所：筆者撮影。

図表8-10　さくらっぴーをデザインしたイルミネーション

出所：愛知県商業流通課ブランド商店街webサイト（http://www.pref.aichi.jp/shogyo/sido/brand/H19/06sakurayama.pdf、2009年3月25日アクセス）。

「さくらっぴー」をデザインした縦横3メートル四方の巨大電飾をイメージシンボルとして、イルミネーション事業を実施している。イルミネーションのデザイン構成や飾りつけは、学生が担当した（図表8-10）。

③商店街まつりの復活

　学生の協力が得られるようになり、かつて開催していたまつりを復活させて、春と秋に開催している。企画は学生が担当し、協議会のメンバーが増えるにつれて、年々バラエティーに富んだイベントへと成長している。名古屋市立大学の大学祭においても、毎年商店街ブースが設けられている。

④絵本づくり

　学生の協力により、「さくらっぴー」を主人公とした絵本『さくらやまのはなし』を作成した。Webサイト上で公開し、シンボルマークの活用と認知度アップにも積極的に取り組んでいる（図表8-10）。

⑤優良店舗審査

　町内会長や地域住民、学生など、商店街以外の第三者で構成する審査会による商店街優良店舗の審査事業を実施している。「接客・快適性」「環境への配

第8章　共創をめざす地域と大学のコラボレーション

図表8-11　絵本「さくらやまのはなし」の一部

出所：桜山商店街Ｗｅｂサイト（http://www.sakurayama.net/ehon.pdf、2009年3月25日アクセス）。

図表8-12　さくらやまーけっと

出所：筆者撮影。

慮」「地域貢献」「サービス」の全50項目について、合格基準に達していると認証状が交付される。認証状には「さくらっぴー」がデザインされ、店内、店頭に掲示することで、ＰＲに活用されている。認証期間は1年間で、審査は毎年行なわれるが、合否にかかわらず改善点を指摘し、各店舗のサービス向上に役立っている。なお、このような審査はほかに例がなく、各地の大学や商店街が視察に訪れている。

⑥商店街の店「さくらやまーけっと」の運営

　学生の発案により、空き店舗を利用した週末営業の八百屋をオープンしたのがはじまりで、その後「だれもが気軽に立ち寄れる、コミュニティが生まれる場づくり」をコンセプトに、駄菓子販売を行なう「さくらやまーけっと」を開設した。店舗設計やレイアウトは、名古屋市立大学芸術工学部の学生が担当し、車椅子や高齢者にもやさしい店舗とするため、入り口はバリアフリー、障害者用トイレの設置もされている。内装の仕上げや陳列棚の作成も、名古屋市立大学の学生が手づくりで行なっている（図表8-11）。

　さらに、店舗改装を請け負った業者の紹介で、長野県木祖村[8]との交流が生

まれたことから、「さくらやまーけっと」の一画に木祖村のアンテナショップが設置され、木工品や漆製品などの特産品や季節の漬物などを販売している。また、障害者がつくった製品の販売や、カフェ、レンタルボックス、多目的スペース[9]なども追加され、店舗面積も拡大、1日に100名の来店者があるなど、好評である。

なお、本商店街は、経済産業省が2009年3月に、地域コミュニティの担い手としての商店街支援策を拡充する一環として公表した「新・がんばる商店街77選」に、名古屋市の商店街としては唯一選ばれている。

3. 成功の要因

商店街振興組合理事長、同理事・事業部長へのインタビューや、「商店街・コミュニティ形成推進会議～名古屋桜山～ 会議録（2008年10月22日）」から、その成功要因を考察してみると、以下の3つにまとめられる。

まず第1は、商店街側が熱意をもって学生を受け入れる態勢があったということである。はじめは、学生のアイデアや意見が本当に商店街にとって有効性を発揮するのかと、疑問視する声もあったようである。しかし、学生の地域貢献や実践活動への強い意識をもとにした、生き生きとした活動に対して、商店街側が高いノルマを求めず、学生のやりたいという思いに応えるスタンスをとったことは、より学生のやる気向上へとつながっている。会議録における商店街振興組合事業部長の「商店街の運営を商店主が行なう時代はもう終わった。地域の学生、町内会、消防団、PTAなど、地域の組織の方の意見をどんどん取り入れていかないと、商店街の高齢化や空き店舗などの問題は、商店主だけでは解決できない。もっと地域の方の力やコミュニケーションを集めてやっていかないと、商店街はどんどん衰退する」の発言にもあるように、広く地域の意見に積極的に耳を傾け、それを受け入れようとする度量を備えることは重要である。

第2は、活性化事業を一時的なイベントとしてとらえることなく、継続的事業として取り組んでいることである。行政のお膳立てなしで立ち上げた協議会は、月1回開催され、これまで第20回を数えている[10]。近隣の障害者施設など、協議会参加メンバーも増え、また、商店街役員の協議会への出席率も向上

しているという。学生が、「さくらやまーけっとの来店調査」や「店舗改装のパース作成」などを自主的に行ない、協議会で発表するなど、自由に自主的に活動できる、よい雰囲気ができあがっていることも、継続への強みとなっている。

第3は、学生が大学では体験できない、さまざまな人たちとの交わりや、店舗経営の難しさや楽しさを、実際の活動を通して実感できたということである。就職活動の自己PRにたいへん役立ったり、人前で堂々と意見がいえるようになったりと、自ら発案したイベント自体の成功への満足感にくわえ、自分への自信を深めることができたことの意義は大きいものがある。学生の思いに商店街が応え、自信を深めた学生がより積極的、自主的に関わるという好循環のサイクルが、良好に回っているといえよう。

学生参加による商店街再生などの地域活性化活動は、商店街や住民では気が付かない発想やセンスによる新しい取り組みを取り入れることで、有効性が期待できる。実践に際して、学生の甘さや過度な行動は、年齢の高い世代からは違和感を抱かれることもあるが、地域側が、それを受けとめたうえで、実現に向けての詰めや仕上げをすることが、成功へのポイントである。また、学生にとっては、地域の直面する課題の克服に対し、自らのアイデアで貢献できるという点で、実践力の育成という教育効果も高いと考えられる。大学で学んだ理論を現場で実践できるということは、貴重な体験である。しかし、十分な教育効果を得るためには、あらかじめ学生に目的や責任を十分に理解させておくことが、肝要である。

第4節　地域と大学のコラボレーションの今後の方向性

1. 体制整備から好循環形成へ

これまでみたきたように、地域と大学それぞれ、コラボレーションに対する関心は高く、幅広い応用範囲でさまざまな取り組みが行なわれている。しかし、協議会未設置のままでの連携進行など、体制的な整備はまだこれからという段階である。また、大学側としても、地域との連携について、それに関わる単位は多層にわたる。教員個人からゼミや研究室、学科、学部、各種センター、研

図表 8-13　地域活力向上の好循環の構築

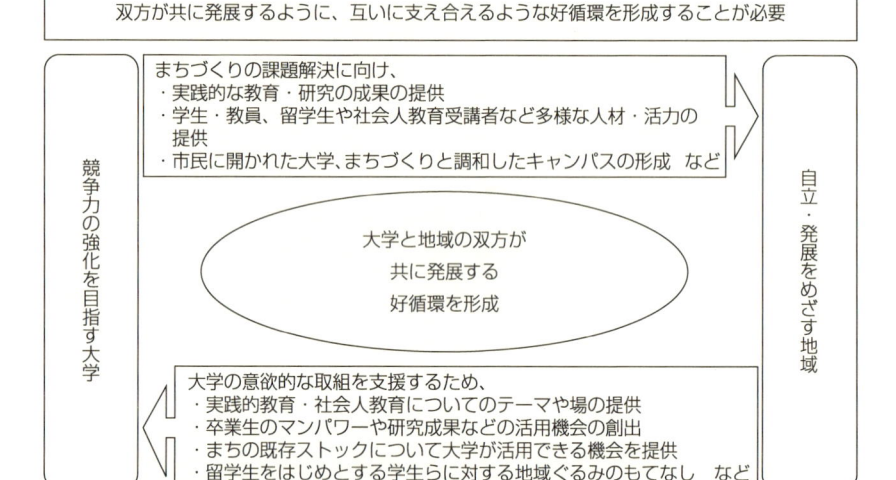

双方が共に発展するように、互いに支え合えるような好循環を形成することが必要

競争力の強化を目指す大学

まちづくりの課題解決に向け、
・実践的な教育・研究の成果の提供
・学生・教員、留学生や社会人教育受講者など多様な人材・活力の提供
・市民に開かれた大学、まちづくりと調和したキャンパスの形成　など

大学と地域の双方が共に発展する好循環を形成

大学の意欲的な取組を支援するため、
・実践的教育・社会人教育についてのテーマや場の提供
・卒業生のマンパワーや研究成果などの活用機会の創出
・まちの既存ストックについて大学が活用できる機会を提供
・留学生をはじめとする学生らに対する地域ぐるみのもてなし　など

自立・発展をめざす地域

出所：内閣官房都市再生本部事務局作成資料「大学と地域の連携協働による都市再生について」(http://www.toshisaisei.go.jp/03project/dai10/File10-presen4.pdf、2009年3月31日アクセス)。

究所、大学全体、また学校法人にいたるまで、さまざまである。幅広い応用範囲に対して、多層にわたる関わり合いの単位のうち、最も適切であるものが選択される必要があるが、現在ではまだ模索段階というよりも、小回りが効くより小さな単位での関わり合いが多いのが実際であろう。今後は、連携の組織体系が試行錯誤されながらも、より上層のレベルでの関わりへとシフトし、図表8-13で示されるように、たんに地域および大学がそれぞれを補完する役割を果たすのではなく、地域と大学の双方が共に発展する好循環の形成が必要となる。

2．共同体構築から共創へ

　地域と大学が共に発展する好循環が形成されると、新たな地域の姿や大学の姿というものが芽生え、それが変革しながら新たなかたちの協働のもとで、共同体としての関係が構築されよう。そして、これはまさしく、異なる背景や立場をもった者が一体となり、共通の目標達成に向かって新たな価値を創造して

第 8 章 共創をめざす地域と大学のコラボレーション

いく「共創」にほかならないが、その実現には、小林英嗣らが述べているように、次の3点は不可欠である。

①「変えたい！」と言う気持ち、②「何をどう変えればもっと効果的か」の理解、③知財・人財を活用して実際に変化を創りだし、変化のプロセスを持続する力である。(小林ほか, 2008, p. 4)

環境変化のなかを創造的に生き残るため、「共創」の成果に期待したい。

【謝辞】
　本章を作成するにあたり、ご多忙中にもかかわらず、桜山商店街振興組合理事長の土谷光男氏、同理事・事業部長の岩田茂春氏、長野県木祖村役場産業振興課名古屋出張所長の圃中登志彦氏には 2009 年 3 月 2 日に、椙山女学園大学現代マネジメント学部教授の岡田広司先生には 2009 年 3 月 6 日に、それぞれインタビューにご協力いただいた。この場を借りて感謝の意を表したい。

注
(1) 詳細は、都市再生本部 Web サイトの「大学地域連携まちづくりネットワーク規約」(http://www.toshisaisei.go.jp/03 project/dai 10/betten-3.pdf) 参照。
(2) 具体的な参加団体名は、都市再生本部 Web サイトの「『大学地域連携まちづくりネットワーク』参加団体及び ML 参加者について」(http://www.toshisaisei.go.jp/03 project/dai 10/File 0-meibo.pdf) 参照。
(3) URL は次のとおり。http://www.mlit.go.jp/kokudokeikaku/library/index.html
(4) 平成 19 年 4 月の調査は、平成 17 年 7 月に実施された調査の追跡調査となっている。詳細は、http://www.toshisaisei.go.jp/03 project/dai 10/File 7-renkei 1.pdf および http://www.toshisaisei.go.jp/03 project/dai 10/File 7-renkei 2.pdf を参照。
(5) 詳細は、http://www.toshisaisei.go.jp/03 project/dai 10/File 10-presen 4.pdf を参照。
(6) 2008 年 4 月 1 日現在。商店街・コミュニティ形成推進会議〜名古屋桜山〜　会議録 (2008 年 10 月 22 日) 資料「桜山商店街　商店街と大学や地域団体との連携」より。
(7) 商店街・コミュニティ形成推進会議〜名古屋桜山〜会議録 (2008 年 10 月 22 日) 資料「桜山商店街　商店街と大学や地域団体との連携」により紹介されている現在のメンバーである。岡田教授は 2007 年に椙山女学園大学に転任されたため、その活動は同大学現代マネジメント学部岡田ゼミに引き継がれている。
(8) 木祖村は人口約 3700 人、長野県の西南端、木曽郡の東北部に位置する山々に囲まれた渓谷型の山村。木曽ひのき、お六櫛をはじめとした木製品工業や建設業がさかんである。
(9) 英会話教室や機織り教室に利用されている。

⑽ 2008年10月22日現在。

参考文献
小林英嗣／地域・大学連携まちづくり研究会 (2008)『地域と大学の共創まちづくり』
　　学芸出版社。
友成眞一 (2004)『「現場」でつながる！　地域と大学』東洋経済新報社。
椙山女学園大学報「風」vol. 30　(2009年3月1日発行)。
「商店街・コミュニティ形成推進会議～名古屋桜山～　会議録 (2008年10月22日)」。
資料「桜山商店街　商店街と大学や地域団体との連携」。

第9章

組織間コラボレーションの課題と展望

東　俊之

　本章では、前章までに取り上げてきた事例から、組織間コラボレーションの成功要因や新しい展開、さらには今後の展望について考察する。これまで、第2章から第8章にかけて、さまざまなアクターによる組織間コラボレーションの事例を確認してきた。すなわち、「企業 - 消費者」間関係（第2章）、「企業 - 企業」間関係（第3章、第4章）、「企業 - NPO」間関係（第5章、第6章）、「企業 - NPO - 行政」間関係（第7章）、「地域 - 大学」関係（第8章）である。

　まずはそれぞれの章から、キーワードとなる言葉をいくつかピックアップする。そこで、第1章で挙げられた、①対等性あるいは平等性、②目的・ビジョンの共有性、③相互信頼性、④相互変容性、⑤価値創造性の5つの組織間コラボレーションの特徴にもとづき、それぞれのケースを分析する。結論を先取りすると、「危機感」「拡張性」「楽しさ」「触媒」「組織変革」の5つの要因が、これからの組織間コラボレーションを検討するうえでキーワードとなってくると考えられる。

　また、これまでのケースは、それぞれ時系列的にコラボレーションの発展段階を説明してきた。本章では、組織間協働のライフサイクルを単純化して考えるために、①計画段階→②実行段階→③再行動段階という3段階に分け、それぞれの段階において、成功するために必要な要因を検討したい。

　そこで、これまでのコラボレーション研究を簡単に振り返り、本章をまとめる視座を明らかにしていこう。

第1節　コラボレーション論の先行研究

1. 成功要因の検討

　コラボレーションの成功要因を取り上げた研究として、ハークスハム（Huxham, C.）とヴァンゲン（Vangen, S.）の研究が挙げられる。彼らは、コラボレーションの経験者に対するアクションリサーチから、①アカウンタビリティ、②共通目的、③パワー、④コミュニケーション、⑤コミットメント、⑥資源、⑦信頼、⑧妥協、⑨文化、⑩民主主義と平等、⑪リスク、⑫作業プロセス、がコラボレーションの成功要因であると指摘している（Huxham and Vangen, 2005）。

　しかしながら、この研究に問題がないわけではない。ハークスハムとヴァンゲンの研究は、2社間ないし数社間のジョイント・ベンチャーに関しての事例が多く、また、上述した12の要因間に、意味的なオーバーラップが多いことが指摘されている（二神, 2008）。

　そこで、本書で取り上げた事例から、さまざまなアクター間のコラボレーションに注目することによって、新たな視点を導き出していこう。

2. コラボレーションの発展段階

　組織間コラボレーションの発展段階に注目した研究も多い。たとえば、組織間協働の発展段階として、グレイ（Gray, B.）やウッド（Wood, D.）は、組織間協働の3段階を提示している（Gray, 1989；Wood and Gray, 1991；佐々木, 2000）。すなわち、

① 課題明確化段階：関係するステイクホルダーの明確化と課題に対するステイクホルダー間の相互認識段階。
② 目標設定段階：組織間の理想的な協働事業の状態を明確にする段階。
③ 制度化と評価段階：組織間で合意を得た協働事業を維持・発展させるため、外部組織からの支援や支持をもとにシステムや機構をつくり上げる段階。

である。

また、オースティン（Austin, J. E.）も、コラボレーション連続体の3段階として、①慈善的段階、②相互取引的段階、③統合的段階、を挙げている（Austin, 2000）。カンターは、コラボレーションにおいては「情熱」が重要であると指摘する。そして、コラボレーションの発展段階を、①選択と求婚（selection and courtship）、②婚約する（getting engaged）、③世帯をもつ（setting up housekeeping）、④コラボレーションの学習（learning to collaborate）、⑤共に変化する（changing within）、という5つの段階に分けて分析を行なっている（Kanter, 1994）。

しかし、先行する研究の多くが検討している発展・成長段階のモデルは、コラボレーションの開始から発展への段階を検討しているにすぎない。すなわち、コラボレーションにいたる以前の段階と、コラボレーションのさらなる発展の段階に注目していない。これまでの事例をまとめると、コラボレーションの前段階、実行段階、そしてコラボレーションの実行後の影響を検討することが必要である。本章では、こうした視点に立ち、ライフサイクルモデルを検討することにしよう。

第2節　組織間コラボレーションの新しい視座

1. 事例から導き出されたキーワード

これまで取り上げたケースは、さまざまなアクターが存在し、一見共通性がないように思われる。しかし、実は共通点があると考えられる。

本章では、第1章で挙げた「対等性あるいは平等性」「目的・ビジョンの共有性」「相互信頼性」「相互変容性」「価値創造性」という5つの組織間コラボレーションの特徴に従い、事例を振り返りながら、組織間コラボレーションのKFS（Key Factors for Success）を探りたい。

①対等性

本書で取り上げたケースも、公式な権限関係からは自由な立場で、組織間コラボレーションがはじまっている場合が多い。ここでは詳しく振り返らないが、

各章の事例をみても、対等の関係の組織、またはこれまでとくに関係をもたなかった組織が集まり、コラボレーションがスタートしている。そして、お互いが対等な関係を維持したまま、協働活動が進んでいるといえる。
　しかしながら、次のような疑問がわいてくる。すなわち、①なぜ平等な関係、あるいは無関係から、組織間コラボレーションがスタートできるのか、また、②なぜ対等性がキープできるのか、という疑問である。こうした疑問に答えながら、本書で取り上げた事例を分析していこう。
　まずは、①組織間コラボレーションの開始であるが、ここでは「**危機感**」がトリガーとして機能しているのではないかと考えられる。危機感が既存組織の変革に不可欠であるという議論は多い。たとえばコッター（Kotter, J. P.）は、組織を変革するための8段階プロセスの最初に、危機意識の醸成を挙げている。そして、組織変革を成功に導くために、最初の段階で組織内に危機感をもたせることが不可欠であると指摘している（Kotter, 1996）。同様に、組織間コラボレーションがスタートするためにも、危機意識が必要だと考えられる。たとえば、第3章のケースでは、キリンビバレッジ社が緑茶飲料でシェア3位というポジションにいたことが、一種の危機感となって、新しい協働を模索するにいたっている。第7章の事例では、札幌という町の産業振興を考えるNPO、行政の熱い思いがあったうえで、円山動物園の危機的状況を目の当たりにしたことが、コラボレーションのきっかけとなった。同様に、第5章でのコラボレーションは、今治タオル産業の危機意識が背景にあり、第6章は、桐生地域のコミュニティ衰退を目の当たりにして、何とかしなければという意識から、コラボレーションがスタートしている。
　一方、②対等性を維持するにはどうすればよいのだろうか。それは、協働活動のなかに「**楽しさ**」を埋め込むことではないだろうか。今日、「楽しさ」という概念は、マネジメントの分野で注目されるようになってきている。たとえばチクセントミハイ（Csikszentmihalyi, M.）は、時間を忘れるほど集中し、没入しているときの包括的感覚を「フロー」と呼び、その状態にあるときに、人は当然、その行動を楽しんで行なっていると指摘する（Csikszentmihalyi, 1990）。このように、楽しさを生み出せることが、モチベーションを高めるために必要だという議論が多くなっている。

第9章　組織間コラボレーションの課題と展望

　組織間コラボレーションを成功に導くためにも、活動そのものがおもしろくなければ意味はない。本書で取り上げた事例でも、第2章のケースでは、ユーザーが自ら商品開発に関われることそのものが「楽しさ」だったといえる。第6章では、コミュニティFM局としての番組づくりの「楽しさ」が挙げられる。第7章では、「GEL-COOま」を企画した人、生産する人、販売する人、使う人、紹介する人すべてが「楽しさ」というキーワードでつながっていることが、札幌スタイルのなかで最も売れる製品につながっているという、附柴社長のコメントが注目される。第8章の事例では、商店街とのコラボレーションにより、学生自身がこれまで体験できなかった「おもしろさ」を感じ、また商店街側も、そうした学生を受け入れる姿勢をもっていた。こうして、活動そのものが楽しいと感じるようになると、互いの組織が打算的な協働活動を超えて、対等な関係で活動が進むと考えられる。また、ともに活動することによって、後述する相互信頼も生まれてくる。
　コラボレーション活動のなかに楽しさを埋め込むことが、協働を進めるためにも重要なことであり、またモチベーションの源泉ともなっていく。活動そのものがおもしろいかどうかが、成功の鍵になる。

②ビジョン共有性
　まず、それぞれの意識が同じになったことから、ビジョンを共有することが可能になる。たとえば、第3章では、第Ⅰ・Ⅱ期において「生茶しゃぶしゃぶという新しい価値を提案する」ことが、第4章では「マイボトルで『どこでもカフェ』」が共通のビジョンとなっている。第6章では「桐生地域の活性化」が共有のビジョンで、第7章では「『札幌スタイル』のブランド形成」という共通ビジョンによって、札幌という町のプロモーションを仕掛けていった。そして第8章では、「地域に根ざした"縁側的な商店街づくり"」をテーマに、「"商学連携により地域ブランドをつくりだす""地域の困った問題を解決するビジネスを地域住民と展開する"」というあるべき姿（ビジョン）にもとづいて、協働活動がなされていった。
　では、なぜビジョンの共有が可能になるのか。そこには、前述した危機感が不可欠である。コッターは、組織変革時において危機意識が高まっていない状

況では、ビジョン形成のための時間を十分に確保できないと指摘する（Kotter, 1996）。同様に、組織間コラボレーションを行なう場合も、なぜコラボレーションが必要なのかについての意識が共有できていないと、ビジョンを構築することが困難になると考えられる。当事者組織が互いに「危機感」を醸成することにより、めざすべき方向性が発見できる。本章で取り上げたケースでも、たとえば第7章では、札幌の産業振興が必要であるという認識から、「札幌スタイル」というビジョンを共有することになったと考えられる。

③相互信頼性

　組織間相互の信頼が成功のカギになるという議論は、比較的以前からなされている。たとえばアロー（Arrow, K.）は、あらゆる商業取引は、信頼が重要な役割を担っていることを指摘している（Arrow, 1974）。同様に、日本のサプライヤー関係を「信頼」というキーワードから探る研究も多くなされている[1]。

　本書で取り上げたケースでも、信頼関係の構築が不可欠であった。たとえば、第6章では、コミュニティFM局（FM桐生）の事業が開始される前から、NPOと企業とは、ほかの事業を通じて関係をもっていた。その結果、互いに信頼関係が生まれていた。信頼関係があったからこそ、コラボレーションがはじまったといえよう。また、第7章でも、当該ケースが開始される前からNPOと行政との関係が築かれており、またそのなかで、NPO代表者と行政担当者との間に個人的信頼関係もできあがっていた。

　一方、第3章の事例は、開始以前から関係があったわけではない。この場合は、各社担当の強い熱意から協働がスタートしている。そして、コラボレーションが進むなかで、互いに信頼感が生まれ、さらにその相互信頼が、さらなるコラボレーションの発展へとつながったのである。

　第5章の事例も同様に、はじめはNPOに懐疑的だった企業であるが、実際に活動していくなかで信頼関係が生まれている。また第2章でも、ネットコミュニティ（SNS）という、信頼関係が醸成しにくい場において、「コブかみ」氏をはじめ、コミュニティ運営者への信頼が生まれたことが、ひとつの成功要因と考えられる。すなわち、信頼できるコミュニティであるからこそ、多くの情報が得られ、活発な議論が交わされることによって、製品開発へとつながっ

たと考えられる。

　以上のように、相互信頼が組織間コラボレーションの成功要因であることはまちがいない。しかし注意すべきことがある。それは、協働活動以前からの信頼関係か、それとも活動を通じて信頼関係が構築されたのか、という議論である。とくに、これまであまり関係がなかった組織間に、どのように信頼を築き上げるのかを検討することが必要であろう。そこでキーワードとなるのが「**触媒**」である。

　たとえば、第7章では、架橋組織（bridging organizations）という概念を用いて、「NPO法人　シビックメディア」や札幌市経済局がトライセクター協働において果たした役割を説明している。また、第2章では、変換媒介という用語を用いて、「コブかみ」氏が果たした消費者間インタラクションのコーディネート機能の重要性が指摘されている。

　同様に、第3章の事例では、キリンビバレッジのマーケッター自らが、各組織の媒介者として走り回っているし、第5章では、ワコールアートセンター株式会社の松田朋春が、NPOと企業とを結びつける戦略的架橋として存在している。さらに、第8章でも、大学と商店街だけでなく、名古屋市商店街再生事業委託業務支援のコーディネーターが参加している。

　これらは、化学反応を速める触媒のように、それぞれの組織間関係のなかで、信頼関係の構築を促進するはたらきをもっている。そして、前述したように、協働活動そのもののなかに「楽しさ」を埋め込むことによって、打算的関係を超えた信頼が生まれている。

④相互変容性

　これまで取り上げてきたケースの多くが、一時的（スポット的）なコラボレーションというよりも、連続的（継続的）なコラボレーションへと発展する事例であった。こうした協働が、当事者である組織に影響を与えている。

　たとえば第3章では、これまで広域量販店がクロス・マーチャンダイジングを主導することが当たり前だと考えていた飲料メーカーに対し、自らが提案することの必要性を気づかせた。第8章でも、これまでの商店街では生まれない新しい発想が、大学生とコラボレートすることによって生み出されている。そ

の結果、地域とのコミュニケーションを重視する新しい商店街の意識が生まれてきたと考えられる。逆に、大学生の立場からも、商店街との関係形成が、大学では学べないたくさんの知識や経験を得ることにつながった。ほかの事例でも、同様のことが読みとれる。相互に変容し、共進化しつつ、組織間コラボレーションは発展している。

　こうしたコラボレーションの進展によって、当該組織を「**変革**」していく必要が生じる。たとえば第3章のケースのように、コラボレーションにより、いままでは気づかなかった環境を認識できるようになると考えられる。いわば、組織間コラボレーションによって、新たな認識枠組み（パラダイム）が生み出されるのである。そして、そのパラダイムにもとづき、組織の構造、戦略、文化を、包括的に変革することが求められる[2]。

　また、該当組織を変革する際にも、コラボレーションによってつちかった能力が大いに役立つ。たとえば、新たな認識枠組み、人的資源、情報資源など、他組織との協働活動から生まれた多くの資源・能力を、組織変革に活かすことも重要である。

⑤価値創造性

　組織間コラボレーションによって、新たな価値が創造されることも多い。本書で取り上げたケースでも、これまで単一組織では創造できなかった価値を創造している。しかもその価値は、当該アクターだけに関連する価値にとどまらず、他の多くのアクターを巻き込んで「**拡張**」していくという特徴を有している。すなわち、たんなるダイアド、トライアドといった当事者間の関係だけにとどまらず、あまり関係がないようにみえる他の主体にまで影響を与えながら（巻き込みながら）拡大・成長していく。

　たとえば、第3章で取り上げたキリングループとミツカン社とのコラボレーションも、たんなる企業間、企業グループ間の関係だけにおさまらず、スーパーマーケットや漁業組合にも影響を及ぼしている。第4章の事例では、これまで日本茶にあまり興味がなかった若者の意識を変え、さらにエコ意識の向上を促すきっかけとなった。また、第6章では、たんなるNPOと企業とのコラボレーションによるコミュニティFM局の設立が、地域社会全体に影響を与えて

いる。すなわち、地域住民や行政までも巻き込んで拡張している。第8章の事例でも、商店街と大学との関係だけでなく、長野県木祖村との関係も新たに生まれている。また、第7章でも、ダイアド関係からトライアド関係、そしてさらなるアクターの参加による拡張を読みとることができる。

そこで、組織間コラボレーションを進めるにあたり、多くのアクターを巻き込みながら発展するコラボレーション・モデルを念頭に置いて計画することが求められる。「意図せざる結果」として他アクターを巻き込んだ拡張が起こるのではなく、「意図した結果」として他アクターを巻き込んでいくことが、これからの組織間コラボレーションには求められる。組織間コラボレーションを成功に導くためには、「協働拡張のマネジメント」を含めて検討することが必要である。

このように、第2章から第8章までのケースから、「**危機感**」「**楽しさ**」「**触媒**」「**組織変革**」「**拡張**」という5つのKFSを導き出すことができた。しかし、これら5要因がどのように関連し、またどのように影響し合っているのかについては、説明していない。そこで、組織間コラボレーションのライフサイクルモデルを検討しながら、これらの特徴の関連性を検討し、そのうえで、コラボレーションを成功へと導くためにどのような展開をすべきかを論じることにしよう。

2. 組織間コラボレーションのライフサイクルモデル

上記した5つの要因間の関連性を明らかにするために、コラボレーションの発展段階において、どのような要因がとくに重視されるのか、時系列的にみることにする。その際に、レビン（Lewin, K.）の「解凍→移行→再凍結」の変革モデル（Lewin, 1951）や、コラボレーション発展段階の先行研究を参考にして、①計画段階（コラボレーション前段階）→②実行段階（コラボレーション発展段階）→③再行動段階（コラボレーション拡張段階）、というモデルに単純化し、3つの段階それぞれについて検討することにしたい。

①計画段階

計画段階における組織間関係は、大きく2つのパターンに分かれている。そ

れは、組織間の相互信頼関係において、すでに信頼関係を有している場合と、新たな関係を築いていく場合である。

　当事者組織間に信頼関係がある場合は、比較的スムーズにコラボレーションが進むと考えられる。ある程度の意志疎通が可能であるため、協働ビジョンの構築もさほど困難ではないだろう。しかし、当事者間に関係がない場合は、ビジョンの共有や信頼の構築が難しくなってくる。そこで「触媒」の役割が重要となる。媒介者が、組織か個人か、また当事者か第三者かは、ここでは問われない。

　また、ビジョンを共有するにあたり、危機意識を醸成することも必要であろう。ケースの多くでは、何かしらの「危機感」があったことが、コラボレーションのきっかけとなっていた。それは、あるひとつの組織が危機を感じたのみである場合と、多くの組織が共通認識としてもつ場合が考えられる。いずれにせよ、協働して成果をあげるためには、いま何が問題となっていて、またその問題を解決するために、どのようなビジョンが必要かをすり合わせることが必要であり、そのためには、危機感を共有することが不可欠であるといえよう。

②実行段階

　実行段階では、コラボレーションそのもののなかに「楽しさ」を埋め込むことが肝要となってくる。各アクターが、協働活動におもしろさ、楽しさを感じていないと、コラボレーションは長続きしない。打算的な関係では発展することは難しい。くわえて、各組織の成員のモチベーションを高めるためにも、活動そのものが「楽しい」ことが望まれる。また、この時点で信頼関係が築けていない場合、あるいは崩れてしまった場合では、コラボレーションが長続きすることはない。

　そして、お互いが学びながら変化する相互変容性も必要になってくる。そのために、組織を「変革」しながら、相互学習を進めていくことが求められる。

③再行動段階

　ビジョンの再構築、他のアクターを巻き込み拡張することを考える段階である。ひとつのコラボレーションが、他組織との関係を生み出し、またコラボレ

第9章 組織間コラボレーションの課題と展望

図表9-1 組織間コラボレーションの展開モデル

	計画段階	実行段階	再行動段階
対等性	確保	保持	保持
	危機感の共有	楽しさの埋め込み	
ビジョン共有性	策定	実行	確認→再創造
	危機感の共有		
相互信頼性	醸成	維持	拡大
	触媒の活躍		
相互変容性		共進化	再変容
		組織の変革	
価値創造性		創造	拡大
		協働拡張のマネジメント	

出所:筆者作成。

ーションによって、組織そのものを「(再) 変革」する必要性が生じる。さらに組織を変革し、新たな組織との関係構築によって、さらなるコラボレーションの機会が生じる。そして、そのコラボレーションによって、多くの組織を引きつけ、「拡張」していく。このようなスパイラルによって、コラボレーションが継続的に発展する。

ただし、正のスパイラルばかりではない。ある協働活動が、当該組織にとってマイナスの影響を及ぼすことも考えられる。たとえば、一方の組織が変革した結果、他方の組織にパワーを発揮するようになるかもしれない。その結果、対等性が崩壊し、これまで築き上げてきた相互信頼も崩れ、コラボレーションそのものが失敗に終わる可能性も考えられる。

そこで、いかに組織を変革し、組織間コラボレーションを拡張するかを検討することが不可欠である。

第3節 コラボレーションの課題と展望

以上、新たなコラボレーション・モデルを提示した。組織間コラボレーションを時系列的に検討し、「危機感」「楽しさ」「触媒」「組織変革」「拡張」とい

う5つのKFSをいかにマネジメントするかが課題になると考えられる。このうち、とくに強調されるのが、組織間コラボレーションの「拡張」であろう。たんに組織間の発展に終わるのではなく、当事者ではない他のアクターを巻き込みながら発展している。この特徴から、本章では組織間コラボレーションのソーシャル・イノベーション（social innovation）の担い手としての役割に注目していきたい。

　ソーシャル・イノベーションとは、さまざまな社会問題の発生に対して、その問題を市場のシステムを利用しながら解決する活動であると定義できる（大室，2004）。そして、これらの活動は、企業やNPO、あるいは行政組織が単独で行なうには限界があり、そのため複数の組織間のコラボレーションによって解決が図られることが多い。

　本書で示した事例でも、たとえば第6章では、桐生地域の活性化をビジョンとし、コミュニティFM局が開局された。コミュニティの衰退という社会問題に対して、FM局を通じて解決を図ろうとする活動である。また、第7章で取り上げた「札幌スタイル」の場合も、社会変革としての地域振興をめざしていた。ここで注目しなければならないことは、たんに当事者組織だけの関係ではなく、拡張することを見越してコラボレーションが進められていることである。地域の住民や行政、他の企業やNPOなどの多くのアクターに影響を与えることを前提としながら進展している。企業とNPOの協働では、ソーシャル・イノベーションを意図して活動が行なわれていることが多いといえよう。

　一方で、企業とNPOとのコラボレーション事例でも、意図せざる結果としてソーシャル・イノベーションにつながったケースもある。たとえば、第5章のケースでは、はじめから社会変革を考えていたわけではない。田中産業とダイアログ・イン・ザ・ダーク（DID）との関係では、田中産業がタオル製造においてNPO（DID）のもつ専門性を活かすことを考え、協働がはじまった。そして、協働により製造された「DIDタオル」に、結果としてバリアバリューデザインという評価がなされた。意図的ではないが、結果的に障害者のもつスキルや能力を活用するという社会的価値の変化を生み、そこにほかのアクターを巻き込む可能性が派生し、「拡張」したといえる。以上のように、企業とNPOの協働の事例（第5章、第6章、第7章）から、意図的にせよ偶発的にせ

よ、ソーシャル・イノベーションへと発展する可能性が高いことがわかる。社会貢献活動を通じての社会的な問題の解決をその目的とするNPOの特徴から、企業とのコラボレーション事業においても、社会的価値の創造（変更）が生まれるのである。

他方、企業どうしのコラボレーションではどうか。実は、第3章のケースがヒントを与えてくれる。第3章の事例では、「キリンビバレッジ」と「ミツカン」、さらに「キリンビール」という大手企業3社が当事者組織であった。しかし、実際には、広域量販チェーンにくわえて、富山県氷見市の漁業組合や鹿児島の養豚組合にも影響を与えている。換言すれば、地域の産業にも影響を与えている。ここに、ソーシャル・イノベーションの素地が生まれてくる。企業間のコラボレーションを拡張し、行政やNPOを巻き込むことによって、地方地域の経済活性化という社会的問題の解決を、より進展させることも可能である(3)。

以上のように、組織間コラボレーションの拡張性を意識することによって、他のアクターを巻き込みながら、これまでNPOや企業、行政組織が単独に活動していたのでは解決不可能であった社会的問題の解決が可能になる。今後ますます、こうした視点での組織間コラボレーションの事例が多くなるだろう。コラボレーションの拡張性、とくにソーシャル・イノベーションの可能性を考慮しながら、組織間コラボレーションをマネジメントすることが求められる。

注
(1) たとえば、酒向（1998）、真鍋（2002）、若林（2006）など。
(2) 組織認識の議論に関しては、加護野（1988）を参照してほしい。
(3) 実際に富山県氷見市の観光客数は、平成17年が154万人だったものが、平成19年は171万人、平成20年には183万人と増加している（氷見市役所webページ「統計でみる氷見市」http://www.city.himi.toyama.jp/~15100/hp/toukei 20/toukei 20.htm、#商工業・観光、2009年5月31日アクセス）。一概に企業のコラボレーションの効果とはいえないが、氷見市の観光振興に一役買っているとはいえるであろう。

参考文献
大室悦賀（2004）「ソーシャル・イノベーションの機能と役割」『社会・経済システム』第25号。
加護野忠男（1988）『組織認識論』千倉書房。

酒向真理(1998)「日本のサプライヤー関係における信頼の役割」藤本隆宏・西口敏宏・伊藤秀史編『リーディングス　サプライヤー・システム——新しい企業間関係を創る』有斐閣。

佐々木利廣(2001)「企業とNPOのグリーン・アライアンス」『組織科学』第35巻第1号。

二神恭一(2008)「内的コラボレーションと外的コラボレーション」日置弘一郎・二神恭一編『コラボレーション組織の経営学』中央経済社、所収。

真鍋誠司(2002)「企業間協調における信頼とパワーの効果——日本自動車産業の事例」『組織科学』第36巻第1号。

山倉健嗣(1993)『組織間関係——企業間ネットワークの変革に向けて』有斐閣。

若林直樹(2006)『日本企業のネットワークと信頼——企業間関係の新しい経済社会学的分析』有斐閣。

Arrow, K. (1974) *The Limits of Organization*, W. W. Norton & Company. (村上泰亮訳『組織の限界』岩波書店、1976年)

Austin, J. E. (2000) *The Collaboration Challenge: How Nonprofits and Businesses Succeed through Strategic Alliances*, Jossey-Bass.

Csikszentmihalyi, M. (1990) *Flow: The Psychology of Optimal Experience*, Harper & Row. (今村浩明訳『フロー体験——喜びの現象学』世界思想社、1996年)

Gray, B. (1989) *Collaborating*, Jossey-Bass.

Huxham, C. and S. Vangen (2005) *Managing to Collaborate: The Theory and Practice of Collaborative Advantage*, Routledge.

Kanter, R. W. (1994) "Collaborative Advantage: The Art of Alliance", *Harvard Business Review*, July-August.

Kotter, J. P. (1996) *Leading Change*, Harvard Business School Press, (梅津祐良訳『企業変革力』日経BP社、2002年)

Lewin, K. (1951) *Field Theory of Social Science*, Harper & Brothers. (猪俣佐登留訳『社会科学における場の理論』誠信書房、1956年)

Wood, D. and B. Gray (1991) "Toward a Comprehensive Theory of Collaboration", *The Journal of Applied Behavioral Science*, vol. 27, no. 4.

おわりに

　コラボレーションや協働という言葉の心地よい響きに刺激を受けて研究を進めるようになってから、10年近くの年数が経った。環境原則で有名なセリーズ原則の産みの親である CERES という NPO の生成発展を調査したのが、最初のきっかけだったように思う。ボストンにある本部や、CERES 研究で有名な A. J. ホフマン氏から、CERES に関わる資料のすべてを借りることできたことも幸運だった。CERES 研究から感じたことは、アメリカの NPO の社会的影響力の大きさであり、企業と NPO の関係の多様性であった。それ以降、欧米との比較という視点をもちながら、科学研究費補助金の支援を受け、日本における企業と NPO の協働事例について調査を続けてきた。その結果の一部は、組織学会、日本経営教育学会、実践経営学会などで報告したが、そのたびに、企業と NPO の協働というテーマの広がりと奥深さを再認識することになった。

　本書でも、地域振興やバリアフリー商品開発をテーマにした企業と NPO の協働事例について触れているが、これ以外にも、多様な分野で協働が進んでいる。たとえば、資源リサイクル、途上国支援を含む国際貢献、環境教育、子育て支援、自然保護、CSR 報告書作成・評価などの分野で、ユニークな協働が進みつつある。研究レベルでも、最近になって本格的な研究が公になりつつある。たとえば、小島廣光氏を中心にした非営利法人研究学会・東日本研究部会の研究成果が「NPO・政府・企業間の戦略的協働」として『経済学研究』（北海道大学）に連載中であるし、佐世保市ハウステンボス・長浜市黒壁・倉敷市チボリパーク・神戸市レジャーワールドという4つのケースをもとに、プロジェクトベースの組織間協働をまとめた著書が稲葉祐之氏（国際基督教大学）によって出版されている。それ以外にも、関係する著書論文が数多く出版されている。

　さらに、このテーマが、たんに狭い意味の経営学の領域にとどまらず、行政、社会福祉、医療、教育、地域、国際貢献などを視野に入れて展開されつつある点も興味深い。まさに「協働する知性」（北原和夫）が求められる領域でもある。本書においては、基本的には組織間関係として企業と NPO の協働を考え

てきたが、この視点は、中心になる組織をあらかじめ設定しないという考え方である。主役として、ある企業をとらえ、その主役に関係する範囲で、脇役としてNPOを考えるという視点ではなく、「主役か脇役かに固執せずに複数の中心をもつ相互の共有する空間ないし場が主役から独立した形で登場する」（影山喜一）ことを重視する視点である。すなわち、企業にとってのNPO、あるいはNPOにとっての企業という視点ではなく、企業とNPOの関係そのものがつくり出す空間や場を考えることを強調する。この点からも、企業とNPOの協働というテーマが、狭い意味の経営学の範疇を超えて展開していることがわかる。

　あらためて読み返してみると、まだまだ論じ足りない分野領域が多く、掘り下げ不足の感が否めない。しかし、不十分ではあるが、共著として一冊の著書としてまとめるまでには、インタビューにご協力いただいた方以外にも、多くの先生から多くのヒントを頂戴した。谷本寛治（一橋大学）、山倉健嗣（横浜国立大学）、吉田孟史（青山学院大学）、大滝精一（東北大学）、小島廣光（札幌学院大学）の諸先生からは、研究会や学会報告の際に建設的なコメントをいただいたり、普段の何気ない会話のなかでヒントになる情報をいただいた。勤務先である京都産業大学経営学部、とりわけソーシャル・マネジメント学科所属の先生との会話から、企業とNPOの協働というテーマのおもしろさを再確認することも多い。さらに、大学院マネジメント研究科で学ぶ社会人院生や外国人留学生との討議からも、多くの知的刺激を受けることが多い。あらためて見直してみると、地域連携、環境、CSR、社会貢献など、院生の研究テーマも少しずつ変化しつつある。秋学期からは、学部専門科目として組織間関係論がスタートする予定であり、さらに多くの事例を集めながら、組織間関係としての企業とNPOの協働というテーマを追い続けていきたい。

佐々木利廣

索　引

あ行

アショカ財団　110
アテンド　107
アトリエ　ブラヴォ　171
異業種交流会　150
イノベーション　75
　ソーシャル・――　207
今治商人　101
今治タオル　101, 198（→「ダイアローグ・イン・ザ・タオル」も見よ）
　「拡タオル」戦略　103
　「極タオル」による差別化　103
　「脱タオル」戦略　103
今治タオルプロジェクト　104
　タオルソムリエ　105
　タオル・テイスティング　113
　タオルマイスター　105
Web 1.0/Web 2.0　18
ウェブシティさっぽろ　151
エースコック　23
SNS　18, 200
NPO　124, 198, 200, 201, 206
　――法　→「特定非営利活動促進法」
FM桐生　129, 200
オースチン（Austin, J. E.）　8
オフ会　34

か行

架橋組織　148, 201
拡張性　195
価値創造性　16, 202
金子郁容　125
危機感　195
企業家精神　102
企業と消費者間におけるインタラクション　45
共創　193

共同性　144
共有ビジョン　141（→「目的・ビジョンの共有性」も見よ）
桐生織　129
桐生ガス株式会社　132
桐生地域情報ネットワーク　130
キリンビール　55, 207
キリンビバレッジ　55, 198, 201, 207
グッドデザイン賞　119
グレイ（Gray, B.）　3
経営資源　143
経済価値　46
「GEL-COOま」　159, 199
GEL-Design　149
高機能ジェル　149
「公正取引遵守宣言」　67
購買接点　54
購買チャネル　54
コーズ・リレイテッド・マーケティング　9
コーポレートブランド　80
コッター（Kotter, J. P.）　198, 199
コミュニティ　144
　――・アーカイブス　133
　――・ビジネス　124
　――・プラットホーム　133
　――放送局（FM）　124, 199, 200, 202, 206
　地域――　125
コラボレーション　4
　エゴセントリック型――　13
　クロスセクター・――　7
　新価値創造型――　14
　相互補完型――　13
　組織間――　→「組織間コラボレーション」
　組織内――　6

さ行

桜山商店街　185
　　──新興組合　186
　　「さくらっぴー」　187
　　「さくらやまーけっと」　189
　　『さくらやまのはなし』　188
　　「さくらやまを楽しむ会」　186
札幌スタイル　153, 199, 206
　　──認証製品　151
　　──ホームページ運営委員会　165
視覚障害者の社会参加　106
自己認識のツール　152
自社ブランド商品　150
シティプロモーション　152
地場産業　81
シビックメディア　151, 201
市民ジャーナリズム　151
社会起業家　110
酒税法　68
ジョイント・ベンチャー　196
商店街再生事業　186
消費者どうし間のインタラクション　45
消費者参加型製品開発　19
　　──モデル　47
消費者生成メディア（CGM）　18
消費者発信情報の活用のパターン　19
触媒　195
　変換──　47, 201
新価値新製品　97
「新・がんばる商店街77選」　190
真空断熱技術　80
信頼　139, 200
「すいとう帖委員会」　83
セールス・プロモーション（SP）　51
セルフ・サービス方式　51
繊維セーフガード　102
戦略的架橋　11
相互学習　141
相互信頼性　15, 200

相互変容性　15, 201
象印マホービン　81
ソーシャル・エンターテイメント　110
ソーシャル・フランチャイジング企業　110
即席麺市場　22
組織間協働　196
　　──化　171
組織間コラボレーション　3, 197
　　──の5つの特徴　14, 197
　　──の拡張性　207
　　──の結果　5
　　──の先行条件　5
　　──のプロセス　5
組織変革　195

た行

ダイアド型協働　163
ダイアログ・イン・サイレンス　107
ダイアログ・イン・ザ・ダーク（DID）　106, 206
ダイアログ・イン・ザ・ダーク・タオル　110, 206
　アレグロ　117
　モデラート　117
　ラルゴ　117
「大学地域連携まちづくりネットワーク」　177
「大学と地域が連携したまちづくりワークショップ」　177
「大学と地域との取組実態についてのアンケート調査」　180
「大学と地域の連携協働による都市再生について」　184
「大学と地域の連携協働による都市再生の推進」　176
大学発ベンチャー　147
対等性　15, 197
対面販売　51

索引

田中産業　110, 206
楽しさ　173, 195
地域活性化　124
地域貢献　138
地域性　144
「地域-大学の交流・連携支援ライブラリー」　178
地域と大学の協働　176
「地域の商店街活性化プラン」　185
「地域の知の拠点プログラム」　176
地域ブランド事業　154
地球環境問題　80
チクセントミハイ（Csikszentmihalyi, M.）　198
「茶しゃぶ」　57
調理家電　94
定番革新　98
特定非営利活動促進法（NPO 法）　127
トライセクター協働　148, 201
ドレイトン（Drayton, W.）　110

な・は行

ニッチ市場　120
バイイングパワー　61
ハイネッケ（Heinecke, A.）　106
バイヤー　58
パラダイム　202
バリアバリューデザイン　120, 206
非価格プロモーション　72
ビジュアル・マーチャンダイジング（VMD）　51
ペットボトル商品　85
変革モデル　203
編集価値　46

ま行

マーチャンダイザー　78
マーチャンダイジング　77
　クロス・──（CMD）　51, 201
「マイボトル運動」　96, 199
マッキーヴァー（MacIver, R. M.）　144
円山動物園　156, 198
　──基本構想　157
mixi　21
　公認コミュニティ　21
　コミュニティ運営上の工夫点　37
ミツカン（ミツカングループ）　59, 202, 207
ミッション（使命）　128
無借金経営　59
目的・ビジョンの共有性　15, 199（→「共有ビジョン」も見よ）

や・ら・わ行

優良店舗審査　188
ユニバーサルデザイン　120
夢のカップめん開発プロジェクト　22
　オーディション参加に関する応募規約　27
　カレーラクサ春雨　23
　「コブかみ」氏　25, 200, 201
　コブかみ総研　42
　コブデミー賞　42
　つゆ焼きそば　23
「ようこそさっぽろ」　151
流通革命　82
レヴィン（Lewin, K.）　203
「我が国の高等教育の将来像」　176

213

◆執筆者一覧

佐々木利廣（第1章、第5章、第7章）
〔専門〕組織論（組織間関係論）
1951年生まれ。1974年明治大学政治経済学部経済学科卒業
1980年明治大学大学院経営学研究科博士後期課程単位取得退学
〔学位〕経営学修士
現在　京都産業大学経営学部ソーシャル・マネジメント学科教授
〔主要著書論文〕
「企業とNPOのグリーン・アライアンス」『組織科学』第35巻第1号、2001年。
共著『チャレンジ精神の源流──プロジェクトXの経営学』ミネルヴァ書房、2007年。

加藤高明（第2章、第8章）
〔専門〕Webマーケティング、商品開発システム
1959年生まれ。1982年京都産業大学経営学部卒業
2005年名古屋市立大学大学院経済学研究科博士後期課程修了
〔学位〕博士（経済学）
ソフトウェア開発会社、愛知技術短期大学等を経て、現在、愛知工科大学工学部情報メディア学科准教授。
〔主要著書論文〕
共著『マーケティング理論と市場戦略』あるむ、2007年。
共著『戦略的イノベーション経営の潮流』あるむ、2007年。

東　俊之（第6章、第9章）
〔専門〕経営組織論、組織変革論
1977年生まれ。2001年京都産業大学経営学部卒業
2007年京都産業大学大学院マネジメント研究科博士後期課程単位取得
〔学位〕修士（マネジメント）
現在　金沢工業大学基礎教育部　講師
〔主要著書論文〕
「リーダーシップとリーダー・フォロワーの関係」佐々木利廣編『チャレンジ精神の源流　プロジェクトXの経営学』ミネルヴァ書房、2007年。
「日本における非営利組織の展開──NPOの変革行動を中心に」『日本学研究』（金沢工業大学日本学研究所）第11号、2008年。

澤田好宏（第3章・第4章）
〔専門〕マーケティング、セールスプロモーション
1947年生まれ。京都産業大学大学院マネジメント研究科博士前期課程修了
〔学位〕修士（マネジメント）
現在　NPO法人　MCEI大阪支部理事長。株式会社 Taste One 取締役。
京都産業大学非常勤講師（担当「営業力」ほか）
〔主要著書〕
共著『こんなときどうする？　できる管理栄養士の70のスキルアップ術』化学同人、2006年。
共著『管理栄養士のキャリアデザイン』化学同人、2007年。
田中浩子編『管理栄養士のためのブラッシュアップ実践マニュアル』化学同人、2008年。

組織間コラボレーション
協働が社会的価値を生み出す

2009 年 11 月 30 日　初版第 1 刷発行　　(定価はカヴァーに表示してあります)

著　者　　佐々木利廣　　加藤高明
　　　　　東　俊之　　　澤田好宏
発行者　　中西健夫
発行所　　株式会社ナカニシヤ出版
　　　　　〒 606-8161 京都市左京区一乗寺木ノ本町 15 番地
　　　　　　　　　　　　　TEL 075-723-0111
　　　　　　　　　　　　　FAX 075-723-0095
　　　　　　　　　http://www.nakanishiya.co.jp/

装幀＝白沢 正
印刷・製本＝創栄図書印刷
© T. Sasaki et al. 2009.
Printed in Japan.
＊乱丁・落丁本はお取り替え致します。
ISBN978-4-7795-0398-6　　C3034

はじめて経営学を学ぶ
田尾雅夫・佐々木利廣・若林直樹 編

経営戦略論・組織論の基礎から、イノベーションや倫理、環境経営、コミュニティ・ビジネスまで、59のキーワードで経営学の全体像を紹介。最新トピック満載のスタンダード・テキスト。これ一冊で経営の基本が分かる！ 二三一〇円

日本的雇用システム
仁田道夫・久本憲夫 編

日本的雇用システムとは何か。それはいつ、いかにして形成され、今後どこへ向かうのか。雇用の量的管理、賃金制度、能力開発、能率管理、労働組合、人事部の六つの観点からその歴史的形成過程を明らかにし、雇用問題の核心に迫る。 三六七五円

コミュニティ・ラーニング
吉田孟史 編

人的集合体＝コミュニティはどのようにして知識を創造し、獲得し、普及し、蓄積していくのか。NPOと地域、地域企業、企業内のCOP（実践共同体）、企業間関係、SNSなどにおける人的集合体の学習のあり方を考察。 二三一〇円

日本のインキュベーション
前田啓一・池田潔 編

ベンチャー企業に代表される新規創業を増やすためには、どのような支援が求められているのか。新規創業を促進する支援施設として期待されるビジネス・インキュベーション施設について、日本における現状と課題を明らかにする。 二七三〇円

表示は二〇〇九年十一月現在の税込価格です。